茶室学講義

日本の極小空間の謎

藤森照信

目次

第一章　茶室に目覚めたわけ　9

第二章　日本の茶室のはじまり　51

第一章　茶室に目覚めたわけ

私と茶室

私が茶室を手掛けはじめたとき、それは実に消極的なスタートだった。

一七年前、自宅の〈タンポポハウス〉（一九九五年）を建てたとき、主室に炉を切ったのは、配偶者がお茶を習いはじめていたからだった。続く〈ニラハウス〉（一九九七年）でも作ったのは、施主の赤瀬《あかせ》川原平《がわげんぺい》[1]さんからの隠し部屋が欲しいとの要望による。設計者としては、誰にも分からない隠し部屋のため知恵を絞るのは徒労だから、茶室として設計した。

〈ザ・フォーラム〉（一九九九年）というスキーのリゾートホテルのときも事情は変わらず、喫煙者を一画に閉じ込めるための小部屋をオーナーの盛田英根《ひでお》さんから求められ、そんな消極的空間にエネルギーをさきたくないから茶室として作った。

配偶者の意向、隠し部屋、喫煙室、いずれも消極的にはじまり、できてからも茶室に関心は湧かない。戦前の堀口捨己《すてみ》[2]、戦後の中村昌生《まさお》[3]と続いて研究の蓄積は厚く、論ずべきことは論じられて久しい、そんな印象だった。

変化は外から訪れた。旧知の秋野等《ひとし》、章子夫妻から「徳正寺《とくしょうじ》に茶室を作ってほしい」と頼まれたのだ。秋野さんが住職を勤める京都の徳正寺には坪庭があり、便所が張り出し、陰影礼賛《いんえいらいさん》にニオイを足した空間がわだかまっていたが、便所を壊したのでその跡に茶室が欲しい。

はじめて正面から茶室に取り組み、簡単なスケッチをもとに等さんと二人で工事をはじめ、地上より一・二メートルの高さに床が張られたとき、小川後楽《こうらく》[4]さんが寺に寄った。どうもその頃、茶室建設に併せて秋野夫妻は茶を習いはじめたらしく、師匠が立ち寄られた。

煎茶道では由緒正しい小川流六世家元は、張られた高床に上がられると、「茶室抜きは私がやるから、ついてはそれを埋めてほしい」。指さす先には炉にするための丸い穴が開いている。「炉は茶の湯のもの、煎茶では使いません」

このひと言が、私を書店に走らせた。千利休《せんのりきゅう》[5]の〝茶の湯〟とは別に、日本には〝煎茶の茶道〟があることは知っていたが、その正体を知るのは小川さんの本がはじめて。茶の湯が茶葉を臼で挽いて粉にした抹茶を使うのに対し、煎茶は茶葉を使い、日本の茶の歴史としては抹茶がまず入り、続いて煎茶が入っている。利休による茶の湯隆盛の陰で、煎茶が茶道として流れをなすのは茶の湯より遅れ、煎茶中興の祖として知られる黄檗山萬福寺《おうばくさんまんぷくじ》の売茶翁《ばいさおう》[6]が寺門を出て世間に広め、やがて京の医師の小川可進《かしん》[7]が小川流を興した。中国の書斎の茶の流れを引くから文人茶とも呼ばれ、武士や公家をパトロンとする茶の湯とちがい、市井の漢学者や漢詩人、画家や医師らを支持者として流れを形成したが、幕末を迎え、幕藩体制が崩れはじめると、頼山陽《らいさんよう》[8]を中心に一気に盛り上がった。そして江戸が終わり明治がはじまると、茶の湯は旧勢力として衰え、煎茶がとって代わる。やがてまた茶の湯は盛り返すが、明治初年からは茶道といえば煎茶のことだった。その煎茶も日清戦争を境に下りはじめても、明治いっぱいは茶の湯に負けない流れをなしている。

いきおい小川流と茶の湯の関係は複雑にならざるを得ないが、その小川流家元は、炉は茶の湯のものだから埋めてほしいとおっしゃった。

言われた建築史家は、茶の湯の茶室と煎茶の茶室を分けるのは炉の有無であることに気づいた。火の有無が二つを分ける。

茶室と火。空間と火。この本質的テーマはこれまでどう扱われてきたのか、調べてみてもまるで扱われていない。

このとき、茶室には考えるべきことがまだ残っていると知った。にわかに関心が湧き、以後、見たり聞いたり読んだりそして作ったりして、ちょうど一〇年たった。このささやかな一冊はその成果ということになろう。遠回りだが、外国の茶のことからはじめたい。

アフタヌーンティーの初体験

世界中で、昔も今もお茶を喫《の》む。

乾かしたお茶の葉を熱湯に漬け、にじみ出した各種成分をゴクリと喫み干す一点は変わらないが、一点の周りの事情も光景も相当ちがう。

たとえば私が体験したイギリスの紅茶と中国の茶について述べてみよう。

イギリスの紅茶が味と香りにうるさいことは聞いていた。戦前、建築家の遠藤健三さんが、浅野総一郎男爵の御子息とロンドンの貴族のクラブに招かれたときのこと。恥をかかぬよう、紅茶の種類については〃トワイニングの〇年〃とか覚えて出掛けた。席に着くと、給仕が聞くから覚えてきた紅茶の名を言うと、給仕は、アジアの小国からの貴族の子弟ごときが生意気な銘柄を注文しやがるといった表情を見せた後、「では、シュガーの方はいかがなものを」と続けた。

答えようもなく、分からないと正直に答えると、地下室に案内される。逆立ち状の円筒形のガラスのビンがいくつも並び、さまざまな色と粒の砂糖が詰まり、ビンの口の下に並ぶ皿には、時間をかけてビンの口からしたたり落ちた砂糖のアクがたまっている。アクが抜けきって白くなればいいというもんではないらしく、産地と年とアクの抜け具合を見て、自分の好みの砂糖を選ぶ。

砂糖にしてこうだから、紅茶そのものの味と香りについてはいかほどだろうか。

残念ながら、というより幸い、そうしたイギリス流のウルサイ紅茶づきあいをしたことはないが、かのアフタヌーンティーは経験した。

午後の紅茶。イギリスの紅茶文化を今や代表する楽しみ方で、午後のひととき、甘いものを口にしながら茶を味わう。

一昨年、ロンドンで紅茶用の茶室を作った折、イギリスを代表する陶芸家のアリソン・ブリトンさんにお願いして、耳にしたものの未経験のアフタヌーンティーに招いてもらった。

彼女によると、貴族が自分の館で開くのが本式だが、現在は、高級レストランやデパートのレストランを会場とし、家族の記念日とか仲間の祝いに、とりわけ女性が結婚するとき女友達を招いて催すことが多い。で、午後のひととき、午前の建築作業着をスーツに着替え、指定されたレストランに出掛けた。

アリソンさんと娘と教え子の陶芸家と私の五人。テーブルに神妙に座ってしばらくすると、紅茶と砂糖の種類を聞かれることもなく、給仕がまず奇妙なシロモノを運んできた。金属製のピラミッド状の台で、三層に分かれ、大量の甘いものが載っている。上段はマカロンやクッキーなどの乾き物系、中段にはショートケーキ各種、下はチョコレート系。

真ん中に置いてそれぞれ好きなものをつまむんだと思っていると、年長の女性のアリソンさんの前にドンと据えた。次に私の前へドン。さらにドン、ドン、ドンと続いて、テーブルの上は異様な光景になった。

スイーツてんこ盛りの小型ピラミッドが五基、テーブルを占領し、ウェディングケーキの向こうに人の顔がのぞく光景。

そして紅茶が来て、上から食べはじめ、紅茶を一口喫み、話し、食べ、喫みを繰り返す。カップが空くと、新しい紅茶をついでくれる。

五人分の甘いものを一人でこなすのは不可能と思ったが、一時間、二時間すると次第に減り、四時間すると台はカラになっていた。

一時から五時までの四時間、まさにアフタヌーンティー。

この時間の長さは注目に値し、日本の茶道も四時間を旨とする。私の経験でも、親しい友人たちと話に興じていると、四時間たった頃ようやく話し疲れ、話し飽き、席を立って外の空気を吸いたくなる。

アフタヌーンティーの四時間の間に、テーブル上に展開する光景についての話題は、マカロンの色とかショートケーキのクリームの味とか、珍しいチョコレートがどうのといった話題ばかりで、砂糖はむろん紅茶についても、陶芸家たちのはずなのにティーカップについても話は出なかった。

現代のイギリスの午後の紅茶は、四時間かけてスイーツのジャングルを抜けるに似て、男にはつらい。

コーヒーはトルコ風、煙草はエジプト風

ティーカップについて語らないのだから、お茶を喫む部屋の趣味の良し悪しはまして不問。街に喫茶店はあるけれど、貴族の館にもお茶を喫むためだけにあれこれ工夫をこらした特別な作りの部屋はない。お茶用はないが、ヨーロッパの邸宅にはコーヒー用なら特別の作りがある。正確には第二次大戦前まであった。

二〇世紀の前半まで、欧米の建築は、ギリシャ、ローマ以来の過去のスタイルの再生と折衷を旨とする歴史主義が主流で、ネオ・バロックとかゴシック・リヴァイヴァルと呼ばれるような昔風の建築がしきりに作られていたが、そうした歴史主義の邸宅にはコーヒー用の一画が設けられることがあり、しつらいはトルコ風に決まっていた。コーヒーはトルコを経由してヨーロッパに入ったという由緒を歴史主義は大事にしたからだ。

日本にも実例があり、明治四二（一九〇九）年に作られた京都の〈旧村井吉兵衛《きちべえ》[9]邸〉を訪れると、旧サンルームの一画にステンドグラスがはまり、イスタンブールのハギア・ソフィアが描かれている。明治の煙草《たばこ》王が、朝一杯のコーヒーを楽しむためのコーナーだった。設計者は在日アメリカ人建築家のジェームズ・マクドナルド・ガーディナー[10]で、ステンドグラス作家はアメリカで学んだ小川三知《さんち》[11]の二人だが、どっち

が決めたのか、それとも煙草製造を通してアメリカ事情に通じていた村井が決めたのか、今となっては不明。

紅茶、コーヒーと並ぶ昔の紳士の嗜好品はもちろん煙草。歴史主義スタイルの邸宅においては、煙草を楽しむ専用の喫煙室は、コーヒー同様定番内装があり、エジプト風もしくはイスラム風にしつらえる。当時のヨーロッパでは、煙草といえばエジプトと相場は決まっていたからだ。

日本の例だと、まず明治四二（一九〇九）年の〈赤坂離宮〉[12]の喫煙室の壁には、砂漠とサボテンとヤシの樹とピラミッドが描かれているし、昭和二（一九二七）年の〈旧小笠原長幹《ながよし》邸〉[13]の円形喫煙室の内装はイスラム風。イスラム教出現以後、今日までエジプトはイスラム教の国だからだ。

コーヒーはトルコ、煙草はエジプトという歴史主義建築の連想好みを知ると、紅茶はインドときていいはずだが、私は実例を知らないし、聞いたこともない。邸宅はともかく街の喫茶店ならあったにちがいないが。

中国茶との出合い

中国の茶文化はどうか。

茶の原産地についてはインドのアッサム地方と中国南部の産地の二説あったが、今は中国南部に落ち着いている。イギリスの紅茶も日本の緑茶と抹茶も元をたどると中国に行きつく。

その中国茶にはじめて接したのは一九八三年のまだ社会主義健在の、それも文化大革命が終結した直後で、上海の水道局を訪れると、しかるべき管理者と技術者の上席に何も知らない文革青年がトップとして座っているような文化不毛の時期に当たり、名高い湖心亭[14]に出掛け中国茶は喫んだものの、格別、興味も湧かなかった。湧いたとしても、毛沢東の社会主義革命後、大躍進と文化大革命という過酷な二つの時期を経て、革命前からの文化も知識人も根絶やし状態に陥っており、伝統の中国茶の粋を味わうなんて無理だった。

茶を嗜《たしな》み、味を極めるなんてことは、富豪や地主や貴族や文化人のゼイタクとして革命中国では御法度だったのだから仕方がない。どんな文化でも半世紀やめると、本当に根まで枯れる。枯れた根から新芽は吹かないから、他所から新しく苗を移すしかあるまい。事実、今の中国の茶文化は香港や台湾や、加えて日本から移植の最中にある。

香港、台湾には革命前から中国茶は根づき栄えていたし、毛沢東による革命のときには、茶の文化を支える階層であった北京の官僚や大都市の富豪や文人（知識人）や地方の地主たちが、革命を恐れて香港と台湾に大量に逃れている。とりわけ台湾は、革命前の蓄積の上に大陸からの新来の茶文化が重なり、中国茶の伝統の拠点となった。

私が台湾の中国茶に接したのは、一九八五年のこと。大きいことでは有名な茶店に、研究仲間の郭中端さんに連れていってもらい、試飲したとき、正しい中国茶の淹《い》れ方を初めて見聞し、驚いた。ママごと用のような小さな急須と茶碗、急須のフタの上から湯をかけこぼす作法、そして強い味と香り、同じ東洋の茶でもこうもちがうのか。

台北で中国茶にそのときは目を覚まし、店の勧める高い方の茶と急須と茶碗を買ったものの、帰国すると一週間ほど試みたがやめて日本茶に戻る。中国茶はけっこう手間がかかり面倒なのだ。それより何より茶の味にも文化にも興味がなかった。

今は、毎朝、喫むのはコーヒーでも日本茶でもなく中国茶と決めているが、そんな状態に立ちいたったのは二〇〇八年、台湾からの思わぬ依頼があってからになる。

「台湾に、茶室を作ってほしい」

その頃までに数軒の茶室を手掛け、それを含んで、二〇〇六年、ヴェネツィア・ビエンナーレ国際建築展の日本館に出展し、翌年、東京オペラシティアートギャラリーで開かれた帰国展にも出した。

その情報が台湾に伝わり、台湾のお茶好きのグループが来日し、〈高過庵《たかすぎあん》〉[15]や〈松《しょう》軒《けん》〉[16]を訪れ、目にかなったのだろう、二〇〇八年一一月、台湾に招かれ、数日の中国茶紀行を味わうことになる。

だから、私の中国茶は、自ら求めたわけではなく、台湾で喫み、それも濃いのを喫み、なかば強制的に目が覚めてしまったのである。

台湾茶紀行

日本の茶とのちがいを知るために、わが中国茶ロストバージン紀行について、やや詳しく述べよう。手ほどきをしてくれたのは、張元茜《チャンインチェン》をリーダー役にして、徐宝玲《シユウパウリン》、馬麗英《マリイン》、楊世傑《ヤンスージエイ》、王美惠《ワンメイフエイ》そしてジョージ・コーチさん。

台北には近年、茶藝館と呼ばれる専門店が続出し、いい空間でいい茶菓を供するに加え、茶器や茶道具も扱うと聞いていたし、雑誌の特集で目にもしていたが、初日にまず出向いたのは流行の茶藝館ではなく、町中《まちなか》の狭い通りに面した五階建てのビルの一室だった。

説明がなければ、倉庫に何か物でも取りに立ち寄ったと思うだろう。ビルの窓には鉄格子がはまりエレベーターもない。

三階まで階段を上がり、鉄のドアーを開けて入ると茶の老師が待っていてくれた。日本の茶道のように茶を喫む前のあれこれの手順もなく、さっそくテーブルに着いてことははじまる。脇に置いたコンロの炭火で湯を沸かし急須に注いだ後、今回使う茶葉を竹製のヘラに盛って回す。皆に倣って嗅ぐとほのかに花のように香るが、花とちがい乾いた香り。一回りすると、急須の湯を人数分並んだ例の豆茶碗にあけた。ヘラに盛られた茶葉を日本の茶道の茶匙のような偏平な竹棒を使って崩しながら注ぎ入れ、今度は茶葉入りの急須を回す。

ヘラ盛りの茶葉とちがい、急須の湯気とともに立ち昇る香りは湯気が鼻孔の嗅覚細胞を開くのだろう、ずっとシャープに感じ取れる。

何とか産の何々茶だとの説明を機に茶葉談議がはじまるが、すべての固有名詞が中国茶バージンには意味不明で分からない。

急須が一回りして手元に戻ると、十分温まった茶碗の湯を脇の器に捨て、急須に熱湯を注ぎフタをする。昔、見たようにフタの上からも注ぐことはしないので、尋ねると、答えは「人それぞれ」。

熱湯を注ぐとすぐ湯を脇の器に捨てた。ホコリなどを洗い流すためというが、現在の茶葉生産に必要かどうか。

再び熱湯を注ぎ、一呼吸置いてから大きなコップにあけ、そこから順に豆茶碗に注ぐ。直接、茶碗に注がないのは、順が後になるほど濃くなるのを防ぎ味を平均化するため。

喫む。小さいから一口で喫み終わり、皆に倣ってカラの茶碗を鼻に近づけ嗅ぐ。楊さんは、目をつぶり茶碗を鼻の前で上下左右に動かしながらポイントを確かめるように嗅ぐので、真似してみると、カラ茶碗から立ち上る空気の流れは意外に微妙で、場所によってちがい、いい位置にくるとさっきより鮮やかな香りが鼻孔に広がる。一杯喫んでやっと気持ちが落ち着いた頃を見計らって、また回ってくる。一度淹れ終わった急須を回してどうする。皆の真似をして急須の中を嗅ぐと、先ほどまでの香りとはまるで別の香りというよりニオイがする。これなら知ってる。草のニオイ。でも、そう説明しても同席者たちはけげんな様子。

私は、毎春、トーチャを手作りする。近所の畑の生垣に使われている茶の若葉を摘み採り、盗茶を楽しむのだが、フライパンで煎《い》り、手でもみ、そして喫んでみると、さわやかな新茶の香りの奥に草のニオイを感じる。ソムリエ風に言うなら干し草のニオイ。

静岡県の茶業界の長老にこの点について聞くと、そんなことを言うのはあなたが二人目だが、日本茶に草のニオイが入っているのは自分たちは気づかないが本当だろうとのこと。戦後、占領軍が来たとき、所望するので一番いいのを供すると、はじめて緑茶を喫んだそのアメリカ人の将校は、牧場の干し草のニオイがするからと途中でやめたという。

一度淹れた後の中国茶は、私の鼻には草のニオイ全開で、わざわざ室内で嗅がなくともと思うが、おそらく台湾の人たちは草のニオイとは別に最初の香りの残り香の方を嗅ぎ取っているんだろう。

味についてはすでに解明され五原味が知られているが、ニオイや香りについては謎だらけで、五原味のような基本的ニオイも明らかでないし、そもそも言語化が難しい。聞くと、中国茶ではニオイについて、花と果物と二群に分けて言語化しているそうだが、今の私にはどれがどれなのか判別不明。しかし誰も気づかぬ草のニオイなら分かる。

草のニオイに気づいて一煎目が終わる。

続いて、二煎、三煎と繰り返すが、味は消えても香りはほのかに立つ。

気持ちにゆとりが生まれ、室内に目をやっても、老師の背中の壁に漢字の軸が掛かるほかは〝見渡せば花も紅葉も無かりけり〟状態。茶道具も、炉は家庭用の珪藻土製コンロ。炭は普通の木炭。鉄ビンはおそらく日本製のよくある手。急須も茶碗もその辺の茶藝館をのぞくと棚に並んでいるタイプにちがいなく、誰の作かの説明はない。茶を盛るヘラも茶匙のような竹の棒も、説明なし。日本では茶匙は亭主が削ったりするが、そんな習慣はなさそうだ。

かねてからの疑問を聞く。中国茶の作法に定式はあるのか？　流派はどうなっているる？

急須と茶碗は予熱する。回し喫みはせず、客用ごとに茶碗を分ける。味に加えて香りを嗅ぐ。何煎も、といったあたりが基本で、どう予熱するかいつ香りを嗅ぐかについては人それぞれ。まして、座り方や茶道具のあれこれや部屋のしつらいについて定式はない。

流派もなく、いろんなグループがそれぞれの師を決めている場合もあれば、一匹狼の先生もいる。一匹狼の場合、各所で開かれているカルチャーセンターのような場所で教え、人気があればそれで生計が立つ。茶藝館を営むことができればもっといい。古来、中国の茶はそういうあり方で伝わり、日本のように長い伝統を誇る流派はないし、安定した家元もいない。

老師の経歴を聞くと、茶の産地に茶葉生産農家の子として生まれ、若い頃は生産に励んだが、片手が不自由なこともあり、生産よりは味わう方へと傾き、やがて台北に出て、各所で教えるうちに名も通り、今は、茶葉の鑑定と茶の指導で生活している。こういう立場の茶の師匠が何人いるか知らないが、暮らし向きは楽には見えないし、茶専用の建物を建てるとか道具を整えるとかいっても簡単ではあるまい。

定式も流派もない中国茶。

思想や指導書はどうか。日本なら、茶の湯（抹茶を喫む千利休の茶）については『南方録《なんぼうろく》』[17]などの四〇〇年ほど前の茶書を読めば、利休が考えたことなしたことについて学べるし、近代になってからなら、岡倉天心《おかくらてんしん》[18]の『茶の本』（原文は英文）もある。

幸い楊さんは、台湾大学の美術史の出で、この方面に詳しい。聞くと、しばらく考えた後、

『茶経《ちゃきょう》』[19]

答えた方も答えられた方も大笑い。それなら私も知ってる。世界最古の茶書で、陸《りく》羽《う》が書いたのは唐代のこと。それから千年以上になるが、後は空白状態というのが彼の判断。

日本の茶道とのちがいに驚きながら、最後の五煎目を終えた。いい茶が手に入ると一〇煎まで行くし、冷蔵庫に保管して翌日続けても大丈夫らしい。

五煎目で終わりと思ったのは、老師が茶葉を皿の上に掻き出したからだ。でも終わりではなく、茶の出ガラシの盛られた皿がまた回りはじめ、またニオイを嗅ぐ。私には草のニオイしかしないはず。回りはじめ、徐さんの前にくると、すぐに嗅がず、出ガラシをしばし注視した後、私に向かって「上手な淹れ方です」。淹れ方が悪いと、何煎もすると茶葉がグチョグチョに崩れるから、腕の良し悪しは、茶ガラで分かり、茶葉の一つ一つが原形をとどめ、かつ茶ガラ全体の盛り上がりに空ゲキが均等に入って終わるのが上手な証拠。

およそ二時間ほどかかり、私の中国茶ロストバージョンは無事済んだ。中国茶の本質は香り、それが印象だった。

骨董としての茶葉

珍しい茶を楽しもうと、新北市の三峡老街にも行った。訪ねた先は骨董屋さんで、私のための茶道具でも見つくろうかと思ったが、店の奥で店主がテーブルに座り、茶の用意をしている。ことがはじまり、大事そうに缶から取り出された厚い円盤状の茶葉の固まりの風情はただごとではない。茶葉の上に直接ラベルが貼られているのも、ラベルが紙魚《しみ》に食われて虫喰い状なのもヘン。三色刷りラベルの安っぽい木版印刷を見ると、「光緒《こうちょ》」の文字。光緒といえば、清朝の末期で、一〇〇年以上前になる。骨董屋に入った意味がやっと分かった。骨董としての茶葉。

主人がおもむろに固まりを崩すと、茶葉から透明の糸がほつれ出る。後で入った虫の糸にちがいない。まずニオイを嗅ぐと、何年も閉めきった古屋のニオイに間違いない。草なら平気だが、古屋はダメ。一煎目を試しに口に運んでも、古屋の方が鼻につき、茶の香りはしない。

でも、同行一同の鼻は、古屋を捨象できるらしく、その奥の香りについてあれこれ述べる。たしかに、嗅覚だけでなく人間の感覚には求めるもの以外を捨象する能力があり、耳も、騒音混じりの音の中から音楽だけを聞き分けたりできる。

光緒までくるとそこまでしなくてもと思うが、理論的に考えれば、中国茶は緑茶とちがい半発酵の茶だから、ワインのような半発酵食品のように、年々歳々味と香りは深まっても不思議はない。古屋の方も深まるはずだが、もし、それを捨象できれば、超熟成の味と香りだけを楽しめる。主人と懇意らしい楊さんは、陶然として光緒の境地を漂い、私は古屋へと真っ逆さま。

中国茶巡りの各夜、それぞれが持ち寄った自慢の茶を出してくれるが、いかに大事かは、小分けされた少量の茶葉がラップに包まれ名が書かれているから分かる。勝負茶は、箱や缶で丸ごと持参するようなものではないらしい。

中でも三日目に楊さんが出してくれた茶は、一同の注目を集めた。この日のため、数週間前、中国は雲南省の村に入り、その筋では幻の茶として知られる蘭の芽を入手してきた。大葉茶と呼ばれる一本しかない茶の古木にいつの時代か宿り木状態で生育する蟹脚蘭《かにあし》が生え、その蟹脚蘭の散り落ちた芽には宿主の茶の樹の成分が入り込み、茶と蘭の両方の香りがするという。私の味覚も嗅覚も、茶の方しか感知できなかったが。

珍しい茶を味わいながら、産地としては北埔《ペップー》と坪林《ピンリン》の二ヵ所を回った。

中国茶は、緑茶と半発酵茶と全発酵茶の大きく三つに分かれ、もちろん中心となるのは日本の緑茶とイギリスの紅茶の中間に当たる半発酵茶で、北埔も坪林も半発酵茶の有名産地。坪林は「包種茶」で鳴らし、北埔の茶は、日本統治時代に台湾総督府が力を入れ、「東方美人」なる銘柄のもと、輸出商品として改良された歴史を持つ。山中の民宿に泊り、夜には蘭の茶を訳も分からず味わい、朝早く起きて辺りの山道を散歩していると、楊さんが向こうから現れ、一つの茶畑に案内してくれた。

背丈が低い茶の樹が点々と並んで生えているからには茶畑にちがいないが、丈も姿もバラバラの上、雑草がたくさん生えている。茶摘みの労働はキツく、今はフィリピンからの季節労働に頼り、それもできない畑は放棄されるという。

でも、楊さんの目にはこれぞ北埔の誇る茶畑。雑草の中から茶の小枝をむしり取り手渡してくれたのを見ると、葉は虫に喰われ、一部の葉には虫が巣をかけ、そこだけ丸まり、虫の糸ものぞいている。

ポイントは虫喰いと聞き、喰い跡を見て、もしやこれはあれではないか。盗茶を作るとき、盗紅茶も作るが、紅茶はフライパンで煎ったりせず、生の葉を少し乾かしてから包丁でトントンと千切る。すると、切り口が空気に当たって酸化し、みるみる茶色に変色するのと同時に、葉の中の酵素が働き、発酵がはじまり、微熱を発し一、二時間で発酵が完了して紅茶となる。虫喰い茶葉の虫喰い箇所は、茶色く変色した分だけ発酵ズミなのだ。でも、その程度の発酵にどのくらい効果があるものか。

楊さんによると、同じ東方美人でも、虫喰いの方が旨く、もちろん値も高い。だから、わざわざ畑の雑草を抜かず、消毒もせず、虫がよく育ちよく喰う状態を保っている。虫喰い茶を使った席では、最後に出ガラシを回すとき、客は手で茶葉を広げたしかに喰われていることを確かめると、亭主は喜ぶ。

光緒、そして虫喰い、恐るべし中国茶。

坪林茶業博物館[20]で、日本と私の茶室について小さな講演をし、館内の茶を喫む場所を案内していただく。私にとって、本格的に作られた初の中国茶の空間となる。

中国における茶室

中国ではどんな建築の中で茶は喫まれてきたか述べておこう。

日本のように茶室という茶専用のビルディングタイプは成立していなかった。

春になれば従者を従えて水辺に遊んで野点《のだ》てを楽しみ、宮廷にあれば食卓で喫み、といったことを重ねるうちに書斎で喫むことが一つの文化として成立する。書斎というプライベートな小さな空間は、壁には書画が掛かり、棚には書が置かれ、机の上には文房四宝（紙、筆、硯、墨）が並ぶが、そうした文化的空間の中に茶は入り込むことに成功する。しかしここまでで、さらに進み茶だけの空間には至らなかった。

館長と建築家が意を注いで作り上げた現代中国茶の茶室は、中国的な装飾性を排し、直線と平面を組み合わせ、木部には色を塗らず素木《しらき》風に茶色く仕上げられる。しかし、目立つのはこうした空間の中にデンと置かれた茶事用のテーブルの方で、亭主が正面に座り、客は反対側に座り、寿司のカウンターのような感じで茶を供する。

　中国では、日本とちがい、主人（亭主）が自分で茶を点てて客に供する習慣はなかったから、こうしたテーブル式は明治以後の日本の「立礼《りゅうれい》[21]の茶」に倣ったのかもしれない。

テーブル式に隣接して、日本風の部屋が作られていた。畳、障子、床の間、そして座卓。日本の茶室としては少しヘンだが、風情としては日本の茶室に相違ない。なぜ、現代の中国茶専用の部屋に日本風の一画が作られていたのか、その謎は、巡礼最後の日に明らかになる。

　坪林と北埔を回った後、台北に帰り、中心地にある謝小慢《シャシャオマン》さんを訪れた。謝さんの営む茶藝館〈小曼《シャオマン》〉（図1）で食事をし、ギャラリー兼用のゲストルームに泊まる。

　台湾の茶藝館ブームは、周渝《チョウユー》氏が、一九八一年、茶文化の向上を目指して〈紫藤《ツートン》盧《ルー》〉を開き、飲茶と茶の道具と美的空間の三位一体を実現したときからはじまり、それから三〇年して、今はブームとしては終わっている。しかしブームが去ってから遅れてスタートした小曼は、趣味も味もいい小さな店として、その筋の評価は高い。

　ギャラリーを眺め、まず気づいたのは奇妙なテーブルだった。作りも古び方からしても伝統的な卓にちがいないが、どうしてこんなに低く小さいのか。中国の茶文化はイス、テーブルの室内で成立したはずだから、こんな座り机のような低くて小さい卓

図 1　台北の茶藝館〈小曼〉設計／謝小慢——茶藝館は、1981 年、台北からはじまった新形式の茶店で、茶を喫むだけでなく、茶葉や茶道具も扱う。小曼は日本人観光客にも人気があり、軽い食事も可能。

は使いようがないだろう。それとも、日本のように床面に腰を下ろして直接座る生活があったのか。聞くと、あった。北の寒い地方では、冬、炕《カン》（朝鮮半島のオンドルと同じ）と呼ばれる床暖房の効いた部屋で床に座って過ごすから、低く小さな卓が発達した。

坪林茶業博物館で日本風茶室を見たとき、茶室にチャブ台はないだろうと思ったが、中国ではチャブ台で茶を喫んでもヘンではない。現在、日本の畳の間に据えられている座卓は、実は近代に入ってからの習慣で、明治初期の横浜の遊郭（チャブ屋と呼ばれた）用に香港や上海から持ち込まれたものが各地の和室へと広がった。純粋な伝統的和室に座卓状の家具はなく、食事は〝お膳〟によってなされている。中国茶の室内形式として、床に座り、座卓を使うことがかつてあったし、今後もあり得る。

小曼のインテリア全体と、随所に置かれた家具調度と、茶道具を見て、どこか日本的のようなそうでもないような言語化しづらい美学を感じた。謝さんは、日本留学の経験があり、道具などの買い付けで日本との縁は今も深い。

しかし、楊さんによると、日本の茶文化との関係は、謝さんだから深いというわけではないらしい。たしかに、日本との縁のない坪林茶業博物館にも畳と障子の和室があった。

台湾の茶文化

大陸が茶文化再生どころではなかった一九八〇年代に、台湾では、現代台湾にふさわしい茶文化を求める動きがスタートするが、その時、意識されたのは、中国の伝統と日本の茶道の二つだった。

中国の文化史では、唐（六一八〜六九〇年、七〇五〜九〇七年）代にピークを迎えた漢民族の文化は、次代の宋（九六〇〜一二七九年）へと引き継がれたが、北方の異民族に北半分を抑えられた南宋の時代を最後に滅びたとする。具体的にいうと、宋の造形文化は、後の元、清のような装飾的で多彩色で、言ってしまえばドギツクてゲヒンなシロモノではなく、平明で軽く細く、繊細にして味わい深く、都会的洗練を極めていた。

宋と並んで日本の茶道はなぜ意識されるのか。もちろん、茶の文化が確立しているからだが、もう一つ、亡びた宋の文化が日本の茶の中には今も生き続けているから。日本の茶の文化は、鎌倉時代、宋（南宋）の影響下にはじまっているから、今も生きているといっても間違いではないが、しかし正確でもなく、利休の茶により〝脱宋〟が計られ、都会的洗練の中に、ゆがみ、風化、割れ、野趣のような宋にはない非対称性、偶然性の美学が乱入して今に至る。

美学を離れ、日本の影響といえるのは、客を迎える亭主が、自らテーブルの正面に座り、自ら茶を淹れ、客に供する点だろう。利休以前の日本の茶でも、戦前までの中国の茶でも、もちろん書斎の茶でも、火を使って茶を淹れたり点てたりは労働と見なされ、使用人の仕事で、主人や知識人が手を染めるべきことではなかった。

なぜ、宋の伝統と日本の茶道を意識し手本にして、新しい中国茶の文化を作ろうとしているのか。楊さんの答えは、「アイデンティティーの確立」。

台湾の近現代の歩みは平坦ではない。近代に先行して清の時代には北京の朝廷から植民地扱いを受け、日清戦争によって清から割譲されて日本の植民地となり、第二次大戦後は、国民党政権のもと、アメリカを後ろ盾に大陸の中国政府と対立し続ける。しかし、一九八〇年以後、経済成長によって生活は豊かになり、自分たちの文化について考え、台湾らしさを求めるようになる。台湾の現代の文化は、歴史的事情から、中国、日本、アメリカの三層の複雑な重なりの結果として生まれているが、その上に、これからの台湾の文化的アイデンティティーを作り上げたい。

こうした気運の中で、中国茶に目が向けられ、茶藝館のブームが起こった、と楊さんは説明してくれた。

茶が文化的アイデンティティーの確立に役立つかとの疑問もあろうが、岡倉天心の『茶の本』が、その後、日本の文化の歩みに与えた影響の大きさを考えれば役立つにちがいない。紅茶やコーヒーは知らないが、茶には広い文化の核となり得る性格がたしかにある。

そう考えた張元茜さんたちが、これまでの中国茶には欠けていた茶の大きな器としての茶室を求め、建築家を探していたとき、たまたまフジモリ建築の情報が入り、一年後、フジモリは中国茶巡礼の数日を過ごしたのだった。

日本の茶室の不幸

イギリスでアフタヌーンティーを、台湾で中国茶を味わい、日本の茶とのちがいについて一つの認識を得た。

日本の茶道は、茶碗の中味より、その外側のあれこれに敏感で、たとえば客の作法については、入口（躙口《にじりぐち》[22]）をくぐった後、履物は立て掛けるとか、入ってからは立ち上がらず正座し、両手を畳に置いてにじり進むとか、座るときは縁《ふち》から一六目（二四センチメートル）に膝を置くとか、茶碗を左に九〇度回してから口に運ぶとか、動作の度に決まりがある。

人体の動きと対応する物についても敏感で、茶の中味から一番離れたあたりからはじめると、前庭（茶庭）は草木は植えても花は植えないとか、踏み石は高めに据えるとか、茶室の屋根には杉皮はいいが檜皮《ひわだ》（檜の樹皮）はダメとか、入口の引き戸の縁は二辺のみ（ふつうは四辺）とか、中に入って、床《とこ》には濃い色付の軸は飾らないとか等々。茶碗をはじめとする茶道具にことさら敏感なのは誰もが知るとおり。ついには炉の炭や灰におよび、茶汁で繰り返し煮た灰を使い、火事のとき、何はともあれ使い慣れた炉の灰を運び出したが、茶室は灰と化した、そんな茶人の話さえ伝わっている。

中国茶は茶碗の内側の味と香りを、イギリスの紅茶は茶碗の脇のスイーツを、日本の茶道は茶碗から茶庭までの外側を求めてそれぞれ発達した。

たまたま私は、味と香りを、とりわけ香りを求める中国茶のための茶室を依頼され、逆に、現在の日本の茶室の不幸を思った。

茶道の世界では、作法や茶道具や床の飾りに比べ、それらを容れる器としての茶室への関心は薄い。雑誌の特集やテレビの茶道番組を見れば分かるが、作法、道具、飾り、菓子についてあれこれ語っても、茶室への言及はない。千家が茶室で使う道具を作るため、焼き物、釜、漆、木工、金工、袋物、表具、張り物、竹細工について「千《せん》家十職《けじっしょく》[23]」の制が整っているが、その中に大工職はない。

建築界はどうか。建築学科に入ると建築史の授業でひととおりは教わる。間取りが次第に小さくなりついには畳二枚になったとか、狭いながらも自由なデザインが展開されたとか、千利休のこととか。たとえば私は、東大の大学院の建築史の授業で、稲垣栄三[24]教授より『南方録』の講読を受けた。茶室についての先生の解説は忘れたが、ついでに語られた「淋汗茶之湯《りんかんちゃのゆ》[25]」のことは覚えている。利休によるわび、さびの茶の湯の成立に先立って、室町時代の中期に貴族や大名や裕福な者たちが、風呂に入りながら茶を楽しむ習いがあったことが文献に出てくるが、どんな建築だったかはこれまで謎だったという話の後、ついに分かったとして、一枚の絵を見せてくれた。板の間の中央に湯舟があり、周りで男たちが湯帷子《ゆかたびら》を着て酒食と茶を楽しんでいる。裸の女人が見当たらないのはそれらしくないナ、などと思っていると、大岡山から聴講に来ていた大学院生が手を挙げ、「湯舟に見えた水紋は板の木目ではないか？」。言われてみるとそうも見える。先生、絶句。

もう一つ、利休の辞世の句のことも覚えている。

「人生七十《じんせいしちじゅう》　力囲希咄《りきいきとつ》　吾這寶剣《わがこのほうけん》　祖佛共殺《そぶつともにころす》　堤《ひっさぐ》る我得具足《わがえぐそく》の一太刀《ひとたち》　今此時《いまこのとき》ぞ天《てん》に抛《なげうつ》」

前半は分かるが、終わりの「我得具足、天に抛」が分からない。自分が得た具足とは、茶人にとっては茶道具を指すはずだが、天下人の秀吉に命じられての切腹にあたり、それを天に放り投げるとはどういうことか。それとも、具足とはヨロイや刀を指し、秀吉によって茶頭《さどう》[26]（茶の顧問）に抜擢され、武将の間をあれこれ動き回るような武家的立場になってしまったがこれでやっとただの茶人に戻る、という含意なのか。

稲垣先生は茶室に関心が深かったから、東大ではこうした大学院講義も行なわれたが、他の大学ではどうだったろう。戦後の茶室研究をリードする京都の中村昌生先生のおられた京都工芸繊維大学を除いては茶室はついでのテーマだったにちがいない。設計演習に茶室が出たとか、卒業計画に茶室を選んだという話も聞いたことはない。背景には戦後日本の建築界の茶室離れがあった。

大正から昭和戦前の時期、日本の建築界では、とりわけ若い世代の間で、茶室や桂離宮[27]が次第に注目されるようになる。二〇世紀の新しい建築デザインとの通底が認められたからだ。まず藤井厚二《こうじ》[28]が、続いて堀口捨己が取り組み、研究と実作の両方に大きな成果を残した。しかし、戦後、堀口に続いて建築界を牽引することになる前川國《くに》男《お》[29]、坂倉準三《じゅんぞう》[30]、丹下《たんげ》健三《けんぞう》[31]らは茶室には近づかない。日本の伝統への関心は三人とも深かったし、三人とも若い頃は先輩の堀口をリーダーに日本工作文化連盟[32]の建築運動を繰り広げているのに、なぜか近づかない。こうした忌避が、戦後建築界の中での茶室離れを引き起こした。

もちろん建築界の事情とは関係なく、茶室は、茶の師匠や中村昌生により設計され、数寄屋大工の手で建てられ続けて今に至る。

私だって、稲垣先生の授業のほか、茶室とは近年まで切れていたし、同世代の建築家や建築史家とこれまで茶室について話したことはない。にもかかわらず、茶室をいくつも手掛けるようになったのは、偶然というしかない。

茶室観を変えた二つの茶室

はじめて茶室と正面から向き合ったのは、旧知の秋野等さんが住職を勤める京都の徳正寺から依頼され、裏庭に茶室を作ったときだった。工事の途中に、細川護熙《もりひろ》さんから電話があり、「三ヵ月で茶室を作ってほしい」。

茶室を作る話があることは二年ほど前から聞いてはいた。庭のはずれの木陰を敷地とし、京の名高い数寄屋大工の老棟梁が、煤竹《すすだけ》[33]などを少しずつ集めている、とも聞いた。

現在、茶室を作るときは、設計と材料の準備から仕上げまで、三年はかける。費用も、坪当たり、下で五〇〇万、上は天井知らず。高いにちがいないが、建築関係者がボッてるわけではない。私の手掛ける茶室は、施主はじめ学生など大勢の関係者が工事に参加する変則体制をとり、正確な総工費がはっきりしないが、〈茶室徹〉（二〇〇五年）を作ったとき、一度ちゃんとやってみようと設計から材料集めから施工まで払うべきを払ったら、坪当たり八〇〇万に上がった。利益やリスクを考えたら、坪一千万でないと引き受けられないだろう。

三年を三ヵ月で。それも三ヵ月後には客を迎えたい。実質工事期間は一ヵ月。細川さんの一七代前の細川忠興《ただおき》が、利休七哲《りきゅうしちてつ》[34]の一人として戦国の世を生きていたとき、利休は、秀吉の出陣に合わせ、わずか数日で茶室を仕上げ、秀吉を迎えた故事にならえば、三ヵ月では無理とはいえない。利休なら何軒も仕上げている。敷地は、聞いていた庭のはずれではなく、工房の山側の斜面。山から引いた掛け流しの温泉を中心に据えて、母屋と工房が小さな場を三方から囲んでいるから、開いた山側に茶室を置くと建築に囲まれた湯の湧く小広場が生まれる。細川さんの要望は、「自由な茶室」「炉で鍋もつつきたい」。私には、自由にしかできないし、釜だって鍋だって同じ。

斜面に建つ茶室の例はないが、床《ゆか》を、山側一尺、谷側四尺上げて、床底を丸太の支柱で支えれば、斜面にフッと浮くような面白い茶室になるだろう。工期の超短縮は、俳優座の舞台制作会社に託す。そのほかは、施主はじめ関係者総動員。

工事途中、フランス大使館から書記官が訪れ、シラク大統領がつかえぬよう、躙《にじり》口《ぐち》の寸法を決めて帰った。シラクは印象とちがい意外に小男。

超スピード工事は、施主と私の手作りによる徳正寺の茶室をすぐ追い抜き、二〇〇三年、私の自覚的茶室第一号は完成し、あまりの速さから〈一夜亭《いちやてい》〉（図2）と名付けられた。

斜面の石段を上がりながら、床底から尻を出す炉を見上げ、回り込むと、一尺宙に浮く躙口。身を縮め、にじり入り、身を起こすと、正面には横長の大きな窓。母屋と工房に囲まれた湯の湧く小広場を斜め上から眺める。母屋の日本瓦と工房の銅板屋根の向こうには谷間の緑の光景が広がる。斜面にはこれまで何度も上って見慣れた光景

図２ 〈一夜亭〉（神奈川、2003年）設計／藤森照信
——茶室披きの日。人と建物のプロポーションが漫画かアニメーションのように見える。普通の茶室では、人と建物が外から一緒に見えることはない。

なのに、茶室の中から眺めると、瓦も銅板も樹々の緑もフレッシュに見える。高いところから眺めたからか。床面で一尺上がったくらいの高さでは、眺望効果はないだろう。窓の額縁効果か。ヘタな絵や写真でも額縁に入れると、鮮度は増す。風景の場合も枠の中だけが強調され、ずるずる広がる周囲から浮き立つ。でも、家の窓から眺めてもこう新鮮には映らないから、額縁効果がことの本質とはいえまい。何がこれほど目玉を洗ってくれるのか。

躙口にちがいない。

もちろんこれは私の工夫ではなく、伝統の茶室の定石の一つで、入るときわざわざ小さな入口から入る。小さな入口から入ることによって、狭い茶室が広く感じられる視覚的効果や、狭い入口が茶室の内と外を明快に分け、中が外とは別世界であることを示す心理的効果が知られている。狭い中を広く、中を別世界に、ひと言で言うなら壺中天《こちゅうてん》効果。小さな壺の中に狭い入口から入ってみると、そこには外にも劣らぬ天地が広がっていた。

どうしてこうした壺中天効果が引き起こされるかを知りたく思い、シラク用に普通よりやや広めに開けた躙口を何度かくぐり、謎が解けた。くぐるとき、意識が、一瞬、断切する。くぐる前まで周囲に注意を払い、普通に体を動かしているが、躙口を前に一息つき、両手を床につき、下を向いて身を縮め、息を止め、ヒョイと両膝を整えて

図3 〈矩庵〉（京都、2003年）設計／藤森照信――緑のアーチはル・コルビュジエへの、緑の帯はシュールレアリスムへのオマージュ。

浮き上がらせ、滑り込むように躙口をくぐり抜けるとき、狭い枠に体のどこかが引っかからないよう五感は触覚に収束し視覚は消える。目は自然に閉じている。

一瞬、意識は空白化し、くぐる前と後はつながっていない。狭い穴をくぐるとき、人の身体が人の意識にもたらすこの一瞬の断切が、壺中天効果の秘密にちがいない。

ここまでは伝統の茶室と変わらないが、一夜亭はこの先が異なり、伝統の茶室では考えられない大きな窓が開き外を眺めることができる。

利休が決めた茶室に明かり採りの障子はあるが、開けて外を眺めることは決して許されない。閉鎖性を旨とする茶室に大きな窓を開けて壺中天性が弱まるのではないかと心配だったが、斜面の山側で一尺、谷側で四尺、茶室全体が地面から浮き上がって見える効果は意外に大きく、大地に直置《じかお》きの建物とはちがう印象をもたらし、この印象が弱まった壺中天性を補強してくれる。

一夜亭に少し遅れて、徳正寺の茶室も完成し、三角定規のような直角のある平面と、秋野さんの御母堂の画家、秋野不矩《ふく》[35]さんにちなんで、〈矩庵《くあん》〉（図3）と名付けられた。

二つの茶室は、私の茶室観を変える。

矩庵の炉の一件で、茶室にはまだ考えるべき大きなテーマが秘められていることを知った。なぜあの狭い中に、利休はわざわざ火を投入したのか。

窓の開いた一夜亭により、定式と離れても茶室という壺中天は可能であることが確かめられた。定式を離れるなら、茶室の自由は大きいにちがいない。

かくして茶室に目覚めた五六歳の建築史家にして建築家は、稲垣先生の『南方録』講読このかた手にしたこともない茶室関係の本を読んだり、茶室とは何かといった抽象的思考を巡らしたり、中村昌生、熊倉功夫《いさお》[36]両先生の話を聞いたり、似合わぬ行ないに片足の先から突っ込んでいく。

1　**赤瀬川原平**／（一九三七〜二〇一四）美術家、作家。横浜市生まれ。六〇年、ネオ・ダダイズム・オルガナイザーズ、六三年、ハイレッド・センターを結成。七九年、尾辻克彦の名で小説を発表、八一年、『父が消えた』で芥川賞を受賞。八六年、藤森照信らと路上観察学会を結成。八九年に勅使河原宏と共同脚本を担当した映画『利休』で日本アカデミー賞脚本賞、九九年に『老人力』で毎日出版文化賞を受賞。

2　**堀口捨己**／（一八九五〜一九八四）建築家、建築史家。岐阜県生まれ。一九二〇年、東京帝国大学卒業。従来の建築様式から分離した新しい建築をアピールする分離派建築会を結成。伝統文化とモダニズム建築の調和を図った。日本庭園や茶の湯、茶室の研究家、歌人としても知られる。代表作に〈紫烟荘〉（一九二六年）、〈八勝館・御幸の間〉（一九五〇年）、〈明治大学和泉第二校舎〉（一九六〇年）など。

3　**中村昌生**／（一九二七〜二〇一八）建築家、建築史家。愛知県生まれ。京都工芸繊維大学名誉教授、福井工業大学名誉教授。茶室、数寄屋建築・研究の第一人者。著書に『茶室の研究』『茶室集成』など。

4　**小川後楽**／（一九四〇〜二〇一六）煎茶家、小川流煎茶六代目家元。京都市生まれ。筆名は檜林忠男。京都造形芸術大学教授・理事。専門は近世思想史、茶道史。著書に『煎茶入門』『日本茶業史資料集成』（監修）など。

5　**千利休**／（一五二二〜九一）戦国〜安土桃山時代にかけての茶人。法名を宗易。父は堺の高名な商人。北向道陳、武野紹鷗などに学ぶ。茶道千家流の始祖であり、茶聖と称された。草庵のわび茶を大成し、天下一の茶道名人として名を馳せた。

6　**売茶翁**／（一六七五〜一七六三）江戸時代中期の禅僧。煎茶人。煎茶道の祖。本名は柴山元昭。仏

門を志した後、京都に上り煎茶を売る生活に入る。還俗後、名を高遊外と改めた。世では売茶翁と呼ばれた。

7 **小川可進**／（一七八六〜一八五五）煎茶道小川流の創始者。初代小川後楽。京都の医者の家系に生まれる。五〇歳で医業を廃し煎茶家に転じ、もと医者であったことから、衛生的で合理的な独自の煎茶法をあみ出す。著書に『喫茶弁』など。

8 **頼山陽**／（一七八〇〜一八三二）江戸時代後期の儒学者、思想家、漢詩人。大坂生まれ。主著の『日本外史』は幕末の尊皇攘夷運動に影響を与えた。

9 **村井吉兵衛**／（一八六四〜一九二六）明治〜大正時代の実業家。京都の煙草商の家に生まれる。日本初の両切り紙巻き煙草「サンライス」や人気銘柄「ヒーロー」を製造、日本の煙草王と呼ばれた。後、事業を多角化させて村井財閥を形成する。

10 **ジェームズ・マクドナルド・ガーディナー**／（一八五七〜一九二五）アメリカ・セントルイス生まれの建築家、教育者。一八八〇年、アメリカの聖公会伝道局から立教学校（現・立教大学）に派遣され、校長に就任。学校経営の傍ら立教大学校舎などの建築設計に携わる。

11 **小川三知**／（一八六七〜一九二八）日本初のステンドグラス作家。家業の医学を継がず、東京美術学校（現・東京藝術大学）卒業後、中学校や師範学校の図画教師となる。一九〇〇年にアメリカに留学の後、農商務省海外実習生となり漆芸を研究。また各地の工房でステンドグラスを学ぶ。一一年に帰国。代表作に〈慶應義塾大学図書館〉（一九一五年）、〈鳩山会館〉（一九二四年）など。

12 **赤坂離宮**／ジョサイア・コンドルの弟子片山東熊の設計による、ネオバロック様式の洋風建築。一九〇九年、元紀州藩の屋敷跡に東宮御所（後に赤坂離宮）として建設された。七四年に迎賓館として開館。本館は村野藤吾、和風別館は谷口吉郎の設計。二〇〇九年に明治以降の文化財として初の国宝に指定。

13 **小笠原長幹**／（一八八五〜一九三五）大正〜昭和時代の華族政治家。学習院大学を卒業後、イギリス・ケンブリッジ大学に留学。帰国後に式部官、一九一八年に貴族院議員、その後、陸軍省参事官、国勢院総裁などを歴任。

14 **湖心亭**／中国・豫園の九曲橋にある、上海で最も古い茶楼。釘を一本も使っていない建物として有名。一七八四年に豪商の集会所として使用された後、一八五五年に茶楼としてオープン。

15 **高過庵**／長野県茅野市にある地上六・五メートルの茶室。二〇〇四年、竣工。

16 **松軒**／長野市の焼杉ハウスの二階に作られた茶室。共同設計者は川上恵一。二〇〇七年、竣工。

17 **南方録**／茶道伝書。一五九三年頃の成立とされ、利休茶道の秘伝書として伝えられる。堺の南宗寺の僧侶南坊宗啓が筆録・編纂。福岡藩の家老立花実山による偽書という説もある。

18 **岡倉天心**／（一八六二〜一九一三）思想家、文人、美術評論家。横浜生まれ。貿易商の父を持ち、幼少期より英語に親しむ。フェノロサに師事。東京美術学校（現・東京藝術大学）設立に貢献。日本美術院の創設者であり、ボストン美術館の東洋部長になるなど、明治以降の日本美術概念の成立、紹介に注力。英文著書に『東洋の理想』『日本の目覚め』『茶の本』などがある。

19 **茶経**／八世紀頃の中国・唐代の陸羽によって著された世界最初の茶書。茶に関する知識が系統的にまとめられている。三巻一〇章からなる。

20 **坪林茶業博物館**／台湾屈指の「茶」をテーマにした総合博物館。一九八三年に建設された。

21 **立礼**／椅子とテーブルを使う形式の茶のこと。

22 **躙口**／茶室特有の、小さな客の出入り口のこと。現在の標準的な寸法は、高さ二尺三寸（六九・七センチメートル）、幅二尺一寸（六三・六センチメートル）くらい。躙上がり、くぐりなどともいう。

23 **千家十職**／千家の流れをくんだ茶の湯の道具を代々にわたって制作する人たちを「職家」と呼び、一般的には「千家十職」と呼ばれる。陶工、塗師、釜師、指物師、金物師、袋師、表具師、一閑張細工師、竹細工／柄杓師、土風炉師の一〇の職家を表す。

24 **稲垣栄三**／（一九二六〜二〇〇一）建築史家。太田博太郎、堀口捨己に師事。一九七三年、東京大学教授、後に明治大学教授。六九年、神社建築史の研究で建築学会賞を受賞。著書に『茶室・数寄屋建築研究』（稲垣栄三著作集）など。

25 **淋汗茶之湯**／室町時代中期において催された、風呂上がりの客に茶を勧める趣向のもの。〝淋汗〟とは夏場に身体を清潔にするための入浴を指す。

26 **茶頭**／貴人に仕えて茶事をつかさどる茶の師匠のこと。

27 **桂離宮**／江戸時代初期、八条宮家初代智仁親王により別荘として造営された。その後、二代、三代にわたって増築改修され、現在の姿に。建物は古書院、中書院、新御殿の三つの書院からなり、回遊式庭園には桂川の水を引いた池を中心に、松琴亭、賞花亭、笑意軒、月波楼の四つの茶屋と、築山、洲浜、橋、石灯籠などを配す。

28 **藤井厚二**／（一八八八〜一九三八）建築家。広島県福山市生まれ。家は十数代続く酒屋、製塩業、金融業で、一級の美術品や茶道具に囲まれて育つ。東京帝国大学工科大学（現・東京大学工学部）建築学科を卒業後、竹中工務店に入社。一九一九年に退社して欧米諸国を巡遊、モダニズムデザインに触れる。日本の気候風土に適した住宅のあり方を追求。二八年の〈聴竹居〉はその完成形。

29 **前川國男**／（一九〇五〜八六）建築家。新潟県生まれ。東京帝国大学工学部建築学科卒業後、渡仏し、ル・コルビュジエのアトリエに学ぶ。一九三〇年、レーモンド建築設計事務所に入所。三五年に前川國男建築設計事務所を設立。代表作に〈東京文化会館〉（一九六一）、〈神奈川県立図書館・音楽堂〉（一九五四年）、〈弘前市民会館〉（一九六四年）など。

30 **坂倉準三**／（一九〇一〜六九）建築家。岐阜県生まれ。東京帝国大学美術史学科卒業後、渡仏。ル・コルビュジエに師事し、モダニズム建築を実践した。代表作に〈パリ万国博覧会日本館〉（一九三七年）、〈神奈川県立近代美術館〉（一九五一年）など。

31 **丹下健三**／（一九一三〜二〇〇五）建築家。大阪府堺市生まれ。一九三八年、東京帝国大学工学部建築学科卒業後、前川國男建築事務所に入所。四一年、東京帝国大学大学院入学、翌年、大東亜建設記念造営計画設計競技に一等入選。第二次世界大戦後から高度経済成長期にかけて、都市計画の研究・業務に携わり、多くの国家プロジェクトを手掛ける。丹下の傘下からは、磯崎新、黒川紀章、谷口吉生などが輩出された。代表作は〈広島平和記念資料館〉（一九五五年）、〈東京カテドラル聖マリア大聖堂〉（一九六四年）、〈国立屋内総合競技場〉（一九六四年）、〈東京都新都庁舎〉（一九九一年）など。文化勲章、レジオンドヌール勲章を受章。

32 **日本工作文化連盟**／一九三六年に結成。「生活の全的な立場」を主題として、建築という枠を超えて、工芸から都市まですべての造形文化を多角的な視点のもとで総合的に見直すこと、世界的なモダニズムの流れとは別の日本固有のデザインを模索することを趣旨とした。会員は六〇〇人程。理事長は堀口捨己。

33 **煤竹**／何十年、何百年という長い年月を経て、囲炉裏の煙で燻されて茶褐色に変化した竹のこと。

34 **利休七哲**／千利休の高弟の七人を指す呼称。時期により顔ぶれが変動する。千家の江岑宗左（逢源斎）の記した『江岑夏書』では、蒲生氏郷、細川忠興（三斎）、古田重然（織部）、芝山宗綱（監物）、瀬田正忠（掃部）、高山長房（右近／南坊）、牧村利貞（兵部）の七人。

35 **秋野不矩**／（一九〇八〜二〇〇一）日本画家。静岡県生まれ。一九二九年に京都の西山翠嶂塾「青甲社」に入門。四八年に同志とともに「創造美術」を結成し、西洋絵画の特質を取り入れた新しい日本画の創造を目指した。六二年にインドの大学の客員教授として赴任して以来、十数回インドを来訪。文化勲章受章。

36 **熊倉功夫**／ＭＩＨＯ ＭＵＳＥＵＭ館長。国立民族学博物館名誉教授。一九四三年、東京生まれ。東京教育大学文学部史学科卒業。茶道史、寛永文化のほかに、日本料理文化史、民芸運動など幅広い研究を行い、旺盛な評論活動を展開する。

第二章　日本の茶室のはじまり

婆娑羅と闘茶

〝茶室とは何か〟を知るには、歴史をたどりながら考えるのが近道だ。

日本に茶が入ってきたのは古く、奈良時代に一度入った記録はあるものの根づかなかった。根づかない食べ物や飲み物は、歴史上にはけっこうあり、チーズも奈良時代（七一〇～七九四年）に入っているが、〝醍醐味《だいごみ》〟の三文字だけを残して消えている。安土桃山時代（一五七三～一六〇三年）に入ったトマトは、江戸時代（一六〇三～一八六八年）を通してきれいな赤い実の観賞用としてしか続かない。中国の唐（六一八～九〇七年）では陸羽《りくう》の『茶経《ちゃきょう》』が出るほど好まれた茶も、東海の孤島ではヘンな味の飲み物でしかなかったのだろうか。あるいは、朝鮮経由で茶葉だけ船載され、種も苗も届かなかったのかもしれない。

種も一緒に届いたのは、鎌倉時代（一一八五～一三三三年）になってからで、禅僧の栄西《ようさい》[1]が宋より茶の種を持ち帰り、京の栂尾高山寺《とがのおこうざんじ》[2]で播いて育て、やがて栂尾の茶は「本茶《ほんちゃ》」と呼ばれるまでになる。ちなみに他の産地は「非茶《ひちゃ》」。

高山寺に根を下ろした茶は、しかし、栄西が『茶経』の向こうを張って、『喫茶養《きっさよう》生記《じょうき》』まで書いたというのに、禅門の内にしか広がらない。〝養生〟の二語が示すように医薬品扱いで、口の楽しみとしての飲み物の考えが当初はなかったのだろう。やがて禅門の中でも、眠気を覚まし、心身を爽快にする毎朝欠かせぬ飲み物となる。楽しくなった飲み物は、禅門の外に流れ出て、京の公家や有力な武士の間で広がり、日本の社会にはじめて茶が根づく。当時の日本人は、今よりずっと刺激の少ない食生活を送っており、コーヒーなどもなく、茶のカフェインに敏感に反応し、今の何倍もの覚醒作用がもたらされたにちがいない。

茶の覚醒作用を、「婆娑羅《ばさら》大名」が放っておくはずがない。

南北朝の頃、力をつけた各地の有力武士たちが、室町幕府の弱体化につけ込み、京の都に乱入し、徒党を組んで派手な身なりで都大路をのし歩くは、ドンチャン騒ぎを巻き起こすは、公家の屋敷を襲うはのしたい放題。でもなぜか教養もあり、本を読み和歌を嗜《たしな》み美術品を集める。こうした乱暴にも文化にも強い魅力的な新興武士たちは「婆娑羅」と呼ばれ、主だった佐々木道誉《ささきどうよ》など は婆娑羅大名と呼ばれた。婆娑羅の名に恥じず、彼らは面白い茶の楽しみ方を工夫する。

一つは、ギャンブルと茶を組み合わせた「闘茶《とうちゃ》」。もう一つは、彼らの後継者たちが引き続く時代に編み出した入浴と茶を組み合わせた「淋汗茶之湯《りんかんちゃのゆ》」。もちろん飲食と酒色付き。

禅門を流れ出た茶は、禅宗の精神性をきれいさっぱり洗い落とし、時代を切り拓く乱暴で文化的な勢力の最大の楽しみに駆け上がる。とりわけ闘茶は、その後の茶と茶室の歩みを考えるとき、不可欠な働きをした。もし闘茶を通過しなければ、日本の茶も中国茶と同じように茶碗の内側へと収束していったかもしれない。

闘茶は、いってしまえば賭博の一つで、親しい仲間が集まって茶の産地を当てっこする。舌と鼻の鋭さを競う点はソムリエの競技と似ているが、ソムリエのように供されたいくつものワインの正しい産地をたくさん当てればいいのとはちがい、たくさんの非茶の中からどれが本茶かを当てる。同じ京都やその周辺のあっちこっちに植えられた非茶の中から、栂尾の本茶を当てるのはやさしくない。なぜなら、日本の茶はすべて栂尾が元で、どれも同種だからだ。同種なのに味と香りが分かれるのは、作り方によるわけでもない。作り方の差は、味と香りの濃さ薄さとして主に現れる。

味と香りの量ではなく質は、その茶が育つ土地の土質と水質に左右され、だから栂尾のすぐ隣でも、長い年月の間にいろんな事情で埋積した土の質がちがえば同じにはならない。

地味《ちみ》（土地の質の良し悪し）と茶の関係は、茶の味にうるさい程度の人では分からないが、プロなら歴然らしい。静岡県で茶のコンテストが開かれたとき、来場していた一人の生産者が、審査員の鑑定能力を疑ったので、その人が作った茶葉の識別をはじめた。静岡の茶は台地で作られるが、安倍川を境に東と西で地味が分かれる。まず四人の審査員が東と定め、東に詳しい二人でこれまでの経験から次第に絞り込み、どこの村のどの畑かまで当てた。土の中のミネラル成分が、茶葉の味と香りを決める。六〇〇年前の闘茶も、栂尾と微妙にしか地味のちがわない産地からいくつも取り寄せ、判定能力を競ったことだろう。

佐々木道誉がとある庭で催した闘茶の光景について『太平記』[4]は次のように記している。

「本堂の庭に十囲《い》の花木四本あり。此《この》下に一丈余りの鍮石《ちゅうじゃく》の花瓶《かびん》を鋳懸《いかけ》て、一双《そう》の華に作り成し、其交《そのあわい》に両囲《い》の香炉を両の机に並べて、一斤《きん》の名香を一度に焚上《たきあげ》たれば、香風四方に散じて、人皆浮香《ふこう》世界の中に在るが如し。其陰《そのかげ》に幔《まん》（幕）を引き、曲彔《きょくろく》を立て双《なら》べて、百味の珍膳を調《ととの》へ百服の本非《ほんぴ》（本茶と非茶）を飲みて、懸物山の如く積み上げたり」

ただ判定能力を競うだけなら、闘茶とまでは言わなかったろう。欲望全開を旨として生きる婆娑羅連中は、競技を盛り上げ、入れ込むべく、賭けた。美術工芸品を賭けた。当時、貿易により、中国から水墨画や青磁の焼き物などが続々ともたらされていたが、そうした貴重で高価な美術工芸品を賭けた。

室内での闘茶が催された場所は、河原でも専用の賭場でもなく彼らの大きな屋敷の中の「会所《かいしょ》」と呼ばれる一棟だった。会所とは、大事な客を迎え、会い、集って一緒に楽しむ場所を指し、歌の会も茶の会も何かにつけての宴会もここで開かれる。

日本の住まいの歴史

専用ではないが日本最初の茶室ともいうべき会所が、広い屋敷の中のどんな位置にどんな姿で立っていたかを理解するには、日本の住宅の長い歴史についての基礎知識が欠かせない。

ざっと説明しよう。

日本列島には、二つの住まいの系譜がずっと続いている。一つは、縄文時代の竪穴式住居[5]にはじまる系譜で、大きな茅葺《かやぶ》き屋根と土間《どま》を特徴として、後に床が張られるようになるものの、土間の湿りと暗さと屋根裏の闇と、そしてそれらを支える太い柱と太い梁《はり》は消えることはない。農村や漁村でもっぱら使われ、大正時代以後に民家と呼ばれる。

縄文時代に続き、水田農耕の弥生時代がはじまると、水田稲作の故郷の暑い長江流域から高床式住居[6]が伝わってくる。防寒第一の竪穴式系と逆に、防水第一で、洪水から逃れるため、床を高く張り、壁は通風を考えてスカスカ。

この高床式系は、古墳時代さらに飛鳥、奈良と、天皇や公家《くげ》[7]や有力者など上層階級の住まいとして発展し、平安時代（七九四～一一九二年）に入ると寝殿造《しんでんづくり》と呼ばれる一つの定形に到達する。

大きな屋敷全体の配置は中国の四合院《しごういん》[8]に想を得て、寝殿と呼ばれる中心建物の左右と後方に、中庭（中坪）を間に置いて、対屋《たいのや》と呼ばれる付属棟を平行して並べ、寝殿とは渡殿《わたどの》という廊下状の部屋でつないでいた。しかし、四合院のように南北を貫く軸を中心とする左右対称配置は取らず、対称性を崩して対屋を置く。四合院のように南正面から入ったりせず、南には大きな庭を築き、左右の側面から入る。

四合院崩しの全体配置の上に建つ建築に、四合院との関係は認められず、四合院のように土間に土足ではなく、履物を脱いで板張りの床《ゆか》に上がり、四合院の煉瓦《れんが》の壁の位置には夜になると蔀戸《しとみど》[9]（板戸）が下ろされ、屋根には四合院の瓦の代わりに檜皮《ひわだ》（檜の樹皮）が葺《ふ》かれる。現在の京都御所の〈紫宸殿《ししんでん》[10]〉は、江戸時代に寝殿造を復原したもの。

紫式部が『源氏物語』を綴ったり、藤原定家が歌を詠んだのは対屋の中だが、まだ茶の到来には二〇〇年も間があり、綴ったり歌ったりの合い間の一服に飲み物を口にする習慣はなかったか、それとも素湯《さゆ》に中坪の藤の花びらでも浮かべて喫んだか。

天皇と公家の平安時代が終わり、武士と大名の鎌倉時代、室町時代（一三三六〜一五七三年。前半を南北朝時代という）の中で、寝殿造は書院造《しょいんづくり》へと次第に変わってゆく。寝殿造から書院造への進化のどの時点かは定かでないが、寝殿後方の対屋の一つが渡殿を失い、寝殿から独立した。寝殿は、名のとおり主人夫妻の寝室であると同時に、広い南側半分と前庭は行事と儀礼と対面のための場であり、そんな堅苦しい棟からは離れた後ろの庭に隠れた辺りで、親しい仲間だけで集まって、食べたり飲んだり、歌を詠んだり、琴や笛や太鼓を奏でたりした。そうした対屋のことを中国の客間に倣って会所と呼ぶようになり、にぎやかに催されたのが闘茶だった。

会所の主の部屋は三間（約五・四メートル）四方（九坪）の広さで、これを九間《ここのま》と呼ぶ。

三間四方という面積には建築上特別な意味があり、まず木の梁を架けるときの長さの限界で、これ以上の大梁となると特別の丸太を探してこなければならない。平面としても、広からず狭からず、家族や少数の仲間が集まって何かするには一番使い勝手がいい。能舞台も九間。現代住宅の名手として知られた吉村順三[11]は、世界中の心地よい住宅の部屋を測ってみると、ヨーロッパでもイスラムでもほぼ三間四方に収束するとし、ニューヨークの〈ロックフェラー三世邸〉も九間を基本に設計している。

構造上と平面上の理由から、以後、今日まで、九間が日本の住まいの広い方の部屋の基準となる。

その会所の九間をにぎやかに飾り立てて催されたのが闘茶だった。

日本最初の茶室とは

いったい六〇〇年前の最初の茶室は、どんな作りを、いや作りではない、正確にいうと室内で闘茶が開催されるとき、どんな家具調度が並べられていたんだろうか。

中村利則[12]復原案（図4）で見てみよう。

まず部屋を囲む外壁は、角柱に蔀戸を主とするが、一部に板の引き戸や紙張りの明かり採りがはまっている。こうした建築の作りは、後に述べるように、闘茶が行なわれた南北朝らしく、寝殿造から書院造への移行期の姿にちがいない。

中は二室からなり、一つは闘茶の催される九間で、貴族住宅にもかかわらず畳は取りはずされ、板の間にイスと卓が持ち込まれ、九間の正面の壁には仏画が、仏画の前の台の上には花と香炉とが置かれ、唐物の茶壺も並ぶ。

九間の隣は準備室に当てられ、卓上には壺、花瓶、皿といった南宋渡来の美術工芸品がどっさり並び、もちろん本茶を当てればわが物となる。隅に隠れるようにして置かれるのが茶釜など湯を沸かして茶を点てる諸道具。

闘茶がはじまると、虎皮敷のイスに向かい合って並ぶ客たちは、隣室から使用人が点てて運んできた茶を喫み、本非を当てる。

おそらく四時間はかけたであろう百番勝負の当てっこの間、当てた者は、〝喫み終わった後の戻り香がポイントだった〟とか、はずした者は、〝本茶は東山の何兵衛の畑と似ていて困る〟とか、〝水のせいで判断に迷いが生じてしまった〟とかの茶談義

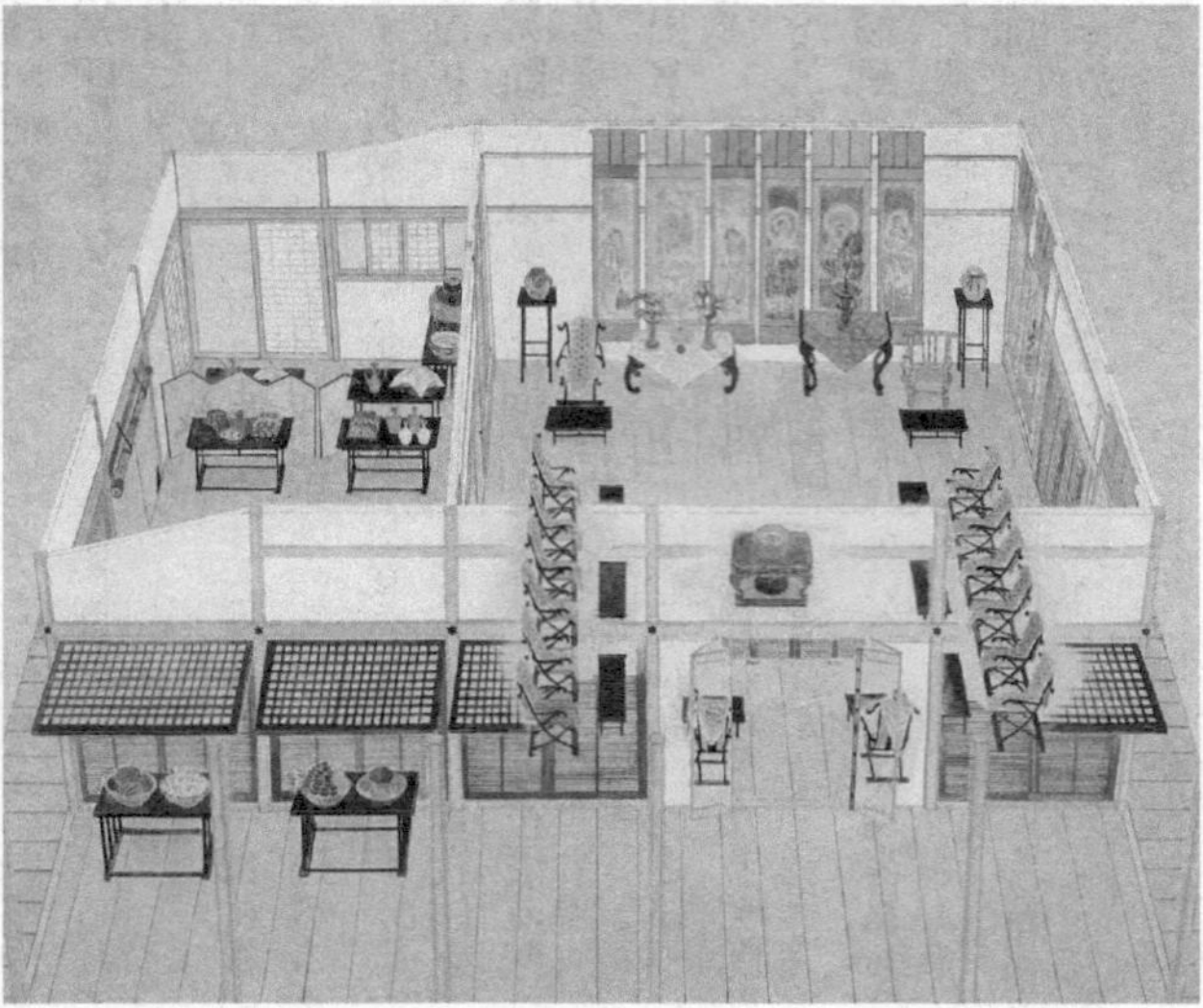

図4　闘茶が催された喫茶之亭の復原案（復原／中村利則　作図／中村洋子）——会所の九間が使われている。

にふけり、次回の主催予定者は、仲間の感想を聞きながら、どこの誰の畑のを使おうかと思いめぐらしたことだろう。出す茶によって主催者の口と舌のレベルが分かるのは、今のソムリエの大会と同じ。

茶談義以上に盛り上がるのは、賞品の美術工芸品についてのあれこれで、きれいな色の花入があるから由来を聞くと、〝宋の南の方の龍泉窯《りゅうせんよう》で焼かれ、つい先月、那の津（博多港）に入ったのを急ぎ取り寄せたが高かった〟とか、〝自分は似た青磁の耳付花生を道誉の闘茶で見たがこれにはかなわない〟とか、一つ一つの賞品について、その来歴と見どころを知る者は話し、知らない者は聞く。

中村利則復原案を見ると、虎皮が敷かれていたりしてにぎやかすぎると思われるかもしれないが、闘茶は欲望全開の時代の花《はな》。見たこともない宋を念頭に、向こうではイスに腰かけるらしいとかの断片的知識だけを頼りに、自分たちが切り拓きつつある新しい時代のイメージを会所の九間に展開したら、日本の伝統でも本当の中国でもない国籍不明来歴不詳の空間となったとしても不思議はない。

茶が、婆娑羅の創造力を覚醒させた結果だった。

闘茶の果たした功績

闘茶と淋汗茶之湯は、とりわけ闘茶は、今日の茶道史の上ではヘンな一時期として軽く扱われやすいが、ちがう。人々が立場を超えて一つ場に集まり、茶の覚醒作用と酒の酩酊作用の力を借りて、身体と文化と所有欲を全開させ、気持ちを一つにして盛り上がることが大事な働きをしないわけがない。

美術品、工芸品の良し悪しを本気で識別するにはお金を払って自分の物にしたいかどうかの所有の意識が欠かせないというが、闘茶はそのように美術工芸を扱った世界でも稀な賭けであった。もし闘茶がなければ、美術工芸品と茶がのっぴきならぬほど深く結びつくことはなかったし、日本人の美術鑑賞の習慣もなかなか根づかなかったにちがいない。

茶の空間の歴史を考える上でも闘茶は大きい。

会場に当てられた会所は、元をたどると寝殿造の対屋の作りだから、内外は蔀戸で区切られるものの、中は板敷きのガランドウ。そのガランドウに几帳《きちょう》[13]、御簾《みす》[14]などの仕切りや机、敷物などの家具調度を持ち込んで使うのが寝殿造系の習い。

歌の会のときは、御簾や文机《ふづくえ》[15]や質素な敷物や花台を置き、宴会なら几帳に豪華な敷物にお膳などを運び込む。

もし、茶の故郷中国のように、既存の書斎で茶が楽しまれることになったら、すでに書斎には棚や窓は作り付けられ、机も寝台も衝立《ついたて》も入っているし、書画や文房四宝もそれぞれの位置を占めており、茶はそれらのスキ間に小さくなってしのび込むしかない。ところが幸か不幸か会所はガランドウ。ガランドウの場が、用途と季節に応じてあれこれ飾られ、ふさわしい空間が生まれる。寝殿造にはじまるこの性格があったからこそ、闘茶の空間は、歌会でも宴会でもない茶のためだけの空間になることができた。

一時とはいえ茶だけのための空間を作ることが許されたから、使用人が茶を運ぶ作法や主催者と参加者の動き、そして茶碗から敷物から棚、花台等々の室礼《しつらい》を茶会用に決めることが可能になったし、だから主催者は自分の美学と持ち物のありったけを投じた。

闘茶は茶碗の中味の賭けだったが、賞品への関心が茶碗や美術工芸品への目を開かせ、また、ガランドウの場しかなかったから一つの美学を持った空間を生み出すことになった。日本の茶について、総合芸術、総合文化と評することもあるが、後の茶の総合性も元をたどると闘茶に行きつく。日本の茶は、闘茶の経験によって茶碗の外側まで目を注ぐようになる。

闘茶という賭けが、もう一つ大きな働きをした可能性を指摘したい。賭けの平等性と公平性である。すべての賭けは、参加者の平等と判定の公平を前提に成立している。もし社会的地位や経験や財力によって参加者に特権を与えたら、賭けの面白さは消えるし、参加する者もいまい。

闘茶も、賭けであるかぎり、婆娑羅の内側の力や富の差も、もし公家、僧、商人などが参加するにしても身分差なく行なわれたが、こうした当時の社会には珍しい平等性と公平性は、その後の茶の展開に影響を与えた可能性はあるだろう。

後の茶では、参加者が身分差も富の差もなく集まって楽しむことを「一座建立《いちざこんりゅう》」といった。一座建立は闘茶の大きな楽しみでもあった。

しかし、闘茶と後の一座建立の茶との間には二〇〇年の時間差がある。闘茶以後も茶は続くけれど、果たして賭けの平等性、公平性がその後どうなったかは分からない。しかし、賭けの要素が消えなかったことは、今も茶の湯の余興として行なわれる「茶カブキ」によってうかがえよう。

茶会の平等性、公平性については推測の域を出ないが、日本の茶が茶の中味より茶碗とその外側の作法と鑑賞に意を注ぎ、とりわけ仮設とはいえ茶のための空間をはじめて生み出したことは、闘茶の功として認めたい。

闘茶から殿中の茶へ

婆娑羅が都大路を駆けた南北朝の闘茶の時代が終わり、室町幕府八代将軍足利義政[16]の時代に入ると、闘茶の流れは「殿中《でんちゅう》の茶」へと脱皮する。殿とは殿様の殿、御殿の殿のことで、武家の棟梁将軍をはじめ諸大名の屋敷を指す。

先に、日本の住まいの流れのうち上層は、高床式にはじまり寝殿造となり書院造へと進化すると述べ、寝殿造から書院造への進化途上で闘茶に場を提供したことも述べた。

書院造に行きついてから、そこで行なわれたのが殿中の茶だった。「御殿座敷の茶」「書院飾りの茶」「台子《だいす》飾りの茶」ともいう。

殿中、御殿座敷、書院飾りの言葉からうかがわれるように、建築の作りと不可欠につながるが、しかし茶の形式がそれにふさわしい建築を発達させたというより、建築の形式に合わせて成立したのが殿中の茶だった。闘茶を、建築を借りて咲いた大輪の茶の花とするなら、殿中の茶は、建築のスキ間に咲いた日陰の茶の花。

殿中の茶の舞台となった書院造（図5）について説明しよう。

古代の平安時代に天皇と貴族の住まいとして成立した寝殿造が、中世の武士の時代に入ると変わりはじめ、鎌倉時代と南北朝時代（室町時代前半）を経て、室町時代の後半、書院造に到達する。

南北朝の闘茶でも触れたように、乱暴で教養もある武家が時代をリードしたが、しかし書院造は武家本来の仕事である戦闘を意識した作りにはなっていない。もちろん戦うための工夫はゆめ怠らないが、それは屋敷の周りに濠を掘り、土手を築くとか、物見櫓《ものみやぐら》を建てるとか、塀を固くし門の上には矢倉（櫓）を載せるとか、御殿《ごてん》の外の工夫に限られた。

そうした防御の工夫に守られた御殿の中では、戦闘とかかわりない日々の暮らしのための工夫がなされ、テーマはただ一つ、寝殿造のガランドウをどう変えるか。冬は寒い風が、蔀戸を下ろしてもスキ間から入って反対側へと吹き抜ける。家の中に布切れが垂れたり衝立が置かれていても、風の当たりを弱める程度。蔀戸で閉じられた側面だけならまだしも、下を向くと、床《ゆか》の板敷きは床下の乾いた土が見えるほどすいているから、庭から床下をくぐって吹き上がる寒風を防ぐすべはない。上を向いても、天井はなく、火鉢のわずかな熱も人の体温も上へと抜け、黒く太い梁に支えられた暗い闇に消える。寝殿造の冬とは、たてつけの悪いガラス窓の体育館の床の上で暮らすに近い。

『徒然草』の作者は、「住いは夏をもって旨とすべし」と記しているが、土壁の外壁に囲まれた小さな庵の中で夏に綴ったか、冬ならイロリに当たりながら綴ったか、どちらかにちがいない。寝殿造は土壁もイロリも欠いていた。

冬の寒さに加えもう一つ難があった。布などにより一つの場は一応それと分かるように区画されているものの、声は筒抜け、姿も垣間見える。たとえば、殿が大事な客と対座し、難しい問題を相談しているとき、その様子が両家の家来からうかがえるの

図５　書院造の例〈旧岩崎久弥邸〉（明治29年、1896）
――左から付書院、床、違い棚。壁は張付壁。

はまずい。

部屋と床の間の誕生

冬の寒さを減じ、プライバシーを確保するため、日本の住まいは次のように進化して対処した。

①建物の内と外の境においては、蔀戸に代え、薄い板製の舞良戸《まいらど》[17]と障子が工夫される。舞良戸は蔀戸のようなハネ上げ式ではなく、引き違い式だから上端下端とも溝にはまり、防風性能は向上する。舞良戸はさらに雨戸へと進化する。

また障子のおかげで、風は遮るが明かりだけは採り込むことが可能になり、冬も寝殿造よりずっと過ごしやすくなる。寝殿造では蔀戸を下ろすと、昼でもスキ間から差し込む明かりのみ。

②室内の場所と場所の境に襖《ふすま》が立てられる。襖の上辺は鴨居《かもい》[18]に、下辺は敷居《しきい》の溝にはまり、音には難はあるものの視覚上のプライバシーが確保された。襖という紙の画面が放っておかれるはずもなく、やがて絵が描かれたり紋様がプリントされるようになる。

③床に畳が敷き詰められる。寝殿造において貴人の尻の敷物としてはじまった畳は、貴人でなくとも人の座る位置には敷かれるようになり、やがて御殿の主な部屋の部屋中に敷き詰められるに至る。

④天井が現れる。薄い板で作った天井が張られ、小屋組[19]は見えなくなる。

⑤畳を敷き、敷居、鴨居を取り付け、障子と襖が柱に当たるとなると、丸柱では隅の収まりが不可能で、角柱に変わる。

床には畳、側面には襖と障子、板の天井そして四角な柱。ここにはじめて、日本の建築はガランドゥを抜け出し、部屋という四角な空間を獲得することができた。

寝殿造と比べ室内のイメージは一変する。まず、とても明るくなった。深い軒の下からの光は、直接差し込むにせよ障子越しの柔らかい明かりとなって入るにせよ、まず畳に当たり、反射して部屋の襖の白い紙や天井の板を照らす。

明かりの中に浮かぶのは、まず、柱、敷居、鴨居、長押《なげし》[20]といった垂直と水平の太い線。太い線に囲まれた四角な面の中には、畳や襖であれば縁が、障子なら縁と桟《さん》が、天井なら竿縁《さおぶち》[21]や格子が、細い線となって縦横に走り、小さな四角な面を生む。そうした面で上下左右を囲まれた軽快な室内。今日まで続く日本的建築空間が生まれた。

でも、それだけでは一つ大事な要素が足りない。そう、線と面で構成された均質で禁欲的な室内に、方向性と盛り上がりを与える床《とこ》の間《ま》が欠けている。

床の間は、舞良戸や障子や襖や畳や角柱のように寝殿造の要素が次第に進化して生まれてきたものではない。寝殿造に原型は見当たらない。あるいは寝殿造末期の会所で催された闘茶の、賭けの賞品を並べた棚が固定化したとすれば面白いが床の間にそんな痕跡はない。

日本的室内の顔となる床の間は、寺の僧房《そうぼう》[22]の個室から飛んできた。

床の間は、畳より一段高い一枚板の床《とこ》の横に床柱《とこばしら》[23]を立て、その右か左に違い棚と付《つけ》書院《しょいん》[24]を配し、この三要素で構成されるが、いずれも起源は僧たちの日常生活の場にあった。

僧たちは、本堂とは別に、畳敷きの自分の部屋の壁際に押《お》し板《いた》と呼ばれる幅広の厚板を据え、板の背の壁に三幅対《さんぷくつい》（三枚一組）の仏画を掛け、板の上の中央に香炉、右に花、左に三方《さんぽう》[25]を置き、朝晩、拝んでいた。この押し板のセットが武家の室内に飾りとして持ち込まれ、進化して床の間の床となる。

僧は、床に仏を飾るだけでなく、仏に仕える者の仕事として仏典を読み経を写す。このために床と接する庭側の壁には、座り机状の台が縁側《えんがわ》の上にチョコッと張り出し、台の上には小さな障子がはめられていた。仏様の脇で読経と写経に励み、飽きると縁側の外の台に置かれた盆栽に目をやり、その向こうに広がる庭を眺めた。

読経と写経には、各種仏典と筆墨と紙が欠かせないし、床の仏画の軸に予備も必要だから、僧の部屋にはそれらを置く棚が置かれていた。それが違い棚に進化した。だから違い棚の上の段には巻き物がころがるのを防ぐころび返しが付くし、下の段は文房四宝の入る箱を置き、棚の下の地袋《じぶくろ》[26]には床や棚に入りきらないスペアをしまう。

僧房を出た床、付書院、違い棚の三つが御殿に取り込まれ、床の間に進化し、書院造となった。

能、花、庭、茶、水墨画など日本的なものの確立期は室町時代後半に当てられるが、建築においても、畳、障子、襖、天井そして床の間からなる書院造は同時期に成立している。

殿中の茶が営まれた空間

書院造の中で、殿中の茶は具体的にどのように営まれたのだろう。

殿中の茶のことを「台子の茶」とも言うように、台子を中心に据えて茶会が開かれた。台子とは小さな台を指し、書斎以外で茶を嗜むときの根幹をなす台で、道具一式の入る台子を置けば、野も広間も台子の辺りは茶の空間へと変わる。

大名たちは、書院造の床の間の前に台子を据え、茶道具を広げ、もちろん床にはさまざまな美術品を所狭しと並べ、壁には画や文字の軸を掛け、違い棚には筆墨や硯箱や絵巻物を置き、付書院の台には盆栽や盆景や花を持ち込んだ。

台子を中心にして床の間に飾られた品々のすべては中国渡来か、日本産の場合も、中国の美学に従っていた。盆栽も盆景も今は日本的と思われているが、起源は中国。その証拠に、今も盆栽の鉢や台には中国美学が漂う。

かつて会所で闘茶の会が催されたとき、寝殿造という日本の伝統的建築の中に突如、中国風を意識したイスが持ち込まれ、中国渡来の品々が所狭しと並べられ、見よう見真似の中国風空間が出現したが、殿中の茶の場合、書院造という日本独自の完成した室内に、台子をはじめ中国由来の品々が並べられた。

しかし、中国を範としながら本当の中国など知らぬ状態の中で婆娑羅大名たちが想像力を自由勝手に膨らませて作り上げた闘茶の空間に比べれば、殿中の茶の空間は、書院造の畳の上と床の間に中国由来の品々を置いただけだから、茶のための空間としては弱い。

書院造の日陰の花と言わざるを得まい。

建築と茶のピークの時代

書院造と殿中の茶の室町時代が終わり、いよいよ時代は武士の世のピークへと登り詰める。大名が割拠する内戦の時代を経て、信長と秀吉による天下統一の安土桃山時代である。

建築も茶もピークを迎える。

この時代は今から思うと不思議な時代で、内戦の最中なのに国際関係は充実し、中国、朝鮮、東南アジアとの貿易、交流に加え、地球の反対側からやってきた東回りのポルトガルと西回りのスペイン、さらにはイギリス、オランダなど西洋諸国と貿易し、人と文化の交流を果たす。内戦の最中なのに、国内経済はにわかに盛り上がり、それに国際貿易が加勢し、そうした富の力を背景に芸術と文化の領分も煮えたぎり、沸騰する。

戦国でありながら芸術と文化も隆盛する時代とは、婆娑羅大名のときと同じように、乱暴な力と文化の力の両方を併せ持ち一体化して生きる者のみが時代の推力となる。権力、財力、名誉、文化や芸術へのあこがれ、人間の欲望のすべてが再び全開する。

代表は、信長と秀吉。そして二人に茶頭《さどう》（茶の顧問）として仕えたのが千利休だった。

利休は国際貿易港堺の利に敏《さと》い有力商人にして、策略と裏切りの渦巻く信長と秀吉の側近でもあった。信長と秀吉が茶の顧問として利休と付き合ったのは、欲望全開の自分たちと同質を感じ取ったからだろう。煮えたぎる釜の中にいることのできるのは沸騰する湯だけ。信長、秀吉と利休の間に差があったとすれば、それは温度差ではなく、煮えたぎってこぼれる向きがちがったくらいだろう。

利休の茶室に入る前に、一つの仮定をしてみたい。

もし、利休とその一派が現れなかったら、信長と秀吉の茶はどうなっていたのか。

おそらく、闘茶で実践された欲望の全開を、もっと激しくもっと極端に突き進んだ。書院造の床の間の前でそれまでなされてきた殿中の茶の中国趣味に加え、南蛮趣味も加わり、和と漢と洋の入り混じった危険水域に突入していたにちがいない。

これが歴史家の憶測でないことは、建築と茶で、信長と秀吉がしたことを振り返ってみればいい。

信長の茶と秀吉の茶

信長が茶に目覚めたとき、まずしたことは名物狩りだった。室町時代、茶が最初の盛り上がりを見せた後、八代将軍足利義政は、自分の所持する中国渡来の茶碗や茶入や花瓶の中から名品をよりすぐり、「東山御物《ひがしやまごもつ》」[27]なるリストを作成している。リスト化とリストの公開によって名品は客観化され、世に知られ〝名物〟と呼ばれるようになり、茶好きの垂涎の的となる。しかし、そうした名物も世の有為転変の中で散り散りになり、各地の大名や有力商人の手中に帰していった。信長はそうした名物を、対価を払いはしたが、強引に手中に集積しはじめ、その最大の標的となったのは国際貿易都市の堺で、町を兵で囲んで圧力をかけ、奪い取っている。

そこまでしたのは、「御茶湯御政道《おちゃのゆごせいどう》」[28]を実行するためだった。茶による政治、茶による人心の収攬《しゅうらん》。そして茶により国と社会を動かす。

国も社会も武力や財力だけで動かせるものではない。政治のことを古来、〝まつりごと〟と呼ぶように、武力や財力などの現実的な力とは別の力が、それは昔なら神を祭る宗教の力、今なら国際的なスポーツの祭典の力、そうした人心を一つにまとめ、まとめられる側も一体感をもって参加ができるような力が欠かせない。当時の茶は、人心を一つにする祭りのごとき力を持っていた。後に秀吉が、無礼講の「北野大茶会」[29]を開くのは、茶のそうした面を知っていたからだ。

信長が登場した当時、茶にそれほどの力があったとは思われないから、茶隆盛の気運を鋭く察知し、茶をそのようなものとして仕立て上げた。

信長の御茶湯御政道は、茶道具に絞り込まれ、茶の建築には注がれない。理由は、建築や空間に対する全開した欲望は、武家の本領の城に向かったからだ。それまでの城は、濠や土手や塀や門に囲まれた御殿を中心に作られていたが、信長は、御殿と並べ、さらに御殿を凌ぐ天守閣を建てた。南蛮人が絵によってもたらしたヨーロッパの天主堂（大聖堂）を強く意識していたことは、自分が作った本邦初の天守閣たる安土城[30]の屏風絵をバチカンに贈ったことからもうかがわれよう。安土城は和漢洋を混ぜて一つにした内容の建築であった。

もし利休とその一派が現れなかったら「和と漢と洋の入り混じった危険水域に突入していたにちがいない」と書いたが、茶の建築はそうならず、危険水域に突入して実現したのが安土城だった。以後、城の天守閣は、日本とも中国ともヨーロッパともちがう奇妙な建築としてあり続ける。黒い五層の烏城《からす》[31]や純白の五層の白鷺城《はくろ》[32]など、どの国の建築の流れの中にも納まる位置は見つからない。

安土城の跡を訪れると、後の城とのちがいに驚く。大手の石段の通りが、山頂に組まれた石垣の上に立つ天守閣に向かって直登し、急すぎて直登不能になった時点で、やっと後の城のように曲折をはじめる。天守閣まで石段で真直ぐに駆け上がりたかったにちがいない。

信長の茶は、利休を茶頭の一人に加えてはいたけれど、建築的には殿中の茶であった。

利休を茶頭筆頭に加えた秀吉はどうか。御茶湯御政道を引き継ぎ、茶を大いに奨励した点は信長と似ているが、信長のように自分好みの一大建築を作るだけでなく、利休に自由に茶室を作らせ、自分も自分好みの茶室を作った点は信長とはちがう。

秀吉が作った自分好みの大建築とは、かの〈聚楽第《じゅらくだい》〉[33]のことで、聚楽とはこの世の快楽を聚《あつ》めること、第とは邸宅。聚楽第こそ、書院造のピークだった。現在残る書院造の最高傑作は聚楽第より一五年後に作られた二条城[34]だが、あの豪壮と絢爛を極限まで推し進めると聚楽第となる。

秀吉の好みの茶室とは、天皇に茶を喫んでもらうべく秀吉が発案し利休に作らせた金の茶室にほかならない。欲望全開の時代の人、利休も金《きん》を使うことへの好奇心はあったはずだが、全体としては聚楽第の茶室版というしかない。

1 **栄西**／（一一四一～一二一五）平安時代末期～鎌倉時代初期の僧。禅宗の一派、臨済宗の日本における開祖。えいさいとも呼ぶ。一一六八年と一一八七年の二度、宋に留学し、禅を修める。一一九一年、二度目の留学の帰国時、茶を持ち返り広めたといわれる。一二一一年、上下二巻からなる『喫茶養生記』を著したとされる。

2 **栂尾高山寺**／正式名称は栂尾山高山寺。京都の栂尾町にある真言宗の寺。創建は奈良時代とされるが、鎌倉時代前期の一二〇六年、僧の明恵によって再興。国宝「鳥獣人物戯画」などを蔵し、寺院全体が世界遺産に登録されている。栄西が宋から持ち帰った茶を明恵に伝え、植え育てられたという、日本最古の茶園として知られる。

3 **佐々木道誉**／（一二九六〜一三七三）鎌倉時代末期〜南北朝時代の武将、守護大名。名は高氏。京極（佐々木）宗氏の子。北条高時に仕え、元弘の乱以後、足利尊氏に従い、室町幕府の創設に貢献。近江などの守護となり、政所執事を務めた。また、婆娑羅と呼ばれる南北朝時代の美意識を持つ婆娑羅大名として知られ、『太平記』には古い権威に反発し、粋な姿で振る舞う逸話が多く記されている。一方で、連歌や茶道などにも通じ、文化的活動も行った。

4 **太平記**／鎌倉時代末期から南北朝時代の約五〇年間の争乱を描いた軍記物語。全四〇巻。作者は未詳。当時の社会風潮であった婆娑羅について批判的に記されている。

5 **竪穴式住居**／地面を数十cm掘り下げた面を床として、複数の柱を立てて骨組みを作り、その上から茅などで屋根を葺いた半地下構造の建物。ヨーロッパでは旧石器時代から作られはじめ、日本では縄文時代に盛んに作られた。

6 **高床式住居**／柱を立て、地面より高い位置に床を張った建物。日本では弥生時代に首長の住居として作られた。その後、出雲大社の本殿、東大寺正倉院などの神社建築に発展していったとされる。現在でも、東南アジアからマレーシアにかけて同様のものが見られる。

7 **公家**／朝廷に仕えていた貴族や上級官人など。

8 **四合院**／中国の北方地方の伝統的な家屋建築。四は東西南北、合は取り囲むという意味で、中庭を囲むように四つの家屋が並ぶ。北京の胡同に多く見られる。

9 **蔀戸**／平安時代に現れた、中央に板をはさみ、その表裏に格子を組み込んだ建具。寝殿造に用いられ、上部に蝶番を付けて、外側か内側に水平に跳ね上げて開け、L字形の吊金物で吊る。

10 **紫宸殿**／京都御所の正殿。天皇即位式や立太子、節会などの最も重要な儀式が行われた。檜皮葺きの高床式建築で、内部は板張りで、蔀戸が使用されている。九間の母屋の四方に庇を巡らせ、建物正面の階段の左右には左近の桜、右近の橘がある。

11 **吉村順三**／（一九〇八〜九七）建築家。東京生まれ。一九三一年、東京美術学校（現・東京藝術大学）を卒業後、アントニン・レーモンドに師事。四一年、吉村順三設計事務所を開設。六二年、東京藝術大学教授に就任。日本の伝統とモダニズムの融合を図り、〈軽井沢の山荘〉（一九六二年）、〈浜田山の家〉（一九六五年）などの住宅作品で知られる。

12 **中村利則**／京都造形芸術大学芸術学部歴史遺産学科教授。石川県生まれ。千利休・祖形待庵の復元設計（一九九二年）、大阪城天守閣・豊臣秀吉黄金の茶室復元（一九九二年）など、茶室や庭園復元の設計・監理も手掛ける。著書に『町家の茶室』、共著に『国宝・重文の茶室』など。

13 **几帳**／平安時代以降の公家の家で使われた間仕切り。土居という台の上に二本の柱を立てて横木を渡し、その上から、夏は生絹、冬は練絹などの帷子を掛けて垂らしたもの。

14 **御簾**／平安時代以降の神前や宮殿などで、長押に掛けて、仕切りや目隠しに使う簾。細く割った竹で編み、四周を綾などの布で縁取ったもの。

15 **文机**／書き物や読書をするための机。平安時代初期に登場した。

16 **足利義政**／（一四三六〜九〇）室町時代中期〜戦国時代初期の室町幕府第八代将軍。在職は一四四九〜七三年。有力大名に幕政を委ね、東山殿と呼ばれた山荘（銀閣寺）を作るなど、東山文化を築いた文化人でもあった。

17 **舞良戸**／中世に現れた建具。框の間に板を張り、舞良子と呼ばれる細い桟を一定の間隔で水平に取り付けた引戸。

18 **鴨居**／和室の襖や障子などをはめ込むために、上部に取り付けられる溝のついた横木。下部の敷居と対になる。

19 **小屋組**／建物の屋根を支えるための骨組み。

20 **長押**／構造を補強するために、柱と柱を水平方向につなぐ材。取り付ける位置によって名称が異なる。

21 **竿縁**／天井板を支えるため、天井板に対して主に直角に取り付ける細長い材。装飾を兼ねて、角木、小丸太、竹などが使われる。竿縁が張られた天井のことを竿縁天井という。

22 **僧房**／寺院内において僧侶が生活する家屋。

23 **床柱**／床の間に取り付ける中心的な柱。

24 **付書院**／書院造において、床の間の脇に設けられる、縁側に張り出した出窓形式の書院。文机のような棚板を張り、開口部には障子が付けられる。

25 **三方**／神仏や貴人への供物を載せる白木の台。台の前、左、右の三方にくり抜いた飾り穴がある。三宝とも書く。

26 **地袋**／床の間で、違い棚の下に、床面に接して設けられた小さな戸棚。

27 **東山御物**／室町幕府八代将軍足利義政によって収集された絵画、茶道具、花器、墨跡、文具などの美術工芸品のこと。または、足利将軍家の収集物全体のことを指す。

28 **御茶湯御政道**／織田信長による、茶の湯を利用した政策。特定の家臣に対して茶の湯を許可するなど、政治的に茶の湯を権威づけた。以後、秀吉によって推し進められたが、江戸時代にはその政治性は薄れていった。

29 **北野大茶会**／一五八七年一一月一日に京都の北野天満宮境内で秀吉によって開催された大規模な茶会。九州平定と聚楽第の竣工を祝って催され、秀吉の茶道具の名物も並べられ、千人以上が参加したといわれる。

30 **安土城**／一五七六年、織田信長が滋賀県安土町に築いた、五重以上の天守を持った初めての城。一五八二年の本能寺の変の後、焼亡した。

31 **烏城**／長野県松本市にある松本城の別称。一五〇四年、小笠原氏の一族、島立貞永が築城した深志城にはじまる。明治と昭和に大修理が行われた。五重六階の天守閣は、現存する天守閣で最も古いとされ、国宝に指定されている。

32 **白鷺城**／姫路城の異称。一三四六年、赤松貞範によって築城されたとされる。江戸時代初期に池田輝政が拡張した五重六階の大天守と三つの小天守があり、その形から白鷺城と呼ばれる。一九九三年、世界遺産に登録。

33 **聚楽第**／一五八七年、豊臣秀吉が京都に建てた、荘厳な城郭風の邸宅。翌年、後陽成天皇の行幸を仰ぎ、自らの威厳を示した。

34 **二条城**／一六〇三年、徳川家康が京都に居城として築いた平城。同年、ここで家康が征夷大将軍の賀儀を、一八六七年には徳川慶喜が大政奉還を行い、江戸時代のはじまりと終わりを象徴する場所となった。一九九四年、世界文化遺産に登録。

第三章　利休の茶室

わびとしての茶の湯

日本の建築の長い流れの中に短い安土桃山時代を置くと、まず信長により国籍不明の天守閣が突発的に出現したこと、次に秀吉の聚楽第《じゅらくだい》で書院造がピークに達したこと、そして利休の茶室が生まれたこと、この三つをもたらした時代といっていいだろう。頭の中に三つを同時に思い描くなら、あまりのちがいに困惑し、統一性に欠けるメチャクチャな時代と評するしかあるまい。

もちろん困惑の理由は利休の茶室で、どうして、和漢洋混在の天衝く建物と豪華絢爛の大建物と並んで、広さ畳二枚の小屋のような建物が登場するのか。利休は、社会的には信長と秀吉の茶頭《さどう》として和漢洋混在と豪華絢爛《けんらん》の中心にいながら、なぜあのような美学を生み出したのか。その辺を探るため、殿中の茶と同時代に、もう一つ別の茶が芽吹いていたことからはじめよう。

茶の道としては〝茶の湯〟。美学としては〝わび〟。茶室としては〝草庵《そうあん》茶室〟。

やがて利休によって完成される草庵茶室の元をたどると、鎌倉時代の草庵に行きつく。都を離れ、草深い中に作る極小住宅のことを庵《いおり》といい、中でも草を結んで建てたような貧相極まりないのを草庵と呼ぶ。草庵には〝世捨て人〟が独居した。力と財と名と色のこの世を捨て、出家し、仏教の僧として独居することが多かったのは、インドにはじまった仏教には伝統の神道などとちがい〝悟《さと》り〟の考え方があったからだ。

インドの一地方の王子であったシャカ[1]は、生と死について、またこの世の欲望への執着に思い悩み、荒野に出て荒行と思索につとめる中で、生死や欲望を超えた境地に至り、深い心の安らぎを得ることができた。

この境地のことを悟りと呼び、以後、仏の道を目指す者は内省と思索によって悟りを得ようとたった一人での修行につとめるようになる。とりわけ五世紀後半〜六世紀前半にインドの達磨が起こした禅宗は、面壁九年《めんぺきくねん》の譬《たと》えで知られるように独居と内省を重視した。

禅宗が鎌倉時代に日本に入り、草庵独居の思想と文化がはじまる。先駆者は西行《さいぎょう》[2]。北面の武士として朝廷に仕えた後、この世の無常を感じ、出家し、自分の得た境地を多くの歌に詠んだ。「寂しさに耐えたる人のまたもあれな　庵並べむ冬の山里」。たった一人で生きる覚悟のある人が私のほかにもいるなら、何もない山里で庵を並べよう、という歌だが、この歌には二つの含意が隠されている。

一つは、最初から平気で一人で生きられるような人と庵を並べたいわけではない。多勢と共に生きることの楽しみと喜びを経験しながら、しかしそれを捨て、一人で生きる覚悟を得た者となら庵を並べよう。もう一つも論理は変わらず、この世への欲望のもともと薄い人が欲望を捨てても悟りとはいえず、力、財、名、色からなるこの世を欲望全開にして生きた者のみが、世を捨てて冬の山里の庵に入ると悟ることができる。実際、西行は、若き日、北面の武士として、弓馬の術に優れ、歌人として鳴らし、政治の中枢近くに生き、世を捨てて出家したのも白河法皇の中宮《ちゆうぐう》（后《きさき》）待賢門院璋子《たいけんもんいんたまこ》への恋に破れたからとも世俗にいう。

西行の故事が語るように、草庵での超俗とは、俗の世を存分に生きる力とその体験を前提としながら俗を抜けて別の場に移ることを意味する。そして、本人としては俗世とは無縁な超俗の境地にあるが、しかし社会的に見れば、別の場とは俗の世の対極に位置し、俗の世を批判し相対化する作用を果たす。

珠光の茶室、紹鷗の茶室

草庵とは、この世の欲望とその集積地としての都の対極を意味した。欲望全開に対しての悟り、都に対しての草庵。

この対極的あり方を、西行以後、『徒然草』の兼好法師、『方丈記』の鴨長明《かものちようめい》が継ぎ、さらに流れて江戸時代の良寛や芭蕉まで続いてゆく。

庵の建築について述べておこう。一番の特徴は面積の狭さで、『方丈記』のいうように、一丈（十尺、約三メートル）四方を旨とした。一丈四方の平面に畳を敷くと四枚と半分敷くことが可能で、室内面積は四畳半と考えていい。これにイロリが掘られ、棚や出窓が付けられ、外の軒下には水樋《すいひ》[3]やら洗い場やら調理台などが置かれ、少し離れて外便所があったにちがいない。

庵の出現は、日本の住まいに特殊な影響を与える。狭いことが貧困や欠乏のしるしではなく、むしろ文化的、精神的な豊かさの現れと見なされるようになり、四畳半が広い屋敷の中で一人くつろぐ場所になったり、書斎に当てられたりするようになる。ただしその場合、イロリは付かない。銀閣寺の東求堂《とうぐどう》[4]の小部屋〈同仁斎《どうじんさい》〉は、北向きの四畳半で、室町幕府八代将軍足利義政の書斎として使われた。

狭くとも重要な用途と格式を保つ四畳半の出現により、日本の部屋の面積の定形が固まる。広い方はもちろん三間《さんけん》四方の九間《ここのま》。狭い方は四畳半。以後、普通の部屋の面積はこの範囲に収まる。

以上を念頭に置いて、西行にはじまる草庵が利休の草庵茶室に行きつくまでをたどってみよう。

たどる前に用語について述べたい。

茶を喫むための小さな空間のことを、当初は囲いとか小《こ》座敷とか数寄屋と呼んだ。しかしここでは数寄屋は茶室とは別に後に述べるように書院造、茶室と並ぶ住宅建築のスタイル、数寄屋造の意味で用いる。

利休の活動に先立つ頃、草庵は多く都の郊外に結ばれ、隠居した僧や文化人や富裕な町人などが独居していた。忘れてならないのは、都との距離で、もちろん都のにぎわいは届かないものの、山の奥までは入り込まず、たとえば都の周辺の寺の裏山などの夜になると都の明かりが遠くに望まれるような距離を保っていた。対極としての緊張感が感じ取れるような距離。

一方、茶の世界では、村田珠光《じゅこう》[5]が現れ、殿中の茶とは別の茶のあり方を主張しはじめる。珠光は奈良の寺の僧で、大徳寺[6]の一休[7]に就いて禅の道に入り、茶について悟る。一休に就かなければ、悟ることは難しかったかもしれない。茶は、闘茶このかた有力者や富裕層の贅沢な楽しみで、こうした世俗の花と禅の悟りとは対極にあるはずだから、禅の教えによって茶について悟るなんて普通は考えられないだろう。

一休に就いた珠光は、

「茶禅一味」

と悟ったという。茶と禅の根本は同じ。そして茶の心について、次のように述べた。

「冷え、かつやせる」

「月も雲間のなきは嫌にて候」

「藁屋《わらや》[8]に名馬をつなぎたるがよし」

ここから〝わび〟を求める新しい茶の道が開かれてゆく。しかし、具体的にはどのような茶室を作ればいいのか。ことは易しくない。

珠光の茶室については実例もなく史料も乏しいが、中村昌生の研究によると、「四畳半で一間床《いっけんどこ》をかまえ、出入口に縁をそなえ、前に坪の内が設けられていたことは、室内が角柱で張付壁《はりつけかべ》[9]であったことと共に間違いなかろうと思われます」（中村昌生『図説茶室の歴史』淡交社、一九九八年）

当時、殿中の茶の流れの中で一般的に使われていた六畳以上をやめ、四畳半に狭めたこと、正面の軒下の土間が画されそこから縁側《えんがわ》を踏んで入ったこと、この二つが具体的なわびの内容で、そのほかは張付壁も角柱も一間床も普通の書院造と変わらなかった。張付壁とは、土壁の上に紙を張り、四周を黒い小さな縁《ふち》で押さえ、立派な書院造の場合はこの上に山水や花鳥を描く。

一番のポイントは面積で、〝上は九間、下は四畳半〟という幅の中で最小の四畳半を茶室として選んだ。二つ目のポイントは、入口正面に画された軒下の土間の空間で、もし屋根が茅《かや》（ヨシとススキ）か樹皮で葺かれていたなら、瓦葺きの書院造に比べ、もっと鄙《ひな》びた風情を醸しただろう。

たしかに、わびへの第一歩を踏み出してはいるが、茶も台子の茶で、道具も唐物《からもの》[10]が主役であった。

室内の作りは書院造の基本を踏まえながら、しかし使う材は、柱も板も畳も紙も高価なものは避けたにちがいない。

こう珠光の茶室を思い浮かべると、一つの危惧を禁じ得ない。入口の鄙びた風情、室内は書院造のままで材だけ質素、この二つをこのまま突き詰めていくと、本当に冷たくてやせ細っただけの空間に行きついてしまうのではないか。「藁屋に名馬をつなぎたるがよし」も不安だ。藁屋と茅屋《ぼうおく》[11]はちがい、茅《かや》は優に数十年は保つのに、稲藁は数年で腐るから、野良の物置か肥溜《こえだめ》の覆いくらいにしか使わない。名馬とは立派な唐物の道具を指すとすると、素寒貧《すかんぴん》の茶室の中で唐物を使うのがわびとなり、わび茶の行く末は、田舎の貧乏くさい趣味として忘れられ、草に埋もれて消えてしまうか、あるいは冷えてやせた道を原理主義的に貫いて、たとえば河原の橋の下とか禅寺の裏山の岩の上とかで、天目茶碗《てんもくぢゃわん》[12]から茶をすする境地に到達するかもしれない。

ただ一碗の境地には引かれもするが、しかし現実のこととして考えると、茶室の存在意義は消えてしまう。実際、珠光の没後、利休の時代に〝わび茶原理主義〟を唱えるノ貫《へちかん》[13]も現れている。

茶にわびを求めた珠光が京都に没した後、堺の町に新しい動きが起こった。恵まれた商人の武野紹鷗《じょうおう》[14]が、珠光の茶の心を継ぎ、禅の修行も経験し、堺の茶好きとともに活動しはじめる。

殿中の茶とは別の茶の道を、具体的に開拓したのは紹鷗だった。

珠光はわび茶の心を、「冷え、かつやせる」と述べた。珠光を尊敬する紹鷗は、「枯れかじけて寒かれ」と同じようにも言うが、定家の歌「見わたせば花も紅葉もなかりけり浦のとま屋の秋の夕暮」を引き、これこそわびとも説いた。定家の歌の方に紹鷗の本意はあった。

「冷え、かつやせる」と「枯れかじけて寒かれ」は同じだが、定家の歌は似ているようで微妙にちがう。夕暮れに暮れなずむ漁村の茅葺きの小さな家の光景には、花も紅葉もないけれど、しかしただ冷えて寒いわけではない。むしろ逆で、言外の光景として、茅葺き屋根から上るカマドの煙や窓からもれる明かりを、さらに夕暮れの空を染める茜色を思い浮かべるなら、冷えて寒い光景からにじみ出るほのかな体温と色を感じ取ってほしい。

そのようなわびを実現するため紹鷗が何をしたかを、中村昌生の研究からたどってみよう。

まず、茶室の向きを北向きとした。光が安定し、落ち着く。次に、面積を四畳半とした。珠光もすでに四畳半を試みていたが、一風変わった地味な試みとしてしか見なされず、茶室の広さは六畳以上が世の習いだった。紹鷗以前、正式な茶の席は、四畳半と九間の中間のどれかで催されていたものを、紹鷗が最小の四畳半をもって定形とする。もちろん、四畳半でも魅力的な茶の空間が可能なことを実作で証明してみせたからこそ世に広まり定形として確立する。

どんな工夫がなされたのかを具体的に見てみよう。それまで茶室に入るには、廊下か縁側から障子を開けて入っていたのを、土間に置いた小さな簀子《すのこ》を踏んで入るように改めたばかりか、入口に立つ二枚の障子のうち人の入る方の一枚の背を低め、しゃがんで入るように工夫した。

躙口の起源

ここで、茶室ならではの変わった入口である躙口《にじりぐち》の起源について述べておきたい。奇妙な入り方だから、いろんな人の想像を刺激し、たとえば韓国の田舎の民家の使用人の部屋の入口が源ではと言う人もいるが、時代が合わない。秀吉が朝鮮に出兵し、茶に関心の深い武将たちがかの地に渡って茶の湯に使えそうな茶碗をたくさん持ち帰るのは、利休の没後のことだし、そもそも躙口の原型はすでに紹鷗の時代に実現している。

南蛮船のキャビンの入口との楽しい説もあるが、残念ながら堺に南蛮船は入らなかったし、もし船の入口というなら、「淀川の川舟の屋形の入口に想を得た」との古くからの伝えを採った方がいい。

商家に躙口状のくぐり戸（木戸）がすでにあったし、江戸時代の歌舞伎小屋の出入口も〝鼠木戸〟と呼ばれ穴状であったが、これは歌舞伎という別世界に入るための建築的工夫ではなく無銭入場防止のためという。

日本にも世界にも小さな出入口はいくらもあり、これを大事な空間のために意識して使うかどうかが分かれ目となる。躙口は、堺のわび茶の茶人の〝発見〟にして〝発明〟にちがいない。

室内の壁は張付壁ではなく農家のごとき土壁だった。柱は、目がきれいに並んで通る柾目《まさめ》でなく、波状に変化を見せる板目《いため》の面を人目に付く方に向けて立て、野趣を表立てた。窓は、入口の二枚の障子のみとし、茶室の向きは北向きだからほの明るい土壁の室内が実現した。

光源がはっきりしないほの明るい小さな室内に入ると、人は空間に包まれているように感じられ、そうした中で間近に見る宋の青磁の冷たく澄んだ肌はことさらだった。土壁、野趣のある柱、そして淡い光――紹鷗の気持ちになれば、秋の夕暮れにほのかに映える浦のとま屋にちがいない。

とはいえ、柱も太く立派で、床の間もちゃんとあり、台子も唐物も使うから、書院造の台子の茶が地味だが趣味のいい小部屋で営まれている、と今の目には映る。

紹鷗の四畳半の美学に一番似たものとしては銀閣寺東求堂の同仁斎がある。室町幕府八代将軍足利義政のために作られた北向きの四畳半で、棚と付書院風の窓が作り付けられている。面積の狭さが貧しさの反映ではなく、ちゃんとした部屋は〝上は九間、下は四畳半〟のルールに従い、私的で心地よい空間として将軍も四畳半を好んだことが分かる。

同仁斎を最古の茶室の遺構とする説もあるが、茶を喫んだ場所だからといって茶室とすることはできない。どこでだって置き炉を置けば茶は喫めるからだ。書院台子の茶とは、書院造の一室に台子を持ち込んで喫む茶のことを言う。茶室とは、茶を目的にした空間を指す。同仁斎には、茶室には不要な付書院風の窓が作り付けられ、棚と組になって本を読んだり文を書いたりする書院（書斎）だったことが分かる。まぎらわしいが書院と書院造は別概念で、もともとの書院は中国同様、書斎を意味し、一方、書院造は寝殿造から進化した住宅形式を指す。その一番の特徴は部屋の成立だが、主な部屋には一つの見せ場として床《とこ》の間があり、床の間には付書院が付いていた。床《とこ》も付書院も元をたどると出は寺であり、茶も同じだから、事態がまぎらわしくなる。足利義政は、あこがれの中国の文人と同じように、同仁斎という書斎で本を読み、書をしたため茶も楽しんだ。

棚と付書院風窓の代わりに床を設ければ、同仁斎の地味だが上品な作りと北向きの明かりがもたらす落ち着きは、紹鷗の四畳半に通ずる。

紹鷗が堺で作ったわびた風情の四畳半茶室によって、ここにはじめて西行以来の草庵の流れと茶の流れが一体化した。珠光の茶の心は形を取り、草庵茶室が確立する。

「市中の山居」の出現

それにしてもどうして、中世初頭の京に源を発する草庵と茶の二つの流れは、中世から近世への端境に、ほかならぬ堺で合体したんだろう。

日本の都市の文化の必然であった。

都の灯がほのかに見える辺りに立地していた世捨て人独居のための草庵は、やがて、都市の充実、過密化の中で、都市の中心部に住まう富裕な商人が、自分の住まいの一画にも求めるようになる。人工物としての都市が、都市の中に草庵の〝草〟を求めた。具体的には、通りに面して軒を連ねる町屋《まちや》の裏には必ず通風、採光、作業のための空地が取られているが、その空地に植物を植え石を並べて小さな庭を作り、庭の隅に草庵を結ぶ。一人になりたいときや親しい友人が訪れたときは、そこに入ってひとときを過ごす。お茶と軽い食事くらいは使用人が運んでくれよう。経済的にも文化的にも恵まれた「市中の隠」が営んだこうした庵のことを「市中の山居《さんきょ》」とか「市井の山居」と呼んだ。

市中の山居は、まず京ではじまり堺に伝わるが、それだけ京と堺の富の集積と都市化は進行していた。とりわけ堺への集中は激しかった。

富の集積は交易による。南蛮船によって世界規模の航路がはじめて日本まで届き、南蛮船の直接入る博多、そして京の都の外港としての堺の二つが国際貿易港として隆盛する。普通の輸入品に加え、堺にはもう一つ特殊な外国品が入った。鉄砲のための火薬。南蛮の新技術も入りやすく、刀鍛冶を集めての鉄砲製造も栄え、堺は、国際貿易と鉄砲の二つを押さえる危険で魅力的な町に成長する。

激しい都市化は、商業都市だったことによる。京のような都は政治都市でもあり、庭付きの大きな宮殿とか政庁とか、大きな行列が通り国の威風を見せるための大通りや広場などを不可欠とするが、逆に商業都市は、ヴェネツィア、アムステルダム、ニューヨーク、上海などの世界の国際貿易都市を思い浮かべれば分かるように、必要最小限の公共面積のほかはすべて店と倉庫と住まいに当てようとする。いきおい、過密化は避けられない。

富と建築のギュウ詰め状態が、それまでの草庵にはなかった市中の山居をもたらしたのだった。

海外の国際貿易都市でも自然を求める気持ちは強く、そこここに緑が取り込まれているが、市中の山居はそれとはちがう。緑と一緒に草庵が持ち込まれたことに注目してほしい。緑だけなら通風と日照のためのただの裏庭にすぎないが、草庵の投入によって、その一画は通りに面した母屋《おもや》同様、小なりといえ一軒の家が入ったことになり、ただの小さな裏庭が、本来の草庵の周りに広がるはずの森や緑や水といった野外の自然と通底することになる。都市の外に広がる大きな自然が、草庵を一つの穴として市中へとなだれ込む。一六世紀の堺の町の中で起こったことは、世界の都市と建築の歩みと比べても異例なことだった。

紹鷗のほの明るい四畳半は、富裕な商人の市中の山居と茶を結びつけることに成功したのである。この成功により、珠光のわびが孕んでいた〝藁屋〟化と〝ただ一碗の唐物〟への危険は回避された。

千利休の登場

紹鷗の四畳半でわびの茶室は二歩目を進み、三歩目で千利休が登場する。一五二二年に生まれているから、珠光の没後二〇年ほどにもなり、紹鷗よりは二〇歳若い。紹鷗と同じ堺に紹鷗と同じ有力商人田中家の子として生まれている。名は与四郎。家業は納屋衆《なやしゅう》と呼ばれる町を牛耳る問屋で、干魚や塩漬けの魚を扱っていた。当時の堺の繁栄を描いた絵を見ると、京とは違い、町の中心には数階建ての倉（納屋）がひしめいている。この倉を所有するのが納屋衆で、大口の荷は納屋を通ってしか流通しない。こうした業務を通して、納屋業者は他人の商品と資金の動きを知ることができた。おまけに、国際貿易港堺は鉄砲の製造と流通の拠点でもあったから、戦国大名たちの動きや戦《いくさ》のあれこれについて、物品の裏付けつきで察知することができた。田中家は武器弾薬を扱わないにしても、干魚や塩漬けの魚は戦陣の兵糧にちがいないし、納屋仲間を通して世評の裏に隠された政治や戦いの本当の動きをつかむ立場にあった。

納屋衆に生まれた利休は、ずいぶんこの世の裏や情報の大事さについて敏感な子に育ったことだろう。

そして一七歳のとき、家業のかたわら茶の道を志し、まず堺の隠者北向道陳《きたむきどうちん》[15]に学ぶ。道陳は「珠光と道陳」と言われるほど禅に通じ、家を好んで北に向けていたから北向と称されたという。利休に、書院台子の茶を指南したときそのあまりの才に驚き、わび茶のリーダーの紹鷗に紹介し、一九歳のときから利休は紹鷗に就いてわび茶を学びはじめる。

紹鷗はじめ堺の高名な茶人の茶会に出席し、自分も彼らを茶会に招き、といったことを家業のかたわら繰り返すうちに、利休の茶の才はその筋に知れわたるが、しかし、一七歳で茶を志してから一五七〇年に四九歳で信長の前で茶を点《た》て、日本史の表舞台に急浮上するまでのおよそ三〇年間に、紹鷗から引き継いだわび茶にどのような工夫を加え、どのような茶室を手掛けたかは平面以外はっきりしない。

工夫について分かっているのは、一五六九年に、普通より小さい一尺四寸四方の炉を切ったことくらい。

茶人の茶についての思想には後世の者には困った点があり、禅の影響を受け、大事なことは言葉にしない不立文字《ふりゅうもんじ》の伝統がある。しかし言葉の代わりに使う道具や軸で語っているから、そこから推し量ることはできる。

利休の関心の的は珠光だった。自分の求めるわび茶の祖が珠光であることは、茶と禅の関係に詳しい道陳や珠光の弟子に当たる紹鷗から聞いてはいても、利休が茶を目指した頃には没後四〇年近く経ち、あやふやな存在にすぎなかった。利休は、珠光の好んだ道具を探し、入手し、たとえば「枻香炉《せがいこうろ》[16]」や「人形手《にんぎょうで》[17]の青磁の茶碗」を愛蔵し、大事な茶会に使っている。いずれも唐物だが、唐物としてはわびた風があったという。そうした「珠光好み」の中で、利休が心底求めて得ることができたのが「圜悟《えんご》の墨《ぼく》蹟《せき》」だった。珠光が一休のもとに参禅し、「茶禅一味」の悟りを得、その証として授けられた宋の禅僧圜悟の書である。

利休も、茶の道を目指してから、商いのかたわら大徳寺に参禅し、二四歳のとき、笑嶺宗訢《しょうれいそうきん》[18]禅師から宗易《そうえき》の号を与えられている。その後も利休と大徳寺の関係は強く長く続く。

利休は、大徳寺に参禅し、珠光の道具と圜悟の墨蹟を通して珠光の茶禅一味の意味を、さらには珠光の師一休の悟りの境地を識《し》ろうと努めた。そして、おそらく識った。

一五六六年一一月二八日の早朝、四五歳の利休は親しい二人を堺の自宅に招き、圜悟の墨蹟を床に掛けて茶会を開いた。茶禅一味の意味と一休の悟りについて識ったからこそ開くことのできた茶会だった。

信長の名物狩り

悟りを含めて利休については推測するしかないが、一方、この三〇年間に富と鉄砲と茶の都ともいうべき堺に起こった激変については分かっている。

信長が、自由都市堺と堺の茶に介入した。

圜悟の茶会から二年して、一五六八年、信長は天下布武《てんかふぶ》[19]を目指して京に上り、政治を押さえ、次に目を付けた都市はもちろん経済と武器の堺。まず、巨額の「矢銭《やせん》」(軍資金)の提供を求める。拒めば焼き討ちは明らかで、堺をリードする納屋衆は、急きょ環濠を掘ったりさまざまな裏工作の果て、結局、屈し、傭兵も武装解除され、鉄砲の製造と流通も信長の管理下に置かれ、自由都市堺は終わる。

利休に身近だったのは、信長の名物狩りの方だった。信長はなぜ茶に目を付けたのか。

京に上って京の経済と政治を支配した信長は、人心の収攬を図るべく宗教と文化政策に取り組み、中世以来の伝統宗教を徹底的に解体し、文化政策としては堺を中心に町人の間で大いに盛り上がる茶に目を付ける。古い宗教に代わってとまでは考えたかどうか、茶で人の心を動かし、握ろうというのである。

秀吉が信長の茶のあり方について言った御茶湯御政道《おちゃのゆごせいどう》である。堺や京、大坂などの富裕な有力者が楽しむ茶の湯を、誰でもできるものではない文化的営みとして、また人間関係の場として政策的に格上げし、具体策としては室町時代にリストアップされた名物をはじめ世に名だたる茶道具を自分の手中に収める。

先に闘茶について、「人々が立場を超えて一つ場に集まり、茶の覚醒作用と酒の酩酊作用の力を借りて、身体と文化と所有欲を全開させ、気持ちを一つにして盛り上がる」と性格づけたが、信長は、この闘茶の祝祭的性格を自分の天下布武のための文化政策に組み込んだ。

そのためには、誰もが欲しがる名物をまず自分のもとに大量に集中し、運用する。たとえば、戦陣で功あった大名を自分の茶会に招き、秘伝の唐物茶碗で茶を点て、名物の花入を与えるとか、鉄砲や弾薬を送ってくれた商人には唐物の香炉を渡すとか。あるいは和戦のしるしとして人質の代わりに茶壺を使うとか。戦や事件や大きな行事のたびに、信長や有力大名を中心に茶会が開かれ、恩賞の品としてあるいは有料で道具が右や左に動き、その動きはその筋には報じられ、そうするたびに道具の値はグングン上がり、金銭以上に働き、城一つが茶碗一つと言われるほどになる。現代の名画と同じ。

それを見越してなされたのが信長の名物狩りで、まず京で狩り、次に京の三倍は名物の集まっていた堺で狩った。狩られたのは利休の先輩の富商の茶人たちだった。闘茶の時代に続き、二〇〇年ぶりに茶が世の表に姿を現し、にぎわいはじめたちょうどその時、衰退した室町幕府を倒した信長は自由な堺の茶を自分の足下に従えてしまった。もちろん、対価は払われるが、茶人の気持ちが収まるわけもなく、美しい物を所有する喜びと、代わりに金銭を持つのは別であることを思い知らされる。美を金銭に還元することはできない。利に敏《さと》く利に生きる堺の商人だからこそ、美と金銭の間の狭いが深い溝をのぞき込んだことだろう。

名物狩りのとき、利休は四八歳だった。狩られるほどの品は持たぬが、すでに天才的若手として名を成していた利休は、先輩たちが矢銭に続いて名物狩りを逃れるべく諸方面に動き、策を弄しながら、しかし結局、矢銭のときと同じように信長の力に屈するのを目撃した。

信長と利休

一五七〇（永禄一三）年四月二日、名物も富も鉄砲もそして自由も奪った信長の御前で、堺の壮年代表の茶人として茶を点てたのは利休だった。わび茶の道に賭けてきた利休にとって、敗北感、挫折感は底深い。

信長は、その利休を自分の茶頭に招く。利休には、辞して師の道陳のように隠者となる道もあったはずだが、なぜか引き受け、ここにはじめて日本の歴史に登場する。茶禅一味を旨とする自由な町人の茶から、天下布武の中枢での茶へ、大きなジャンプだった。

利休について、権力と金力に抗い、芸術と文化に殉じた精神的存在としてとらえる見方もあるが、正確ではないだろう。堺の納屋衆として利や財に人一倍敏《さと》かったし、力を振るう充実感も知っていたにちがいない。信長が利休を茶頭に召したのは、欲望全開の自分と同質を犬のように感じ取ったからだろう。煮えたぎる釜の中にいることのできるのは沸騰する湯だけ。

利休は茶頭に就いたが、幸か不幸か信長の茶への関心はいちじるしく片寄り、名物道具以外には向かわず、茶の空間には興味を示さない。建築に興味がなかったわけではなく、建築についても全開した欲望が、地味な茶室ではなく武門の本領たる城に向かったからだ。

それまでの城は、濠や土手や塀や門に囲まれた平屋の御殿を中心に構えられていたが、信長は、南蛮人が絵で見せてくれたヨーロッパのそびえる大聖堂を強く意識したのだろう、御殿と並べて御殿をはるかに凌ぐ天衝く天守閣を建てた。本邦初の天守閣を中心とした安土城は、信長の趣味に従い、和漢洋を混ぜて一つにした国籍不明来歴不詳の建築だった。

もし信長が、唐物の茶道具にとどまらず茶の空間にも入れ込んだら、おそらくわびを求める利休は死ぬか隠者になるかしかなかったろう。信長の茶は、利休を茶頭の一人に加えてはいたが、書院台子の茶であった。

信長は、文化政策の一つとして茶を使っただけで利休のわびの心には何の関心も示さなかったが、一方、利休は、信長に接して学んだこと、直面させられた問題は大きい。

まず、周りのことなど委細構わず自分の志を貫く人間がこの世にはいる。信長は、相手との利害の調整なしには成立しない商人にはあり得ないタイプだった。

茶頭として茶を点てに上がった安土城も利休には衝撃だったにちがいない。台子を据え、名物茶碗を出そうが青磁に花を生けようが、安土城のやや変わった書院造室内の強さは強烈で、茶頭がする区々《くく》たる工夫も趣向も吹き飛んでしまう。人と道具を包み込む建築という存在の力を知った。

信長が政治や経済や城でそうしたように、もし自分が茶を根本から変えようとするなら、道具や掛軸や花に先立ってまず茶室を根本から変えるしかない——信長に接して利休はそう覚悟したにちがいない。紹鷗の四畳半程度の改良ではわび茶は生まれない。

待庵の誕生

利休が信長に茶を献じてから一二年して、一五八二年、信長は本能寺に斃《たお》れ、秀吉が代わって天下人となった。利休は、秀吉に召され、天下の筆頭茶頭に上り、秀吉との最後の一〇年がはじまる。

信長とのおよそ一〇年は、信長が茶の内容に無関心だったから、利休にとっては、わび茶への覚悟を固め態勢を備える準備期間となった。そして、最後の一〇年、利休はわが身をわび茶へと投入する。もちろん、それが可能になったのは、秀吉が大の茶好きにしてかつ利休の才を大事にしてくれたからだ。

茶人としては空前にして絶後の地位と力を得て、利休は何をしたか。

それまで、利休は、茶についての自分の考えをもっぱら道具や掛軸や炉で示してきた。たとえば、「柑香炉《せがいこうろ》」(一五四四年)、「高麗茶碗《こうらいぢゃわん》[20]」(一五五五年)、「圜悟の墨蹟」(一五六三年)、「一尺四寸の炉」(一五六九年)、「ハタノソリタル茶碗[21]」(一五八〇年)とか。柑香炉は珠光のわび茶を継ぐこと、高麗茶碗は唐物にこだわらないこと、圜悟の墨蹟は茶禅一味の意味を理解したこと、一尺四寸炉は小ささを志しはじめたこと、ハタノソリタル茶碗は手びねり[22]に関心が湧いたことを示してきた。

そして、一五八二年、信長、秀吉、利休の運命が変わる。光秀が信長を本能寺で斃《たお》し、その光秀を秀吉が天王山で討ち、その時、利休が奇妙な茶室を作った。それまで、ほかの茶人と同じように四畳半（図6）を手掛けてきた利休が、突如、畳二枚の茶室を作った。

〈待庵《たいあん》〉（図7・8）

奇なるは面積で実に畳二枚の一坪。それまで、正式の茶室は四畳半、時に簡便に三畳を作ることもあったが、待庵は天下人を招くにわずか一坪。床は間口四尺、奥行三尺。

畳の角を落とし、一尺三寸五分（約四一センチメートル）四方の炉を切る。

客の出入口は、縦二尺六寸一分（約七九センチメートル）、横二尺三寸六分（約七二センチメートル）と異常に小さく、もちろん、身を三つに折って地面から直接いざって入らないと入れない。戸は、小型の雨戸形式。

以上の平面だけでも十分に奇だが、室内の壁面構成は怪に近く、肝心要の柱が見えたり見えなかったりする。たとえば正面の場合、床柱は見えるが左手隅と床の間の奥の両端の柱位置は上に土壁を薄く塗って隠されている。特に床《とこ》は天井まで土塗り。一間の高さを水平に走る鴨居《かもい》もない。

垂直の柱も水平の鴨居も消え、一枚の土の粗い壁となった壁面に、位置も大小も自由に窓が開けられる。ただし、窓とはいっても、完全にオープンではなく、土壁の下地の木舞《こまい》[23]が塗り残され、格子代わりに露わに見える下地《したじ》窓《まど》。窓には障子がはまるが、障子が滑るための上下の溝付きもあれば、溝がなくただ障子を引っかけるだけのものもある。

見上げると、普通の平らな天井と、もう一つ、軒の垂木《たるき》[24]に支えられた屋根の裏面をそのまま見せる傾いた天井があり、二つの組み合わせからなる。

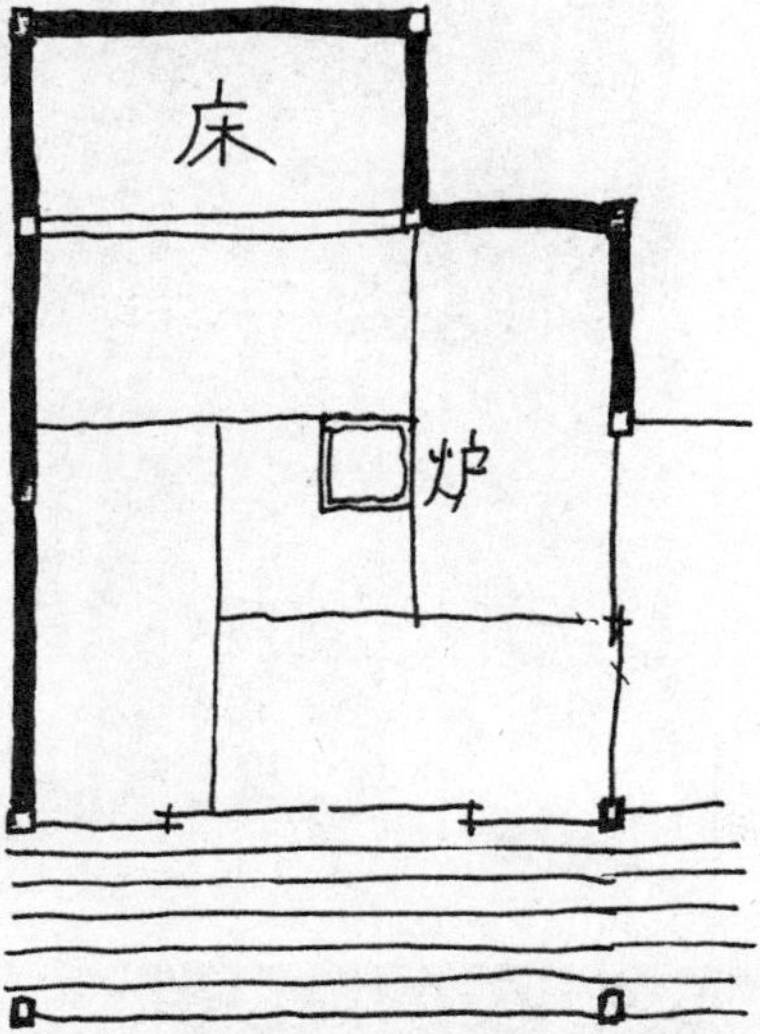

図６　利休四聖坊四畳半（中村昌生復原図より）——待庵以前に利休が、紹鷗に学んで作った四畳半の茶室。ここから待庵への変化はジャンプというしかない。

図7 〈待庵〉（1582年）
設計／千利休――床の間
（宗教法人妙喜庵所蔵、便利堂提供）

図8 〈待庵〉東面の壁（宗教法人妙喜庵所蔵、便利堂提供）

建材の扱いも独特で、壁は藁《わら》スサ[25]入りの土壁だが、藁スサには普通より長いものも混じり、粗く塗られ、人体の当たる低い位置には反古《ほご》[26]が直接、ノリ付けされる。とりわけ床框の枝の伐り跡はアラアラしい。

杉の床柱《とこばしら》はじめ柱と、桐の床框《とこがまち》[27]には、樹皮をむいただけで面皮《めんかわ》が残る。とりわけ床框の枝の伐り跡はアラアラしい。

建材の選択では竹が際立ち、一部の柱、外壁の土壁の下端の縁、天井の竿縁と竿、軒の垂木、下地窓の格子に使われている。

四畳半より小さな正式の茶室を小間《こま》、小間の隅に切られた炉を隅炉《すみろ》、いざらないと入れない入口は、いざり口ではなく躙口《にじりぐち》、柱を隠す塗り方は塗回し[28]、天井まで塗り回された床を洞床《ほらどこ》[29]、木舞塗り残しの窓は下地窓、掛ける障子は掛け障子、軒裏を見せてしまうのは化粧軒《けしょうのき》。化粧軒の天井は掛込天井《かけこみてんじょう》。

こうした現在使われている茶室用語の多くは、待庵が元になっている。

待庵の建築構造

待庵の作りをもう一度、材料、構造、平面の順に振り返ってみよう。

まず材料は、面皮付きの木材や竹やヨシを使い、壁は藁スサ入りの荒壁《あらかべ》のままで済まし、張付壁代わりに反古を張るなど、いずれもその辺から集めてきたような手近な材による農家や漁家のごとき祖末な作りだった。ありあわせで済ます仮設的な建築と言うしかない。

構造は、それまでの到達点をわざと隠している。

書院造によって日本の木造建築は垂直の柱と水平の梁の立体格子を骨格とし、かつ、柱立ての間隔は畳によって三尺の基準が確立し、三尺もしくはその倍数の六尺おきに立ち並ぶ。高さについては、柱の高さ九尺の位置に梁が乗り、その下には人の身長に合わせ六尺の高さに鴨居が水平に走り、床《ゆか》の敷居《しきい》と組になって、襖《ふすま》と障子の天地の枠となる。梁の姿は天井に隠れて下端の隅しか見えない代わりに垂直と水平の材により構造の秩序が示され、そしてさらに垂直と水平に走る線と、線に囲まれた四角の面とにより美の秩序がもたらされた。

こうした書院造の到達点を、壁の塗回しと鴨居の撤去と壁上端への丸竹の付加により、視覚的には隠してしまった。書院造の美の源を消した。

柱と梁の接合技術の到達点も無視した。柱と梁をどう接合するかは木造建築固有の見えざる肝どころで、縄文時代には丸太を重ねてから縄で縛って固定した。弥生時代、古墳時代には、接合面を平らにしてから枘《ほぞ》[30]と枘穴《ほぞあな》で密着させた。仏教建築が入ってくると、柱の上に「組み物」と呼ばれる構造と装飾両用の複雑な作りを乗せ、梁、桁《けた》[31]はじめ各種水平材をそこに通して、柱と梁の接合を固める。

重ねて縛る、削って乗せる、木を刻んで複雑に組む、の順で日本の大工技術は進化し、書院造は、寺院のように複雑な組み物はしないものの、柱と梁、柱と鴨居などの接合部には高度な加工技術を投入し、その成果は〝きれいな収まり〟として目に見えていた。

ところが一部の柱位置を土で隠すだけでなく、柱とほかの材の接合部も土や竹などで隠してしまった。見ることはできないが、おそらく釘で打ってとめるとかの相当場当たりな接合がなされているにちがいない。農民や漁師の自力建設レヴェルに近いのではないか。

材料も構造も平面の上に展開し、この時代の平面は畳で表される。

畳の大きさは「起きて半畳、寝て一畳」と身体から導かれ、両手両足を広げると畳二枚の一坪に当たる。畳こそ書院造の基底をなし、畳の基本寸法（三尺）に従って柱の基本間隔（三尺）が決まり、畳の枚数によって日本人は部屋の大きさを知り、用途を推察する。広いは九間《ここのま》、狭いは四畳半。茶室の基本は四畳半で、それ以上は広間《ひろま》の茶室、それ以下は小間《こま》の茶室、と今は言う。

壁面の高さも構成も天井もすべては畳を基準として展開するから、畳には手をつけないのが建築界の暗黙のルールと化して久しい。もっと大きくするとか小型化するとかはしない。ルールを崩してはゲームは成り立たないからだ。自由なデザインも、定形化し安定しルールと化した畳の上でこそ展開される。

待庵は、正式な茶室を、四畳半から二畳に突然、縮小した。

ただ、わびしく狭くすればいいわけではない。その証拠に、いくらわびても捨てなかった要素が二つある。一つは床の間で、床、違い棚、付書院の三点セットのうち棚と付書院は捨てたが床は残した。もう一つは畳で、当時、堺の商家でも稀にしか敷かれていなかった贅沢品としての畳も残した。

床は目のため、畳は体のためだった。書院造に充満する人の視線と人の身体が喜ぶ部分を削りに削りながら、これは捨てられないと最後に残したのが目の床と体の畳だった。床は、二畳に合わせて作れば基準尺の三尺幅となるが、もっと広げて四尺幅としている。

その床と畳もただでは済まない。

床は、それまで紹鷗や利休もやっていた張付壁をやめ、粗い土壁に変えて天井まで塗り回した。室内の顔たる床に泥を塗ったのである。

畳はもっとひどい目に遭い、隅の方だけ切り取られた。長さ方向を切って縮め、そこに板をはめた上で炉を切れば済むのに（後にはこうした短い畳のことを台目畳《だいめだたみ》[32]と呼び広く使われるようになる）、隅だけ切ってヘンな畳を生んだ。もし今、このようなことを畳に対してなせば、〝冒瀆〟と評されるだろう。

そして、入口はくぐり戸より小さくし、後にいう躙口とした。

材料にはじまり構造、技術、平面に至るまで、書院造の到達点を一つずつ数えるようにして取り去り、汚し、切り捨てた。そして、代わりに、極端に狭い平面の上に、ありあわせの材と構造を素人じみた技術で組み立て、仕上げたのである。

秀吉が光秀を討って天下人となる天王山の戦の年に天王山の南麓に突如現れた待庵は、実は来歴がはっきりしない。利休の手になる極小茶室の第一号にちがいないが、建設の事情が分からない。

この点については、近年、堀内宗心《ほりのうちそうしん》[33]が出した次の説に従いたい。

四畳半に客二人という、非常にゆったりとした茶の湯の時代から、一畳半に客三人とか四人という、所謂膝詰の茶の湯の面白さという茶の湯の風態に変わったとすれば、そこには何かの動機があったのであり、これが戦場における茶の湯ではなかったのかと思わせるものがあります。

即ち、例えば、使われない御堂、物置や倉庫など既成の建造物に仕切りを入れて作る、囲《かこい》という方式で作られた草庵式茶室は、戦場に於ける応用材料による急造茶室と考えざるを得ず、現在その発祥期の遺構が残って居ないのは、戦が終結すると共に、不要となり、破棄されて姿を消してしまったためと考えられます。

山崎に残る妙喜庵の待庵は、『不白筆記』によれば四畳半の囲とされていますが、その床の天井の低いこと、掛込天井などより見て、方形作りの屋根を持つ四畳半、例えば不要となった御堂を改装した囲ではないかと考えられ、最初は秀吉の陣所、宝積寺《ほうしゃくじ》[34]内に作られた秀吉の茶室であり、合戦終結後はたまたま毀たれることなく、山崎に出来た利休屋敷に移され、保管されたため、後に利休茶室と呼ばれるようになり、更に利休屋敷がなくなると妙喜庵に移築され現在に至ったのではないかと考えられます。

（「茶の湯随想４」茶室　『茶の湯』第三八五号、二〇〇六年三月一日刊）

戦場での仮設茶室としての「囲い」であり、それも、天王山の戦で秀吉が本陣を置いた西観音寺（宝積寺は間違い）の一間半四方の小堂に利休が急ごしらえしたというのである。この説は、時期のことも作りのこともその後のことも建設事情にかかわるすべての謎に答えてくれる。

一間半四方つまり四畳半のお堂はざらにあり、その軒先から堂内にかけての小面積をありあわせの材で囲ったとすると、その時の利休の考えも作る手順も具体的に推測することが可能になる。たとえば次のように（図９）。

利休の囲い

秀吉の本陣の置かれた西観音寺は、天王山の西の谷間（現サントリー山崎蒸溜所）にある。境内を歩き回って、山側の隅に古い阿弥陀堂を見つけた。室町時代以来の戦乱で、京の寺の常として、小さなお堂は放置され、荒れている。阿弥陀堂の習いに従い、背を西方浄土の西に向け、建物は宝形《ほうぎょう》（正方形平面にピラミッド状屋根）、一間半四方の板敷きの小堂で、四周に三尺の縁側が回り、面積は四畳半だから茶室にはちょうどいい。

まず、床面《ゆか》と天井面はすでにあるのをそのまま使うとすると、あとの作りは楽だが、でもこれまで信長の戦場で、自分の茶の弟子の武将たちが竹や枝や板キレを使って作ったと聞いた囲いよりはマシなものにしたい。それも、仮設建築ゆえの味わい深さを生み出すことが可能なら、わびの究極。

小堂とはいえ仏様に触るのは、一応僧籍にある自分のなすことではないから、仏様の西側の座す半間を除いて、その前の一間と縁側を借りることにしよう。

北は山が迫っているし、東は山の樹の枝が垂れてうっとうしいから、開けた南から入るとすると、北と東の縁側まで室内に取り込めばちょうど正式な四畳半の茶室になる。しかし、四畳半すべてを茶を喫む場には使えず、準備のための勝手や次の間も、戦場ゆえこの中に取り込まなければなるまい。とすると、実質使えるのは三畳となる。

自分はまだ試してないが、わび茶の祖の珠光も三畳だったと紹鷗から聞いたし、三

阿弥陀堂待庵　　　　西観音寺阿弥陀堂

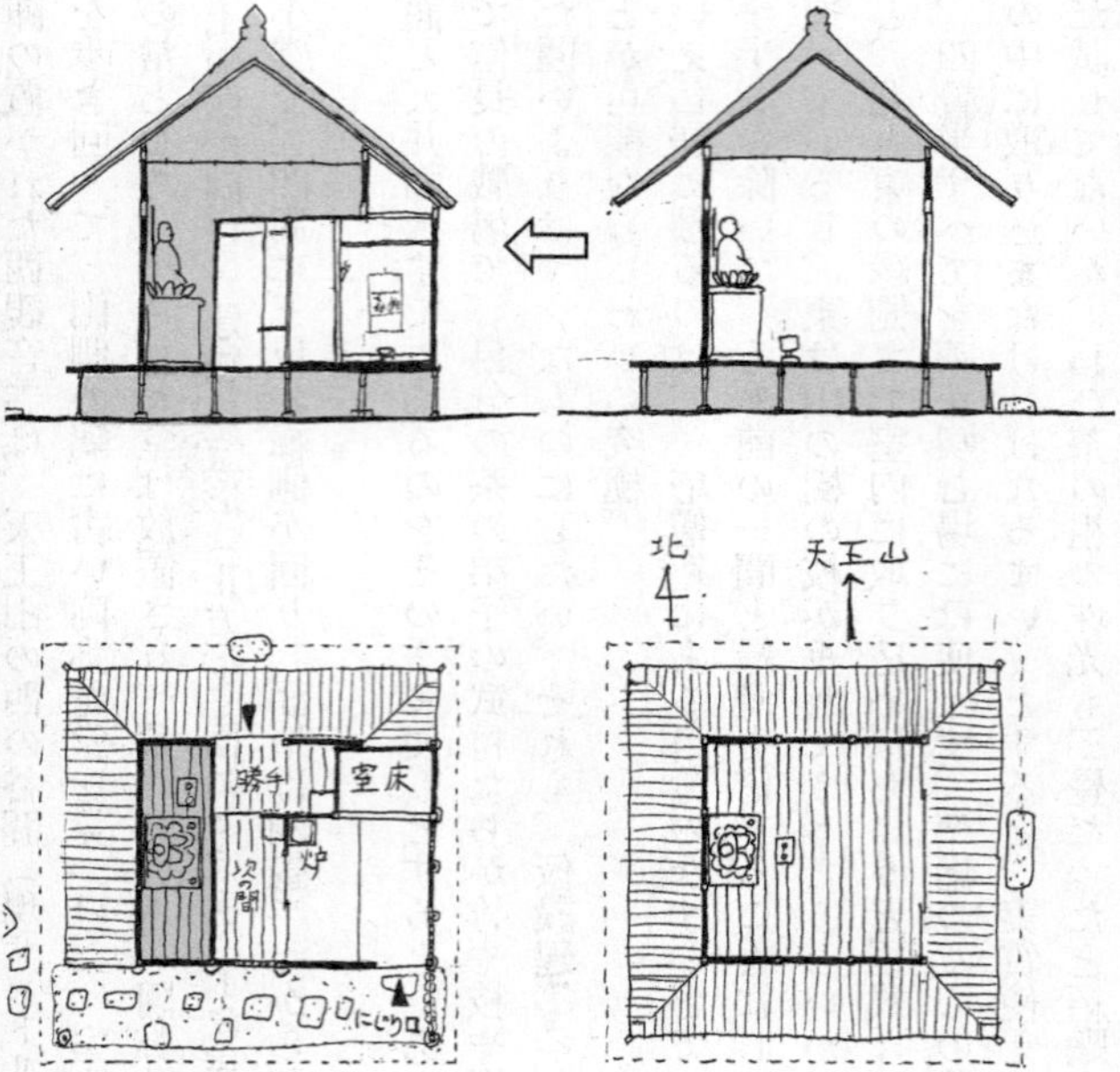

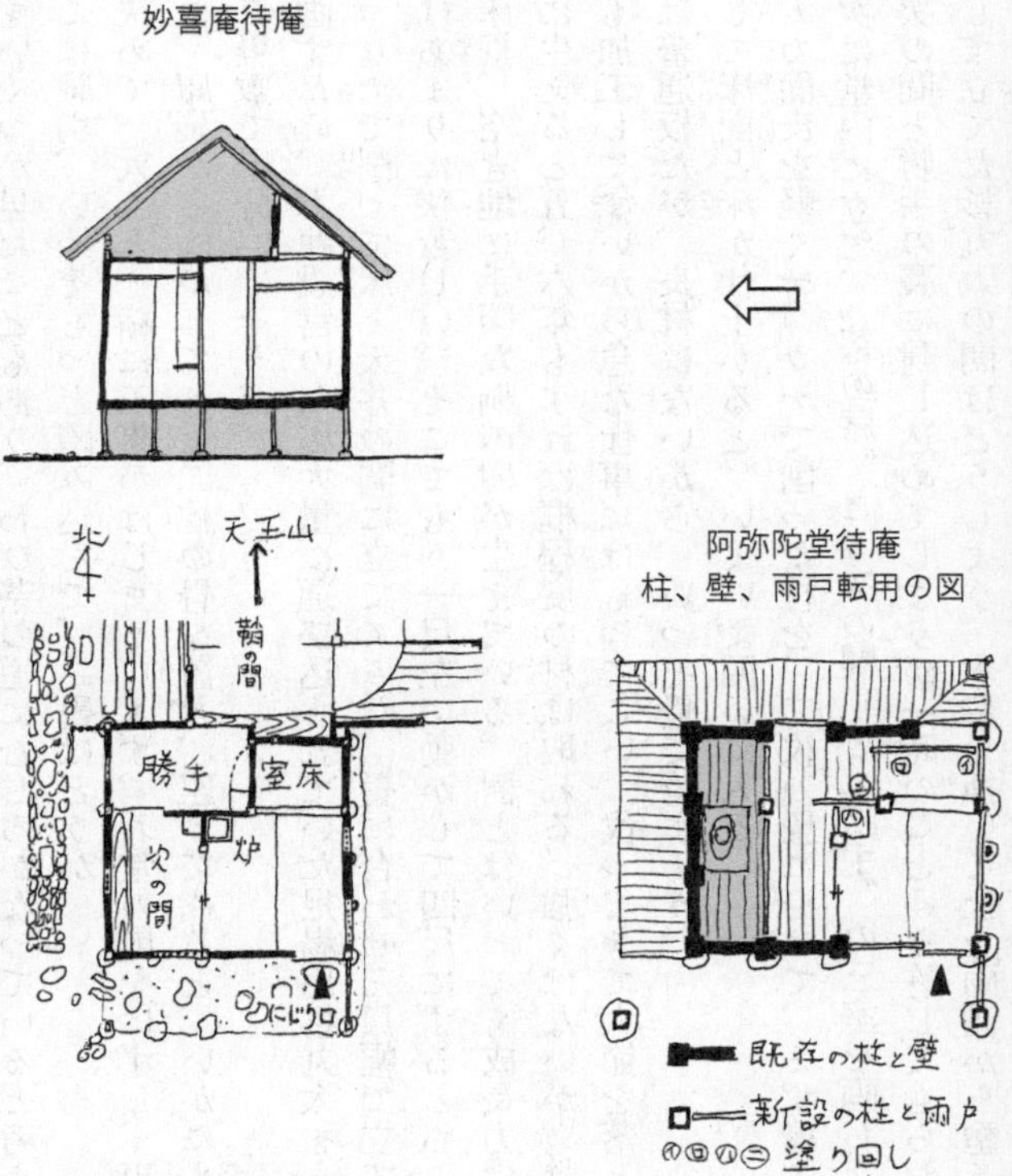
妙喜庵待庵
天王山
北
鞘の間
勝手
室床
炉
次の間
にじり口
阿弥陀堂待庵
柱、壁、雨戸転用の図
既存の柱と壁
新設の柱と雨戸
㋑㋺㋩㋥ 塗り回し

図９　待庵の誕生過程

畳の例をいくつか見たこともあり、わび茶の道にむしろかなっていると考えてきたから、ここは戦場、いっそもっと踏み込んで、二畳はどうか。

こう決めて、大工と一緒に工事がはじまる。まず、お堂の扉をはずし、東南角の縁と堂内に、庫裏《くり》からはがしてきた二枚の畳を置き、座ってみると、いかにも囲いらしくこの二畳敷で十分いけそうだ。

床《とこ》を画すため、本陣設営のため大量に運び込まれていた足場用杉丸太をもらってきて、チョウナ[35]で削《はつ》って床《ゆか》と天井の間に立ててみた。畳に合わせ三尺幅で立てたが、二畳間にはあまりに狭苦しい。そこでもう一尺左に動かして四尺にするとちょうどいい。

次は床框《とこがまち》。空き地に手頃な桐の樹が生えている。樹とはいっても成長力は草に近く、空き地に生えると五、六年もすれば框程度の材は取れる。強くはないが、軟らかい上素人にも加工しやすいから急な仕事にはもってこい。伐ってきて大節を落として据えた。床《とこ》は普通板だが、良材はないから、いっそ畳で済まそう。

こうして床面《ゆか》と床《とこ》が仕上がると、いよいよ囲いに入る。

杉丸太の面皮《めんかわ》を軽くチョウナで削った材を、二枚の畳に沿って、まず縁側の端部に立て、次に堂内に立て、〝茶の席〟と〝次の間〟と〝勝手〟の三室を画した。阿弥陀如来は次の間と勝手の裏に封じ込めてしまうが一時のことゆえ許《か》してもらおう。

こうして立てた杉丸太の間はどうしよう。木舞を搔いて土を両側から塗るのが本当

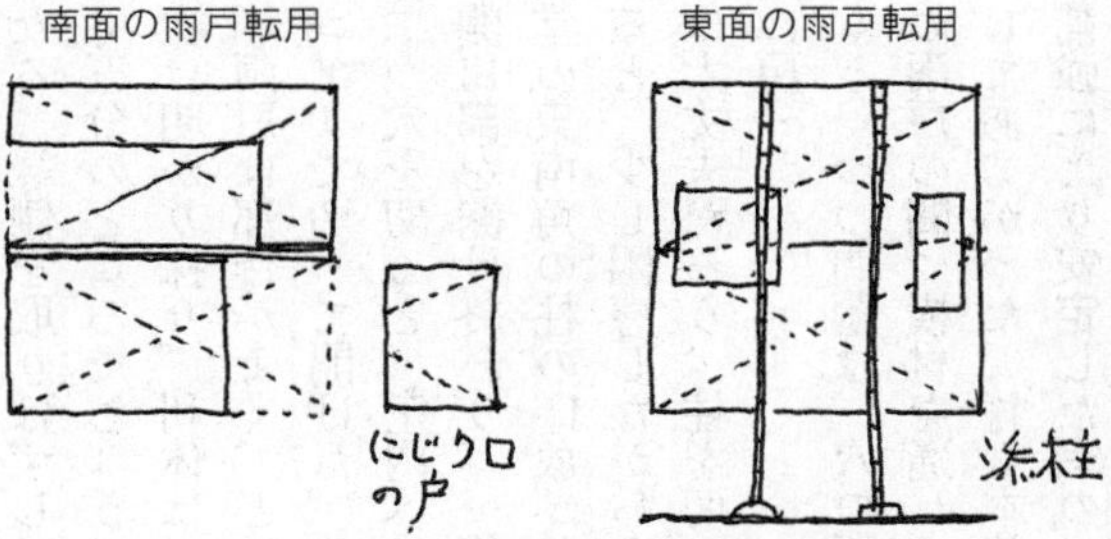

図10　待庵における雨戸を壁に転用の図

だが、時間がない。そうだ雨戸がある（図10）。当時、全国的にはまだ珍しかったが京、大坂、堺のような先進地には定着していた。雨戸は、今でいうなら〝タテ看《カン》〟に似て、立て掛けたりふさいだりには最適のパネルで、これをまず柱の間に横にして立てるとグルリと囲われる。しかし横にした雨戸の背丈は半間だから軒までは届かない。別の雨戸をすでに立てた雨戸の上に乗せる。幸い雨戸の縁には桟が回っているから、上下に重ねた雨戸の二つの桟を釘で打てば、タテ看をつなぐように一体化できる。

これに開口部を開ける。まず出入口。高さ一間では間が抜ける。そうだ、紹鷗のところで見たのをやろう。いっそくぐるなら、高さはもっと低くしてはどうか。雨戸に筆で線を引き、ノコギリで切って穴を開け、縁側から這い入ってみたが、低すぎて背中がこすれるし、這うのは虫みたいでまずい。這い入る姿勢をあれこれ試し、やはり、南側の縁側を取っ払うしかない。そうすれば、紹鷗の〝くぐり〟のように脚と腹を三つに折ればなんとかなる。縁側を取りはずし、雨戸に穴を開け、少しずつ広げて、縦二尺六寸、横二尺三寸五分のところでちょうどいい。

次は明かり採り。利休は、雨戸に囲まれた薄暗い中に座り、あるいは外に出て眺めた。雨戸は都合がよく、どこであれ自由に切ることができる。南側に一つ大きい穴をノコギリで切って開けた。その明かりだけでは単調で物足りないから、東の雨戸に大小二つ穴を切ると、室内への光の分布も、壁の穴のバランスもよくなった。

開口部を開け終わり、一休みしてから、見回すと、二つ問題がある。一つは、阿弥陀堂の東南角の柱の印象が強すぎて全体のバランスを崩す。大工に抜けないかと相談すると、少し困惑しながらも、小型の宝形屋根だから隅木《すみぎ》[36]の端部に突っかい棒を立てれば大丈夫だろう。柱を切ると軒がちょっと下がったが、突っかい棒を押し上げると元に戻った。

もう一つの問題は、穴の開いた雨戸は強度が弱まって揺れる。そこで南面には、上下の雨戸の間に横材を通して振れ止めとし、東面には半割りの竹と杉を外から添え柱としてあてがった。竹も本陣造営のためたくさん運び込まれている（図10）。

補強により安定した窓の二つには外から木の格子代わりに小竹を打って済ませ、次に入口の戸はどうしようと思い、切り取られてころがる雨戸が目に入った。古びた雨戸の切り口だけが真新しく、旧と新が一つ中にあるのが新鮮に映る。これを戸に使おう。穴の寸法に合わせて隅を切り取った。

雨戸の隅の切り取りが利休を大胆にさせた。どうしようかと迷っていた炉の一件。仮に敷き詰めた畳の上にどう炉を設置するか。そうだ、敷いた畳の隅を四角く切れば、炉を置くことができる。雨戸に比べ、畳を切るのはなぜか躊躇を覚えたので、大工を呼んで頼んだが絶句してかぶりを振る。畳は、まだ寺院やよほどの邸宅ではないと使われない貴重品の上、その人体尺のちょうど首の位置に刃物を入れるのは誰だってしたくない。利休は仕方なく自分で畳を持ち上げ、大工のノコギリを借りて一気に切った。最後の一挽きを終え、小さな畳がにぶい音を立てて床に落ちたとき、人の首が落ちたかと思った。もう戻れない。

窓や入口の位置も決まり、炉も決まり、一段落して上を見ると、なんとも奇妙なことになっている。西半分のお堂の中は天井が張られて平らなのに、東半分の軒は垂木が斜めに架かるのがムキ出し。面白い。この形は生かそう。西半分の天井をはぎ、竹を竿にして低い位置に張り直した。天井面が凸凹するのは、狭い空間に変化を与えてかえっていい。

畳の床面と雨戸の壁面と天井面ができると、いよいよ仕上げの土壁塗り。ここで雨戸がまた生きる。雨戸の薄い杉板に点々とキリで穴を開け、裏には幸いいくつも桟が通っているから、両側にヨシを縛り付ければ立派な木舞となる。淀川は近い。河辺に出掛け、ヨシを刈り泥を掘って運んで準備完了。

雨戸にヨシを細縄で縛り付け木舞を掻いた後、コテを握って藁スサ入りの泥の塗り付けをはじめる。まず床の回りから。床柱の際から塗りはじめ、奥に進んで突き当たり、そこで奇妙なことに気づいた。普通なら突き当たりには入隅《いりすみ》[37]の柱が出てくるはずなのに、当たりを受け止めてくれる柱はなくて直交する雨戸があるのみ。とするといったんコテを止めることはできなくて、そのまま直交する雨戸へとズルズル塗り回すしかない。入隅に細竹を打ち付けてはっきり区切るのと、塗り回すのを二つ試してみた。塗り回した方は、土の印象が前面に出てきてなんだか土の洞窟のような野趣が漂う。これでいい。壁だけでなく床の天井まで塗り回し、茶室の一番の見どころの床を土の洞窟と化してしまった。

床の周りを終え、窓の開く壁に移り、窓の位置は塗り残し、後でヨシを切ろうと考えていたが、ひとまず塗り終えて眺めると意外に面白い。木舞が土の骨のように見える。土に骨があったのだ。堺の近所の漁師の家の小窓もこんなだったが、風が入るし、差し込む光もキツイから、寺の障子の一部を切って掛けた。

素人の悲しさで、土壁をコテで塗っても平らにはならず、表面の土の粒も揃わず、おまけに乾いてないから触ると服が汚れる。仕方なく、体の触れやすい箇所には寺の反古を張った。

数日で仕上がり、釜を掛け、湯を沸かし、道具を並べ、河原から切ってきた昼顔を床に生け、出陣の日の朝、秀吉を招いた。ひょうきん者の秀吉は、思いもよらぬ作りの囲いの出現に大喜びしてくれた。

ブリコラージュという方法

利休は、戦場ではじめて囲いを手掛ける中で、ありあわせの材料と素人じみた技術で建築を作る面白さに目覚めた。

素人でも茶人でも、仮設であれば自分の好みの建築を自由に作ることができる。

その仮設の特質とは、
①ありあわせの材料。すでに木材はじめ各種建材は、三尺という基準寸法のおかげで全国的に規格化し、とりわけ都市では市場を通して流通していた。そこをはずし自分で探せば、原材料の段階から自分の好みを通すことができる。
②古材の再利用。新しい材料で作るにしても、古い材料でいいのがあれば混ぜて使うと、新材だけでは難しい効果が現れる。風化した古材が新材の中で際立ち、時間（風化）の要素が加味され、独特の味わいが生まれる。

③粗い仕上げ。木も土も凹凸を気にせず粗く仕上げる。木や竹や樹皮や藁といった植物性の素材は、育った環境と長い生育過程に起こった出来事の反映として、長さや表情の不整いや思わぬ節やキズやワレといった偶然性を含んでいる。土も、風化と堆積の過程で小石が混じり色も変わる。そうした自然界に由来するがゆえの偶然と不均質さを生かすには、粗く仕上げるのがいい。その方が真っ直ぐ真っ平らより素材の力が表立つ。

④現場のデザイン。あらかじめ完成時の姿を念頭に置いてスタートしても、現場の作業の中で、窓はもっと下げた方がいいとか、床框用の面皮柱を立てて見たら、節の様子は框より柱に向いていると気づいて用途を変えるとか、臨機応変が可能になり、頭だけの考えにはないデザインの小ジャンプを生む。

以上の四つの特質を代表するのが土と竹だった。

土はどこにでもあり、誰でも使え、どんな形でもやろうと思えばできる。竹も、どこでも誰でもに加え、これだけ長く真っ直ぐで強い材は木にはない。ただし、土は日本の夏の雨と冬の凍結融解に弱く、崩れてしまい、竹は角材にならず、ほかの材との接合が限られ、また湿気に弱く虫がつき腐りやすい。こうした弱点により、土も竹も、日本の建築の発達の中で、とりわけ書院造の成立の過程で木材によって隅に追いやられ、格下の建材となって久しい。

待庵の建築としての特性をひと言で言うなら、〝仮設性〟と〝偶然性〟だろう。〝ブリコラージュ〟と説明してもいい。

レヴィ＝ストロース[38]は、アマゾンの密林に住む原住民の神話を採集して分析し、面白い現象に気づく。ある部族は、ほかのいくつかの部族の神話の一部を、本来の意味や話全体の中での役割を無視して断片化し、自分たちの新しい神話を作るために使っている。こうしたやり方こそ古い体系から新しい体系を生み出すための人類本来の方法と気づき、ブリコラージュと名付けた。畳の一部を切って炉をはめたり、雨戸の一部を躙口に当てたりは、ブリコラージュにちがいない。あるいは軒裏と堂内の天井の二つを合わせて一つの空間の天井としたのも、場に臨んでの予期せざる偶然の効果だった。

しかし、利休は、囲いの魅力に目覚める一方、危険にも気づく。

今も、素人が手作りで小さな建物を作る習いは続き、〝ありあわせ〟〝古材再利用〟〝粗い仕上げ〟〝現場のデザイン〟〝土と竹への愛〟、こうした条件は満たしているけれど、満たせば満たすほど目に痛い場合が多い。

〝ありあわせ〟は場当たり、〝古材再利用〟は無頓着、〝粗い仕上げ〟は粗雑、〝現場のデザイン〟は思いつき、〝土と竹への愛〟は構造力学的無知へと変わってしまい、できたものは決まって統一感と耐久性に欠ける。自己満足が充満し、目をそむけるしかない。仮設性を基本としながら、所によっては繰り返し検討して精妙にプロポーションを決め、時には見えないところで技術の限りを尽くし、大胆かつ慎重にことを進めなければ自己満足に終わってしまう。

待庵の仮設性のバックに、どれほどの敏感と細心が隠されているかを具体的に指摘しよう。

床《とこ》の間口の件がある。普通なら畳に合わせ三尺で済ますところを四尺に広げているが、もし三尺のままだったら本当に穴のようになり、一坪の小面積が床によって膨らむような空間の豊かさは半減しただろう。あるいは今の床の奥行きを一尺減じると牢獄化はまぬがれまい。

仮設の奥に隠された細心と微妙を象徴的に見せてくれるのが入って右側の東壁面で、これだけ精妙なプロポーションと素材感と光の扱いは、妖気すら漂う。

ブリコラージュという方法は、「器用仕事」と訳されているが、手による工夫や、ただ古い体系や他所の体系の部分を拾い集めることを示すのではない。それでは自己満足に終わる。古い体系や他所の体系の部分を集めてきて、新しい別の体系を生み出すことが大事なのだ。拾い集めた断片を新しい考えと美意識に沿って、細心に接合し、破綻なく収めて、はじめて新しい体系が生まれる。

利休は、待庵によってブリコラージュに成功するが、では、待庵という新しい体系に断片を与えてくれた古い体系、他所の体系とは何だったのか。

　これまで折に触れて登場した書院造と民家の二つの体系だった。一つは縄文時代の竪穴式住居に発し、土間と茅葺き屋根の民家へと流れてゆく。もう一つは弥生時代の高床式住居が元で、古墳時代、奈良時代の天皇や貴族の住まいに続き、平安時代に至ると寝殿造として定形化し、さらに室町時代の末には書院造へと進化する。

　待庵の作りを腑分けするなら、藁スサ入り土壁、竹、面皮材、化粧屋根裏[39]、塗回し、下地窓、炉は民家の、畳敷き、床《とこ》、床柱、平天井[40]、壁への紙張り、柿葺《こけらぶ》き[41]は書院造の、それぞれの体系に属する。民家系の方が多く思われるかもしれないが、床面の畳と見どころの床《とこ》と天井の半分を占める平天井は書院造系にほかならない。天井を構成する化粧軒裏と平天井が語るように、民家系と書院造系の各要素をほぼ等しく拾い集めてブリコラージュしている。

　天王山の戦場の囲いが機縁となったかは分からないが、利休は勝った秀吉の茶頭の筆頭に上がる。信長のときは茶頭の一人だった。

　天下人となった秀吉は自分の居城として大坂城を築き、その一画に利休の発案になるのだろう、山里丸《やまざとまる》と呼ばれる山里の風情を醸す場所が作られ、利休は屋敷を構え、茶室を作った。

戦場の囲いでもないのに二畳を本格的な茶室として作った。秀吉は喜び、招かれた茶人たちも感じ入り、以後、茶室は一変し、極小化とブリコラージュ性という類のない方向へと舵を切る。

秀吉は大坂城に続き、京に、天下人として信長の安土城に負けてはならじと、財力を注ぎ、聚楽第を作った。わずかに残る遺構から見ても、日本建築史上で一番派手で豪華な書院造だったにちがいない。

聚楽第にも利休屋敷が置かれ、利休は二畳をさらに縮めようと一畳台目を試みるが、秀吉もさすがに許さず、二畳に戻している。二畳が利休の茶室の極限となった。

山里丸の二畳も聚楽第の利休屋敷の二畳も実物は残らず、平面しか分からないが、建築としての基本は待庵の枠内に納まっている。なお、西観音寺の小堂の囲いのその後を堀内説に従うなら、秀吉勝利の後、山崎の利休屋敷に移され、さらに近くの妙喜庵に移されて今に至る。

移築にあたっては、おそらく、重い屋根をはずし、茶室の中心部分をそのまま持ち上げて運び、方位もたたずまいもできるだけ旧に合わせて据えたのではあるまいか。もし将来、土壁の一部を崩すことが許されるなら、中から雨戸が現れるにちがいない。

草庵茶室最後の謎

なぜ利休の茶室があれほど小さく、かつブリコラージュ性に貫かれているかの謎について、戦場の囲いとして答えてきたが、しかしその答えには収まりきらない問題が残る。三畳を囲えばいいのになぜ二畳などという極端な狭さを目指したのか。なぜそんな狭い中にわざわざ畳を切って炉を据え、火を投じたのか。戦場の本陣なのだから外で湯を沸かすなど雑作もなかったろうに。

二畳と火の問題は〃わび茶の心〃だけで説明するのは難しい。定形を脱して、自由なデザインを志向したからだけでもないだろう。二畳という面積は、わびという一つの文化のあり方の許容範囲を踏み破っているし、火も、一つの国の一つの文化の枠を超え人間という存在の深みまで届いてしまう。

利休に導かれて、日本の文化の枠を超えた先までたどってみよう。

草庵茶室の定形たる四畳半より狭い茶室は待庵以前より作られ、たとえば珠光は三畳を手掛けているが内々用で、茶会用の正式なものではなかった。一番狭くても三畳というのがポイントで、三畳あれば二、三人を招いて楽しい時を過ごすことができるし、今でも三畳はいくつも作られている。しかし二畳となると実用性に乏しく、無理を強いる。主客二人が、間に軽い食事を挟み、四時間も膝つき合わせ顔つき合わせて過ごすのはきつい。

その二畳すら、利休はさらに畳の四分の一を削り、火まで投じた。テントの中で火を焚くに近い無謀。新しい茶の空間を作るというより何か別の実験と疑われよう。

実は、平時ではできない実験を戦場に名を借りてやってしまったのではないか。一茶室を超えて、住まいと建築の、極小を、単位を探りたかったのではないか。古代ギリシャ人は、あらゆる物質にはそれ以上は小分けできない共通した極小の単位があると考え、原子《アトム》と名付けたが、同じような発想が利休にもあった可能性はないか。

意外な図が思い出される。古代ローマの建築理論家ウィトルウィウス[42]が似たことを考え、後にその考えをルネッサンス期のレオナルド・ダ・ヴィンチが名高い一枚の図にして残した。ウィトルウィウス発ダ・ヴィンチの図をそのまま建築平面と化せば、待庵の平面ときれいに重なる（図11）。

古代ローマのウィトルウィウスは、先行する古代ギリシャの建築を念頭に置いて理論を組み立てていたことが知られているが、待庵は実現した建築のアトムとは考えられないか。

どんなに小さくとも、そこが神や政治や社会のためでなく、人のための住まいであることを示すために火を投じたのではないか。

茶室の外には小さな庭があり、水場が設けられていた。もちろん、手を洗い口をそそぎ身を清浄にするためだが、水のそばに火があることの象徴性を思う。

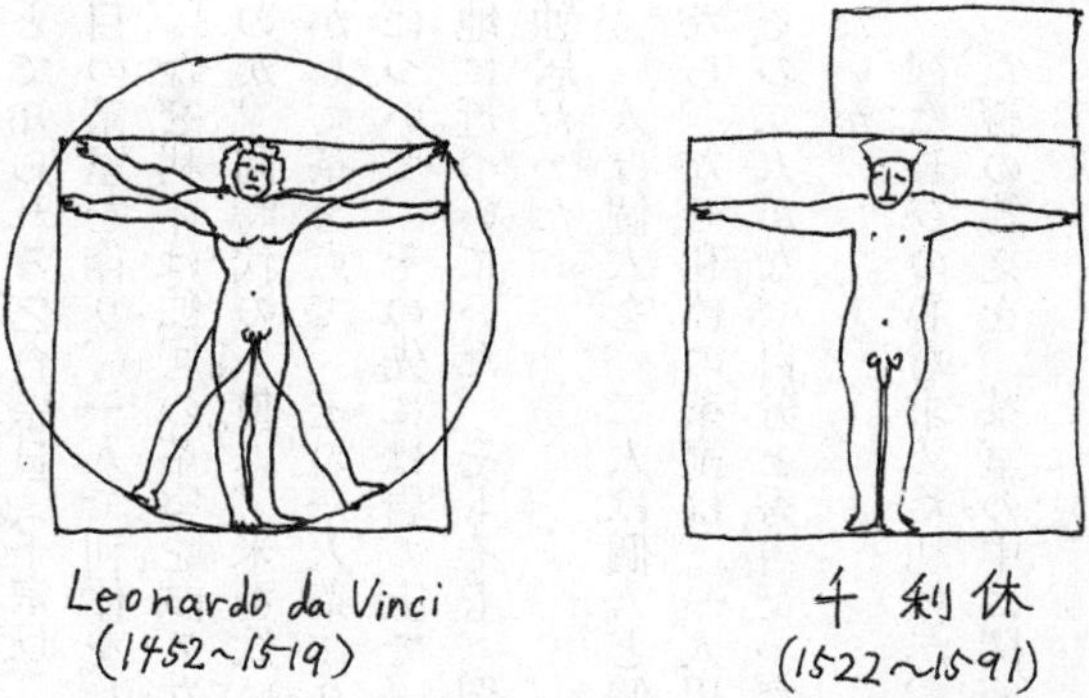

図 11　レオナルド・ダ・ヴィンチと利休と待庵

人類の住まいは、次のように進化している。人々はまず水のあるところに集まった。次に、単身者は一人で、家族は家族単位で火を焚き、火の周りで、食べ、憩い、眠った。そして次に、火と家族のシェルターとして家が作られた。人類の住まいの優先性は、水、火、シェルターの順であり、その順に実現し、進化した。そして、最後に登場したシェルターはありあわせの材で手作りした仮設の建築だった。

待庵には、水、火、シェルターの三つがあり、三つしかない。三つが一つの美しい結晶体のごとくしてある。

ここまでたどると、一つの疑問が生じてくる。待庵の二畳は、主・客の二人を前提としていたが、どうしてもっと踏み込んで一人用まで突き進まなかったのか。畳二枚あれば、一人で煮炊きし寝ることもできる。独居の茶室。利休の孫で、秀吉により絶家させられた千家を再興し、利休の精神に固執したことで知られる乞食宗旦《こつじきそうたん》（千宗旦《せんのそうたん》43）は、利休像を祭る祖堂に寄り添うようにして一畳台目の茶室を作り、一人で利休をしのび茶を飲んでいる。

なぜ利休は独居の茶室を試みなかったのか。わびの道の究極にそれは見えなかったのか。同時代の丿貫《へちかん》は、米を炊いた鍋の底に付いたオコゲをかき落としてから湯を沸かして茶を点て、その一人茶ぶりに利休は引かれ、訪れている。先に、珠光のわび茶について、その先には岩の上で一人茶を飲む道があり得たと述べたが、丿貫はその境地に近づいていた。そもそも、堺の茶室の手本になった西行や長明や兼好の草庵は、独居だった。

一人は個人を、二人は個人と個人の対の関係を、三人は社会関係を意味するとするなら、なぜ利休の茶室は、一人用の一畳台目でも三人用の三畳でもなく二畳なのか。その二人がなぜ自分と秀吉だったのか。利休のわび茶は秀吉を必要としていたのではないか。

禅にわびの心を求めた利休が、秀吉という権力と贅沢の中枢に進んで入り込んでいった謎の答えを、茶室の中に探ってみよう。

利休と秀吉

発端はやはり信長の堺攻めだったにちがいない。利休の茶の拠りどころだった堺を力で押しつぶし、金で名物道具を買いあさったのだ。

年譜を見ると、永禄一一（一五六八）年九月、信長が京に入り、一〇月、堺に矢銭二万貫を課し、結局、翌年一月、堺は全面降伏しているが、一〇、一一、一二、一月の四ヵ月間に、堺ではさまざまな意見が出て、内訌《ないこう》が生まれ、策略が交わされたはずだが、四七歳の茶好きの納屋衆も態度を迫られたにちがいない。そしてこの冬、利休は逼塞《ひっそく》したという。行き詰まったのだ。大勢とは組みしにくい見解を持っていたのか、ことを自分の茶の道の問題として内面的にとらえていたのか、いずれにせよ大きな困難と直面していたことがうかがわれよう。

信長の下に就くことを決めた堺と堺の茶界の大勢に抗し、隠居して一人茶の方向に進むかいっそ禅門に入るか、どっちの可能性も利休にはあった。にもかかわらず信長の茶頭の一人に上がったのは、心に期すところがあったからにちがいない。でも、信長は、すでに述べたように茶の内容にも茶室にもまるで関心を示さなかった。

信長が斃《たお》れ、茶好きの秀吉が登場したとき、利休は勝負に出た。道具でも軸でもなく茶室を土俵に選んだのは、これもすでに触れたように安土城体験だったと思われる。

極小茶室は秀吉を相手にするときだけ作ったことが分かっている。山崎の待庵を皮切りに、秀吉が安土城に負けまいと築いた大坂城と聚楽第に一つずつ作った。

もし極小茶室が中から外の庭を見ることのできるオープンな作りだったら、都の力と贅のただ中で鄙びた風光を楽しむ亭《ちん》（あずまや）の一種と見なせるが、しかし極小茶室から外を眺めることはできない。茶会において障子は決して開けないし、もし開けても視線の高さをはずして作ってあるから外は見えない。

小さな入口からもぐり込む閉じた空間は壺中天《こちゅうてん》にちがいない。壺中天は、小さくともその中にこの世とは別のもう一つの宇宙がすっぽり入っている。壺中天としての極小茶室。

でも、普通イメージされる壺中天の別世界性とはちがう。ただ別世界を作りたいなら草庵茶室と共鳴する郊外の田園風景の中に作ればいいのに、どうしてわざわざ大坂城や聚楽第でなければならなかったのか。

ここから先は、私の論理についてきていただくしかない。

ゴムマリに小さな穴を開け、そこからズルズルと中を引き出すとまたマリに戻るが、しかし同じではなく、内と外が反転している。ゴム膜が反転することによって以前の外部がマリの内側に入り込んでいる。

この反転の空間的面白さを作品としてはじめて試みたのは赤瀬川原平で、一九六三年、「宇宙のカンヅメ」を発表した。日魯漁業製のカニ缶の外側のタラバガニや会社のマークなどが印刷された紙を内側に張り替え、ちゃんと工場で蓋を閉じてもらった。

そうすれば、かつて紙の周囲にあった外界は、その先に広がる宇宙を含め、缶の内側に移ったことになる。

普通の壺中天ではなく、反転によって外側のすべてが中に封じ込められた壺。この反転を可能にするのは、穴が小さいことと、中が閉じていること。そしてもう一つ、反転が意味を持つのは、外が真空状態ではなく物や力や富といった世俗があふれていること。

反転は、利休一人では外が真空状態と同じで意味を持たず、秀吉という物と力と富の所有者が小さな穴を通して入ってきてくれないと反転の秘儀は成立しない。入ってくれれば、世俗の物と力と富が茶室という茅屋《ぼうおく》の内に封じ込められ、極小が極大を含み、極小の中に極大もまたあることになる。

反転現象は、待庵以前から堺のわび茶の領分では実現していた。都市の外の田園の中にもともとの草庵はあり、それを小さな庭を付けて都市の中枢部に持ち込んだのが紹鷗の四畳半の草庵茶室だった。

密集した堺のただ中に、草庵茶室を通して堺の外部に広がっていた田園と田舎屋は入り込み、反転現象が成立していた。

堺では、町の中に外の田園と草庵が反転して入り込み、利休の極小茶室では、大坂城や聚楽第が、さらに秀吉という存在も反転して呑み込まれていた。

一休の悟りにはじまる

珠光が大徳寺の一休のもとで悟り、悟りのしるしとして圜悟の書を授けられ、わび茶がスタートした一件を思い出してほしい。珠光の茶禅一味の悟りの内容とは何だったのか。茶と禅は同じ、というだけでは分かる人にしか分からないし、分かっている人もどう分かっているか外の人には分からない。禅の悟りとはそういうものかもしれないが、利休もまた大徳寺に参禅し、僧籍を得るほどに禅に励んで、珠光の悟りをついに識《し》り、その悦びを圜悟の書を披露することで表した。珠光の悟りを時代も置かれた状況もまるでちがう利休が理解したのは、その悟りの内容が当時のしかるべきレヴェルの人の間では客観的で説明可能なものだったからだろう。

利休のわびの悟りは珠光にあり、珠光の茶禅一味の悟りは一休に源を発する。

一休の悟りとはどんなものだったのか。幸い、大徳寺の禅の中でもあまりに特殊だったので、伝わっている。

一休は、後小松《ごこまつ》天皇[44]の御落胤で、禅門に入り、身も心も困窮する中で激しく厳しい修行に打ち込んだが、なかなか悟りに至らなかった。ある時、琵琶湖の貧しい漁師の小舟を借りての修行中、カラスの鳴き声を聞いて悟った。しかし、この悟りを師の華《か》叟宗曇《そうそうどん》[45]に伝えると、〝それは大乗の悟りではなく、上座部の悟りに過ぎない〟と否定され、〝それならそれで本物の悟りなどいらん〟と答えると、悟りを認められた。

この話を理解するには大乗と上座部の悟りについて知る必要がある。呉智英《くれともふさ》の解説が仏教にうとい者にも分かりやすいので引く。

まず、シャカの悟り（覚り）について、

世尊（釈迦）はこのように仰せられた。

「生を原因とすることによって、老・死は起きるのであり、生を滅することによって、老・死は滅するのである」

生がある以上、必ず死はある。これが得心できないことが迷妄であり、この真理に目覚めることが「覚り」なのである。仏教の核心はほぼこれにつきている

と、核心を述べた上で、大乗と上座部の悟りについて続ける。

現代人は、大乗・小乗（編注：上座部）を対比して、大乗は進歩的ですばらしく、小乗は保守退嬰《たいえい》で劣っていると思いがちである。それはまた仏教論の通説のようにもなっている。しかし、この考えは、千五百年に亘《わた》って浸透し続けた大乗仏教正統論を背景とし、……真理と思い込まされている怠惰な近代的良識による

ものである。［中略］

釈迦は初めて覚りを得たときに、これを衆生に語るまいと思った。愚かな衆生に語るまいと思った。愚かな衆生にこの法（真理）を語っても分かるはずがないからである。雑阿含経《ぞうあごんきょう》、また増一阿含経《ぞういちあごんきょう》の中に『梵天勧請《ぼんてんかんじょう》』という経がある。そこにこうある（阿含教典Ⅳ―一六二）

世尊（釈迦）は、孤坐の思索のなかにおいて、つぎのような思いを起こされた。

「わたしが証《さと》りえたこの法は、はなはだしく深くして、見がたく、悟りがたい。すぐれたる知者のみのよく覚知しうるところである。しかるに、この世間の人々は、ただ欲望を楽しみ、欲望を喜び、欲望に踊るばかりである。かかる人々には、この理はとうてい見がたい」

「苦労してやっと証得したものを

なぜまた人に説かねばならぬのか」

そのように考えた世尊の心は、躊躇《ちゆうちよ》に傾いて、法を説くことには傾かなかった。

法を説くことをためらっていた釈迦の前に立ち現れたのは、梵天である。これはインドの伝統神話でこの世を司る最高神である。この梵天が釈迦を説得（勧請)する。

「ああ、これで世間は滅びるだろう。

世尊よ、法を説き給え。

世尊が法を説かせ給えば、必ず理解する者もあるであろう」

その時、世尊は、梵天の勧請を知るとともに、また、生きとし生けるものへの哀憐《あいれん》によって、仏眼をもって世間を眺め給うた。

すると、無明《むみよう》の世間にうごめく衆生《しゆじよう》の姿が目に入った。釈迦はまさしく「哀憐」(慈悲)の心によって衆生に真理(法)を説くことを決意するのである。この神話表現の中に、釈迦の相矛盾する意志がよく現れている。釈迦は本心では「苦労してやっと証得した」真理を、欲望の汚濁《おじよく》に塗《まみ》れた衆生になど説きたくはない。しかし、その衆生の哀れさを考え「哀憐」の心によって衆生済度《しゆじようさいど》のため真理を説くことにする。これがそれぞれ小乗と大乗に対応していることは明白である。もともと宗祖釈迦の中で小乗思想と大乗思想は葛藤しているのである。小乗を一方的に劣っているとするのが誤りであることがよく分かるだろう。

最古の仏典『スッタニパータ』(岩波文庫『ブッダのことば』)は、釈迦の本当の言葉に最も近いと考えられる「金口直説《こんくじきせつ》」の経典であるが、その中に有名な「犀《さい》の角《つの》の比喩《ひゆ》」(同書三五節)がある。

犀の角のようにただ独り歩め（呉智英『つぎはぎ仏教入門』筑摩書房、二〇一一年）

大乗の悟りと上座部の悟り。以後、仏教という宗教の根本問題となる。

上座部仏教は、今でもスリランカやタイでは続く。スリランカでは仏の境地を志す者は、一人素衣《そい》をまとって森に入り修行に励む。里の村人（衆生）はこうした修行僧が自分たちの近くにいることを喜び、食料を提供することで自分たちも少しでも仏の道に近づこうとする。悟りを得た修行僧は、しかし、その悟りを衆生に広めるわけではなく、その悟りは後続の修行僧へと引き継がれる。タイも上座部仏教国として知られるが、仏教徒たる大半の国民は、男の場合、人生の間に一度は僧となり修行に励み、女の場合も尼寺に入り慈善活動などに従う。上座部仏教では、修行によって自分で自分を救うしかないのである。

悟りと救済に至る上座部の道は狭いけれど、その分、悟りの純度は高い。

一方、大乗仏教では、厳しい修行を通しての悟りを得ずとも、衆生は仏・法・僧を敬うことで救済される。悟りを得た一人の僧が大勢の衆生を救う。僧たちは組織化し教団化し、より大勢の衆生を救う道が開かれ、ここから大乗仏教は国とつながり、国教となり、国家の鎮護と国民の精神的統治の道具と化し、仏の悟りの境地からは遠ざかる。

シャカに起源する上座部と大乗の二つの流れは、上座部はインドからスリランカやタイへと伝わり（南伝仏教）、大乗はインドから西域を経て中国、朝鮮、日本へと伝わる（北伝仏教）。

禅宗は、インドの達磨にはじまり、僧は上座部的な厳しい修行を旨とするけれど、根本は衆生の救済を目的とし、同時に国家とも共存する大乗仏教の一つにほかならない。一休の悟りは日本の仏教には例外的で、国や政治とはかかわらず衆生の精神的統治にも向かわない、そう覚悟した悟りであった。

そして一休はこの悟りを奇矯な形で世に示す。

一休と森侍女

八一歳の時、後土御門《ごつちみかど》天皇46より大徳寺の住持《じゅうじ》（トップ）に任ぜられると、その日一日、大徳寺にいて住持としての形式を守り、翌日からは寺を出て京都南郊の庵に帰り、森《しん》という若くて美しい盲目の侍女と暮らし、愛し、こうした破戒ぶりを世間には何隠すことなく森の「婬水《いんすい》を吸う」と「水仙の香りがする」と漢詩にしたためた。しかし愛欲の日々を送るこの破戒僧を批判する者は現れず、そうした風狂の僧が自分たちが生きる同じ世にいることを喜んだ。そこから子供に人気の一休像が形作られて今に至る。

贅沢な楽しみとして上流階級に定着していた茶に楽しみ以上のものを求める珠光は、森侍女と庵で暮す一休に就いて、茶禅一味の悟りを認められた。これはいったいどういうことなのか。

激しく精神性を求め、かつ世の救済を旨とする禅の中枢大徳寺の核の位置に一休はいて、そのすぐ脇にたおやかな女性がいて、二人は文字どおり時に重なり合っている。この状態を理論化するなら、正反対の存在が隣り合い、背中合わせに重なる。

対立物の関係についての認識では弁証法[47]がよく知られている。弁証法は、正・反・合と説明した。まず正があり、それと対立する反が現れ、そして次のステップで正と反は影響し合い新たな合へと進む。または、正に発しながら、次の段階で反対側に動き、しかしまた正の側に寄り新たな合へとダイナミックに進む。

シャカは、弁証法の進み方をした。まず個人として上座部の悟りを得た。しかし個人の対極にいる衆生（人々、大衆）の方へと歩み寄り、個人の悟りを衆生に広めることで、次のステップへと仏教を推し進めた。正としての上座部の自分、反としての衆生、そして大衆を救う合としての大乗の仏教。禅宗は、まず個人の悟りを重視し、その後、世の救済を目指す大乗の教えを旨とする。

こうした弁証法に対し、正と反は対立したままで合へと進まない状態もあり得る。じっとにらみ合い、その緊張感の持続からそれぞれの中では何か起こる可能性がある。

正・反・合の弁証法と正・反対立の対極法に加えてもう一つ、反転法とでも呼ぶ対立物の関係があるのではないか。正と反は薄皮一枚隔てて背中合わせで存在し、クルッと反転すると正と反は入れ替わる。対立物は、新しい合へと統一せず、離れてにらみ合いもせず、隣り合い、時には正が反を内に包み、時には反が正を内に包む。一休と森侍女の関係はこれではなかったか。一休の悟りに、正・反・合の大乗の悟りは見られなかったが、〝それでも構わぬ〟決意の中に、正と反の反転関係を認め、一つの悟りのあり方として華叟宗曇師は認めた。

一休の身になってみれば反転の悟り以外なかったろう。天皇の御落胤とは天皇という正と落胤という反が自分の一身の内に同居することだし、大徳寺という天下第一の禅門にあるとは、力と栄誉に直結しながら力と栄誉を否定して精神的存在であろうと志すことに相違ない。

こうした自己矛盾をなくすには隠棲するのが近道だが、しかし一休は庵にこもることをいさぎよしとしなかった。宿命から尻尾を巻いて逃れるように思ったのだろう。天皇落胤、大徳寺の禅、この二重の自己矛盾に悩み、その果てにたどりついた悟りが上座部の悟りであった。正と反の矛盾は、弁証も対極もせず反転して同居する。他所《よそ》目《め》（衆生の目）にはただの同居に見えるかもしれないが、それでも構わん。

反転同居の悟りは、師の華叟宗曇が見抜いたように、一休自身には不可欠にしても衆生を導き救う大乗の悟りとしては問題がある。衆生にはただのいいかげんとしか思えないからだ。あくまで上座部の悟り。一休と森侍女の関係は、正と反の反転同居のことだった。

大徳寺住持でありながらしかし庵に美女とこもる一休のもとに通い、日々に接し、珠光の得た茶禅一味の悟りとは反転同居のことだった。

珠光の時代、茶の贅沢は上流階級に定着して久しかった。世俗の花としての茶。しかし、珠光の求めていた茶は、世俗の花の楽しみを失わないまま、それを凌ぐ精神性をも併せ持つ新しい茶の可能性だった。

森侍女を世俗の花、一休を精神的存在、と考えればどうだろう。両者は、弁証でも対極でもなく反転によって一つの場所にある。わび茶の極意は反転。

しかし、珠光にはこの悟りをどう茶の道で実現していいかは分からなかった。四畳半の書院造をどう作り変えればいいのか、唐物に代わる道具の美学なんか果たしてあるのだろうか。そして結局、花としての茶の楽しみを減ずる方向でわびを追求するしかなかった。実現しなかったけれど、わびが珠光の悟りから流れ出たことだけは間違いない。なぜなら、衆生には分かりにくい一休の矛盾の反転同居という上座部の悟りを理解し、茶に持ち込んだのは珠光だったからだ。

以後、わび茶の道は紹鷗を経て利休に至り、茶禅一味は実現するが、深い魅力とともに分かりにくさも実現する。衆生の目にはただの地味な茶碗がなんであんなに高価なのか分からないし、専門の人にも、利休と秀吉の関係と利休の死の謎は諸説紛々としている。こうしたわび茶の分かりにくさの根っこは、おそらく一休そして珠光の悟りからきているにちがいない。上座部の悟りとは分かる人だけ分かればいいと覚悟すること。利休の茶は上座部の茶。利休と向き合ったとき、誰もが感ずるこの人の孤独感はそれゆえだった。

一休の悟りまでをたどって、利休はなぜ待庵のような茶室を作ったか、なぜ秀吉と時間的にも場所的にも同居したかをなんとか納得できたが、これも上座部の悟りのごとき納得であることはまぬがれない。

オチャメで茶好きの秀吉が当時としては奇矯としか見えない待庵に入ったとき、利休は反転成功と思ったろう。信長に力と財で攻め立てられて破れた堺のわび茶が、わび茶本来の反転の術で事態をひっくり返したのだ。

上座部の茶の完成

待庵から死までの最後の七年間をざっとたどろう。秀吉のために極小茶室を作るほかにいくつか大事な仕事をした。

天皇のために黄金の茶室を作り、自分のために黄金の茶碗も作った。反転同居の実践と思えばなんのこともない。

秀吉が開いた北野大茶会のプロデュースもし、わび茶を志す者は誰であれ参加し、茶室を設置できるように決めた。わび茶の可能性と限界を見ておきたかった。呼びかけに応えて千席も出され、丿貫の赤い大傘だけの茶室などさまざまな工夫を見せる茶室が会場を埋める。先に、草庵茶室の建築的本質はブリコラージュ性にあると述べたが、ブリコラージュの仮設性や手近な材料の転用性や素人性にはただのデタラメ、シロートのオモイツキに終わりやすいという危険が伴う。予想したとはいえ、利休は苦笑いを禁じ得なかっただろう。

死の前年、利休は黒茶碗を作って使う。中国南方から渡来してかの地の陶工技術を伝える長次郎[48]を見いだし、手びねりの楽茶碗《らくぢゃわん》（低温焼成の茶碗）を作らせてきたが、ついに黒に到達した。すべての色の光を混ぜると白になり、すべての絵の具は黒と化すその黒。手作りと色の究極の組み合わせ。利休がなした造形的成果は、大は待庵、小は黒楽茶碗《くろらくぢゃわん》にちがいないが、大の方が先行し、まず手作りと究極面積の茶室を実現し、それに合う茶碗を探し、手びねりと黒に行きついた。建築が茶道具を決めたのである。

そうしたあれこれがあり、そして天正一八（一五九〇）年一〇月二〇日、利休は二畳の茶室に旧友の神谷宗湛《そうたん》[49]を迎え、黒楽で茶を喫み、珠光について語った。二畳と黒楽と珠光の三つが一体化する記録はこの日しかないが、この日だけのことだったかもしれない。

なぜなら、利休は、それまで茶について広くいわれてきた「一座建立《いちざこんりゅう》」を嫌い、「一期《いちご》一会《いちえ》」こそ、と述べてきたからだ。皆で集まって茶を通して絆を深めることを嫌い、茶の席で一人が一人と一回会って何かを理解することこそ茶の道。今の一座建立を旨とするわび茶からは遠いが、利休の茶が大乗ではなく上座部の茶であったことを知れば不思議はない。

一〇月二〇日、二畳、黒、珠光の三位一体を宗湛の前で演じたのを最後に、茶人仲間と離れ、利休は最後のシーンに向かう。

二ヵ月後の天正一九（一五九一）年正月、娘が自害し、大徳寺三門の利休像[50]の一件が問題化し、死に支度に入る。二月、秀吉により堺へ追放され、辞世の偈《げ》（禅僧の辞世）をしたため、また聚楽第に呼び戻され、切腹を命じられ、親族と一期一会の茶を喫んだ後、切腹し、犀の角のようにただ独り歩んだ生涯を閉じる。

二畳、黒、珠光の悟り――三位一体化は利休の死を得て完了した。聚楽第のただ中で反転は成った。

辞世の偈に言う、

「堤《ひっさぐ》る我得《わがえ》具足《ぐそく》の一太刀《ひとつたち》　今此時《いまこのとき》ぞ天に抛《なげうつ》」

自分がいて茶（我得具足）があって天がある。そのほかは知らない。上座部の茶にふさわしい終わり方であった。

利休の茶室にもう一度戻りたい。建築としての茶室に戻りたい。

二畳という面積が建築というものの極小にして基本単位であることはすでに記した。二畳のほかにもう一つ、床《とこ》の壁から天井までの土壁の塗回しという利休以前に例はなく、以後もごく稀な奇妙な作りは何を意味するのか。

都会的で端正で洗練された唐物拒否が、しばしば言われるようにまずあったのは間違いないが、それだけか。床という日本の室内において一番大事な場をわざわざ泥で塗り回してしまうのである。よほどの思いがあったにちがいない。

紹鷗、利休のわび茶の流れが炉を室内に持ち込んだ一件と併せて考えると、生の火と生の土の二つを極小空間に持ち込んだことになる。

先に触れたように人類の住まいの発生を振り返ると、水の近くに集まってから次に何をしたか。火を焚いた。皆で共通の火を焚いたと思われがちだが、オーストラリアのアボリジニの研究成果によると、家族単位で焚き、一人者は一人で焚いている。水は共有だが火は私所有になる。その次に、ありあわせの枝や草を拾ってきて簡単なシェルターを作り、家族は家族で、一人者は一人でもぐり込む。そして、狭い入口から顔を出し、外の火を見つめる。

水、火、シェルターの順ではじまり、寒い地方ではシェルターの中に火が入り一体化する。日本の縄文時代の竪穴式住居を見ると、最初期の段階（鹿児島の上野原遺跡）では火はシェルターの外にあるが、次の段階では火はシェルターの中で焚かれている。そしてすべては生の土の上か竪穴という土の中。

利休はもちろんこうした歴史を知っていたわけではないが、縄文の竪穴式住居に毛が生えた程度の土間と火の住まいを堺の近くの農村や漁村でたくさん見ていた。利休の時代、都市の町屋だって、似たようなレヴェルだったことは、洛中洛外図に描かれた町屋を見れば了解されよう。

極小の単位空間の中に生の土と火を持ち込むことは人間の住まいの原型に帰ることを意味する。そこからはじめる、と言い換えてもいい。

利休が極小空間の探究を意識的にしていたことは、一畳台目を試みていた事実から知られるが、その極小空間に土と火を投入すると人類の住まいの原型に通ずるとの意識はなかったと思う。極小空間は意識して、土と火は無意識のうちに、住まいというものの原型を探っていたと建築史的には言える。

小は茶碗から大は茶室まで、原型を求める利休の探究の背後にあったのは、上座部の悟りだったにちがいない。人は一人、天地の間にあり、表現はそこからはじまりそこに帰る。

1 **シャカ**／（BC四六三〜BC三八三※生存年は諸説あり）世界三大宗教の一つである仏教の開祖。釈迦。釈迦牟尼、釈尊ともいい、称号だけを残し、世尊、仏陀（ブッダ）、如来とも略す。紀元前五世紀頃、現在のネパールのルンビニでシャーキャ族王シュッドーダナの子として生まれる。王子として裕福な生活を送っていたが、二九歳で出家、三五歳で覚りを開き、仏陀（覚者）となった。梵天の勧めに応じて、自らの覚りを人々に説いて回った。

2 **西行**／（一一一八〜九〇）平安時代末期〜鎌倉時代初期の武士、僧侶、歌人。一一三七年、北面武士として鳥羽院に仕えていたことが記録に残っている。四〇年、二三歳で出家して円位を名乗り、後に西行とも称した。出家後は心のおもむくままに草庵を営み、諸国を行脚して多くの和歌を残した。

3 **水樋**／水を送るためにかけ渡した管。

4 **東求堂**／一四八六年に建立された、銀閣寺にある足利義政の持仏堂。国宝。四畳半間の同仁斎には北側に付書院と違い棚があり、現存最古の書院造の遺構。

5 **村田珠光**／（一四二三〜一五〇二）室町時代中期の茶人。大徳寺の一休宗純から禅を学び、能や連歌の精神的な深みと茶禅一味を追求した、わび茶の創始者とされる。

6 **大徳寺**／京都市北区にある臨済宗大徳寺派大本山。一三一五年、または一九年に宗峰妙超が小庵を創立したことにはじまる。歴代多くの名僧を輩出し、茶の湯文化とも縁が深い禅宗寺院。本坊および塔頭には、建造物、庭園、障壁画、中国伝来の書画など、多くの国宝や重要文化財がある。

7 **一休**／（一三九四〜一四八一）一休宗純。室町時代中期の僧。一四一五年に大徳寺の僧、華叟宗曇の弟子となり、一休の道号を授かる。また、詩人としても多くの詩集を残し、「とんちの一休さん」のモデルとしても知られる。

8 **藁屋**／藁葺きの家。

9 **張付壁**／壁面に紙を張り、四方を縁で押さえた形式の壁。書院造では表面に障壁画が描かれるが、茶室では白いまま。

10 **唐物**／中国から輸入された品物の総称。一三世紀、鎌倉時代には禅宗の僧侶たちによって多くの唐物がもたらされた。茶の湯の道具に用いる唐物は、主に鎌倉時代以降の、中国の宋、元、明時代の美術品や工芸品を指す。室町時代には、同朋衆が唐物奉行として鑑定を行った。

11 **茅屋**／茅葺きの家。

12 **天目茶碗**／中国の宋代、浙江省の天目山の禅院で使用されていた、鉄釉をかけて焼かれた陶器製の茶碗。鎌倉時代に留学した多くの僧が日本へ持ち帰り、鉄釉のかかった茶碗を天目茶碗と呼ぶようになった。天目形といわれるすり鉢様の形が特徴。

13 **ノ貫**／生没年不詳。戦国時代後期～安土桃山時代の伝説的な茶人。京都上京の商家坂本屋の出身といわれ、武野紹鷗に茶の湯を学び、山科の地に庵を構え、数々の奇行で知られた。『茶話指月集』には、北野大茶会で豊臣秀吉に絶賛され、諸役免除の特権を与えられたと記されている。

14 **武野紹鷗**／（一五〇二～五五）室町時代後期の堺の豪商、茶人。若い頃から三条西実隆に師事し和歌を学び、また、村田珠光門下の十四屋宗陳などから茶の湯を学んだ。その後、大徳寺の末寺、南宗寺に参禅し、茶の湯に開眼。茶禅一味を掲げ、わび茶を広め、千利休などに伝えた。

15 **北向道陳**／（一五〇四～六二）室町時代の堺の茶人。千利休の初期の師。本職は医師とされる。能阿弥の小姓であった空海から茶道を学び、唐物の目利きとしても知られた。

16 **柑香炉**／和船の両側の舷に渡した板を船柑といい、口の縁が船柑の形をした香炉のことをいう。

17 **人形手**／内側に人物をほぼ等間隔に型押ししてある、中国の明代の青磁茶碗。

18 **笑嶺宗訢**／（一五〇五～八三）室町時代の臨済宗の僧。南宗寺の大林宗套に師事し、一五五八年、大徳寺の住持となる。後に三好義継にこわれて大徳寺内に聚光院を開いた。

19 **天下布武**／世の中を七徳の武をもって治めるという意味。一五六七年、岐阜城に本拠を移した織田信長が、僧の沢彦から与えられたという「天下布武」の印文を使いはじめ、天下統一を目指した。

20 **高麗茶碗**／一六世紀半ば以降、茶道で用いられた、朝鮮から渡来した茶碗の総称。朝鮮で焼かれた陶磁器を日本の茶人が茶器に見立てた。高麗とは朝鮮の意味で、李朝時代のものが多い。

21 **ハタノソリタル茶碗**／口縁部が外に反った茶碗。

22 **手びねり**／陶磁器の成形において、ろくろや鋳込みを使わず、手やヘラだけで行う技法のこと。土の玉に穴を開けて広げて成形する楽茶碗などが代表的。

23 **木舞**／屋根や壁の下地として、竹や細木を縦横に組んだもの。

24 **垂木**／屋根板を支えるために、屋根のてっぺんの棟木から軒桁にかけて架け渡す部材。

25 **藁スサ**／藁や藁縄などを刻んだ壁土の補強剤。土に混ぜて、ひび割れなどを防ぐ。

26 **反古**／いらなくなった紙。ほごがみ。

27 **床框**／床の間を座敷面から少し高くして畳床や板床とする場合に、床板や床畳の端を隠すために取り付ける横木。

28 **塗回し**／塗り壁の出隅や入隅などで、柱を見せないように丸く塗り回すこと。

29 **洞床**／茶室の床の間の形式の一つ。床前の一方に袖壁があり、間口より床の奥が広い。壁留めの柱がなく、塗り回している。

30 **枘**／木材などを接合する際、固定させるために一方の材に設けた突起。もう一方の材に、この突起を受ける穴が作られる。

31 **桁**／柱の上に横に渡して垂木を受け、屋根からの重みを支える材のこと。梁とは直交する。

32 **台目畳**／一畳の約四分の一（台子の幅と風炉先屏風の幅）を切り取った短い畳のこと。略して台目ともいう。

33 **堀内宗心**／（一九一九～二〇一五）茶人。表千家流堀内家の一二世宗完。京都生まれ。京都帝国大学理学部卒業。九八年、一三世の襲名に伴い宗心と称する。著書に『茶の湯聚話』『茶花』など。

34 **宝積寺**／京都の天王山中腹にある真言宗智山派の仏教寺院。七二四年、聖武天皇の勅命を受けた行基が建立したといわれている。

35 **チョウナ**／手斧、釿。木材を荒削りした後、平らにするのに用いる大工道具。

36 **隅木**／隅棟の下にあって、垂木の上端を受ける斜めの材。

37 **入隅**／壁など、二つの平面が出合った部分の内側の隅。

38 **クロード・レヴィ＝ストロース**／（一九〇八～二〇〇九）フランスの社会人類学者。世界各地の神話研究を中心に行い、二〇世紀の人類学、神話学に大きな成果を収めた。また、構造主義の祖とされ、ジャック・ラカン、ミシェル・フーコーなどとともに、一九六〇年代以降のフランス現代思想の潮流を作った。著書に『悲しき熱帯』『野生の思考』など。

39 **化粧屋根裏**／天井を作らず、梁、垂木など屋根裏の骨組みをそのまま天井に見立てたもの。化粧屋根天井。

40 **平天井**／天井面が水平な天井。

41 **柿葺き**／檜や杉などを薄く削った柿板（厚さ三㎜程度）で葺いた屋根。

42 **ウィトルウィウス**／生没年不祥。紀元前一世紀頃に活躍した建築家、建築理論家。共和政ローマ時代に活動し、現存する最古の建築理論書といわれる『建築十書』を著した。

43 **千宗旦**／（一五七八～一六五八）安土桃山時代末期～江戸時代前期の茶人。利休の後妻千宗恩の子千少庵と利休の娘亀との間に生まれ、少庵の後を継いだ。千家の三代目で宗旦流（三千家）の祖とされる。利休のわび茶を徹底的に推し進め、清貧を貫いたことから、「乞食宗旦」と呼ばれた。

44 **後小松天皇**／（一三七七～一四三三）南北朝時代末期～室町時代初期の第一〇〇代天皇。在位は一

三八二～一四一二年。称光天皇に譲位後、称光、後花園と二代にわたり院政を行い、一四三一年に出家した。

45 **華叟宗曇**／（一三五二～一四二八）南北朝時代～室町時代前期の臨済宗の僧。大徳寺二二世。八歳で大徳寺の徹翁義亨に師事し、一四歳で出家。後に徳禅寺の言外宗忠の法を継ぐ。一休宗純、養叟宗頤らを指導した。

46 **後土御門天皇**／（一四四二～一五〇〇）室町時代の第一〇三代天皇。在位は一四六四～一五〇〇年。在位中に応仁の乱が起こった。また、和歌や連歌に長じ、『紅塵灰集』などの歌集を残した。

47 **弁証法**／哲学の用語で、古代ギリシャ哲学、カント、ヘーゲル、マルクスなどによるさまざまな哲学的な意味があるが、ここでは、一般的に、すべての概念は、正と反という対立する矛盾があり、それを止揚して高次な合へと至る、という三段階で発展していくという論理。

48 **長次郎**／生没年不祥。安土桃山時代の陶工。楽焼の創始者。千家十職の一つである樂家の初代とされる。利休の依頼により、ろくろを使わず、手びねりで赤楽茶碗や黒楽茶碗などを作った。

49 **神谷宗湛**／（一五五一～一六三五）安土桃山時代～江戸時代初期の豪商、茶人。一五八六年、大徳寺に出家し、宗湛と号した。豊臣秀吉、徳川家康に仕え、秀吉時代の茶会記『宗湛日記』を著した。これは、『天王寺屋会記』『今井宗久茶湯書抜』『松屋会記』とともに四大茶会記とされる。

50 **大徳寺三門の利休像**／利休は大徳寺三門の二階部分を寄進したが、そこに利休の像が設置されたことで、秀吉に切腹を命ぜられたといわれる。

第四章　利休の後

利休没後の茶室

切腹によって利休の舞台は幕を閉じた。斬首された首は一条戻橋《いちじょうもどりばし》のたもとの地面に直に置いてさらされ、大徳寺三門から運び出され切り刻まれた利休像が上から生首を踏みつけるように据えられ、秀吉の異様なまでの利休個人への憎悪が示された。無惨ではあったが、こうした光景が一茶人利休を、天下人秀吉と一対一の関係にあることを茶の世界に無縁な多くの都雀にも印象づけたにちがいない。キリストの磔刑《たっけい》と似ている。

ここで検証しておかねばならないことがある。信長、秀吉に対する利休の反転はかなったかどうか。茶道のことはおいて建築的にはどうか。安土城と聚楽第《じゅらくだい》という豪勢な巨体相手に二畳の茶室のウッチャリは利いたのか。ウッチャリそこねて押しつぶされたりはしなかったか。

後の歴史に見ると、押しつぶされてはいない。利休没後も、二畳はともかく江戸時代を通して二畳台目《にじょうだいめ》の茶室は作られ続けるし、明治以後も、近代的な教育を受けた前衛的建築家たちによって利休は再評価されて今に至る。安土城や聚楽第の美学を継ぐ建築家は見当たらないが、利休の美学に想いを寄せる者はたくさんいる。上座部の悟りから導かれた反転はかなった。

長い目で見るとそういえるが、しかし、利休切腹の当初、利休の茶は存亡の危機にさらされた。秀吉の命によって、一族は離散し、少庵《しょうあん》[1]と道安《どうあん》[2]の二人の息子は利休の弟子の大名に引き取られ、このまま終わるかと思われたが、利休の茶は有力大名の間にすでに根を下ろしているし、秀吉自身が利休の茶の愛好者であることに変わりはなかった。利休が消えた後、秀吉は、茶を喫むとき、〝利休がいたら〟とさびしがったと伝えられる。なお、現在でも、なぜ利休を殺したかの具体的理由ははっきりしない。

絶家の三年後、秀吉は千家再興を許し、子の少庵が当主となり、少庵の後を孫の宗旦《そうたん》が継ぐ。しかし、大名の弟子がいるわけでも目利き代が入るわけでもなく千家は困窮を極め、秀吉から返却された利休遺愛の道具や美術品を売り食いし、茶菓子にもこと欠き、宗旦は「乞食宗旦」と呼ばれたという。この間、秀吉は利休に七年遅れて没し、代わって徳川家康が天下を取り、信長、秀吉と続いた激しくて豪勢な時代は終わり、政治も社会も安定期へと向かう。

宗旦は、困窮の底にある千家を存続させるべく、息子三人を大名に茶道師範として仕官させ、千家は表千家、裏千家、武者小路千家の三つに分かれ、以後、江戸時代を通して大名をパトロンとして持続することになる。利休の前衛主義をやめ、徳川時代の身分制に順応するよう、茶も茶室も改めてゆく。

時代と社会に対してはそうであったが、千家の家中にあっては、利休の膝に抱かれて育った記憶は消えがたく、利休の茶の心を固く守り続け、たとえば利休の像を祭る祖堂に接して一畳台目の茶室を作り、一人の茶を楽しんだ。亡き利休と向き合うにはそれがふさわしいと考えたのだろう。この茶室は今も表千家に伝わるが、あまりの狭さに使われてはいない。

利休刑死から宗旦による三千家成立までが激動から安定への移行期となり、見るべきほどの茶室が生まれるのもこの移行期が最後となろう。

この時期の茶人としては、利休以後を歌った狂歌

「織理屈《おりりくつ》　綺麗《きれい》きっぱ（立派）は遠江《とおとうみ》　於《お》姫宗和《ひめそうわ》に武蔵《むさし》宗旦」

の四人が名高い。理屈っぽい古田織部《ふるたおりべ》[3]、綺麗で立派な小堀遠州《こぼりえんしゅう》[4]、公家向きでたおやかな金森宗和《かなもりそうわ》[5]、そしてむさ苦しい千宗旦の茶。

〝ひょうげもの〟織部が理屈っぽいのは今となっては分かりにくいが、利休以後第一の茶人と目されながら、寡黙な師に比べ自分の好みをよく言語化したことと、織部好みの茶室の「面や線を重視し、その整合を基調とする」（中村昌生）という近代にも通ずるデザイン意識が、当時の目には理屈っぽく映ったにちがいない。

利休後の茶室をたどるとき、織部、遠州に加えて千少庵と織田有楽《おだうらく》[6]の四人が重要となる。

利休後の四人

［少庵］

秀吉により千家再興を許された少庵は大徳寺の南（現在の千家の場所）に小さな屋敷を構えた。

新たな屋敷の中心となった茶室は〈残月亭《ざんげってい》〉である。四畳半を超える広間《ひろま》の茶室に属し、三間と二間の一二畳で、隅には上段の間が設けられた。

残月亭には原型があり、利休屋敷の中に父が手掛けた書院造に想を得ている。あまりに当たり前だからこれまで触れなかったが、書院造風の茶室を懸命に否定した利休も、自分と家族の日々の住まいは書院造だった。大坂城の山里丸《やまざとまる》の屋敷も聚楽第の利休屋敷も、書院造の家の一隅に二畳の茶室が付いていた。少庵は、利休屋敷の中核をなしていた九間の接客の間〈色付九間《いろつけここのま》書院〉（図12）を写して残月亭を作った。父の書院造を写して、子は自分の茶室としたのである。

父の書院造は、子が茶室用に写したくなるような奇妙な九間だった。書院造でありながら、簡素な上、本来の書院造にはありえない化粧屋根裏や突上げ窓を中心部に取り込むという茶室味をふりかけたような書院だった。といってもここで茶を喫むことはなく、あくまで大事な客を迎えたり下位の人と接見したりするための書院だった。

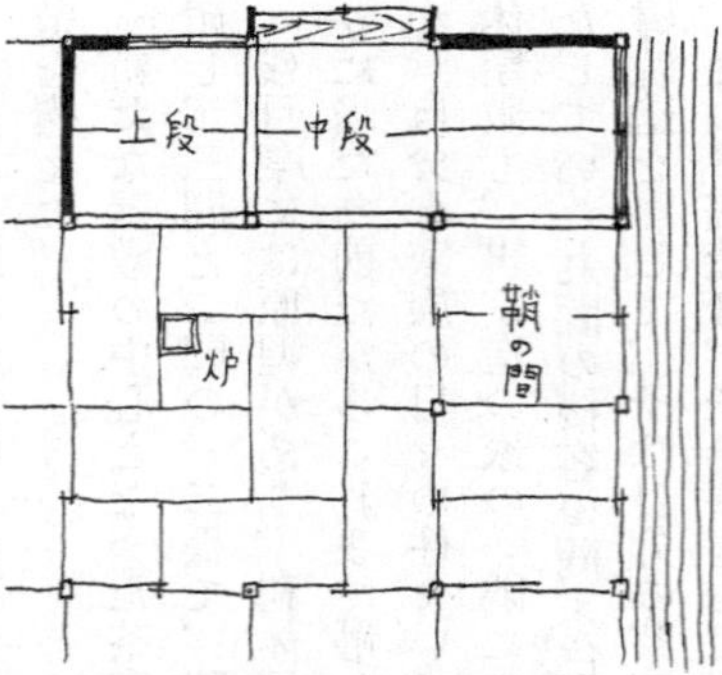

図12　聚楽第の利休屋敷の〈色付九間書院〉（1587年）
設計／千利休（中村昌生復原図より）

もう一つ奇妙な点があり、貴人が座る上段の間は、普通の書院造にはないかあっても一つなのに、なぜか中段、上段と二つも付いていた。天皇は聚楽第に一度、行幸しているから、その時用だったのではないか。上段に天皇、中段に秀吉、下に利休。天皇のお成りを想定しての作りにちがいない。

秀吉は、利休に金の茶室を作らせ、御所に持ち込み、天皇にはじめて利休の茶を味わわせているが、その時、商人の千宗易では御殿に上がれないからと利休の名を与えて大徳寺の僧とし、それでも利休は天皇に自分の点てた茶を喫んでもらうことは許されず、別室に控え、秀吉が利休式の茶を点てて献じている。

聚楽第行幸の折も、利休屋敷へ天皇がお成りした記録はないが、利休がそうした想定をしても不思議はない状況ではあった。この書院の史料は後に堀口捨己《すてみ》が注目し、色付九間書院《いろつけここのま》と名付けている。

少庵は、色付九間書院の九間を一二畳に、三段の身分差を上段だけの二段に縮めて、残月亭とした（図13・14）。二段の上段付の書院が千家にとって特別な建物であったことを意識しての写しにちがいない。その証拠といえるかどうか、残月亭の上段は、一段にもかかわらず二段相当の高さに作られているが、秀吉が座すためと伝える。

利休の書院に想を得ているが、建築空間としてみると大きなちがいもあり、色付九間書院は二つの上段を床《とこ》のように正面に据えてあくまで正面性は守っていたのに対し、残月亭は上段を片側に寄せたことにより正面性が崩れ、上段という身分と格式演出のための一段高い場が斜め奥に位置し、その結果、斜め奥からさわやかな空気が流れ出て部屋の二方向にこぼれるように感じられ、空間に思わぬ動きが生まれる。茶室には稀な水平方向への動きにちがいない。もし、上段を片寄らせなければ、そして上段を四角く画す印象深い独立床柱が立てられなければ、ただ広いだけの間抜けな部屋になった。

残月亭は、江戸時代そして明治・大正を通して表千家の代表的茶室として使われてきたが、残念ながら明治三九（一九〇六）年焼失し現在のものは忠実な再建である。もし、今に伝わっていれば、茶室設計者としての少庵の評価はもっと高まっただろう。

図13　〈残月亭〉（1594年）
設計／千少庵
──写真は明治39年（1906）焼失後の再建のもの（表千家不審菴所蔵）

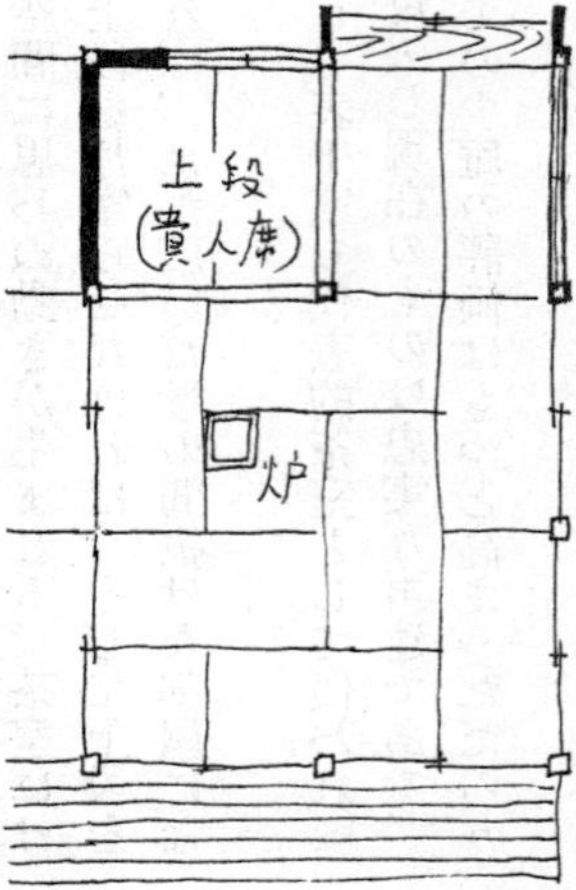

図14　〈残月亭〉平面図

［織部］

利休に学び、しかし利休とはちがう独自の美学によって利休後をリードした大名茶人で、秀吉の茶頭《さどう》を務める。

織部焼に象徴されるように道具類のデザインのあまりの斬新さの陰に隠れて茶室は注目されないが、平面と美学に大きな働きをしている。平面での工夫は、利休の平面を意識的に崩すことに向けられ、たとえば利休好みの二畳に貴人を迎えるときには三畳に改造し、また、躙口のほかに客の家来の入口と一畳分の「相伴席《しょうばんせき》」を設けた。さらに書院と茶室の間を性能上も美学上もつなぐことに意を注ぎ、二つをつなぐ「鎖《くさり》の間《ま》[8]」を奨励した。

茶室は残されていないが、織部のデザインは〈燕庵《えんなん》[9]〉（図15・16）によく伝えられ、織部焼のような見た目の派手さには欠け、むしろシブイが、じっと眺めると織部ならではの作為が浮かんでくる。

たとえば、床《とこ》よりは中柱《なかばしら》[10]と袖壁[11]が見どころで、「袖壁はそのまま右方の下地《したじ》窓《まど》のある壁面に続いております。そして袖壁の吹抜《ふきぬき》を限る壁止《かべどめ》（横木）と右方の下地窓の敷《しき》居《い》とが共通の部材となり、一線を引いて二つの壁面を連続させ、一体性を強調しております。実に明快で爽やかな扱いではありませんか」（中村昌生『図説茶室の歴史』淡交社、一九九八年）

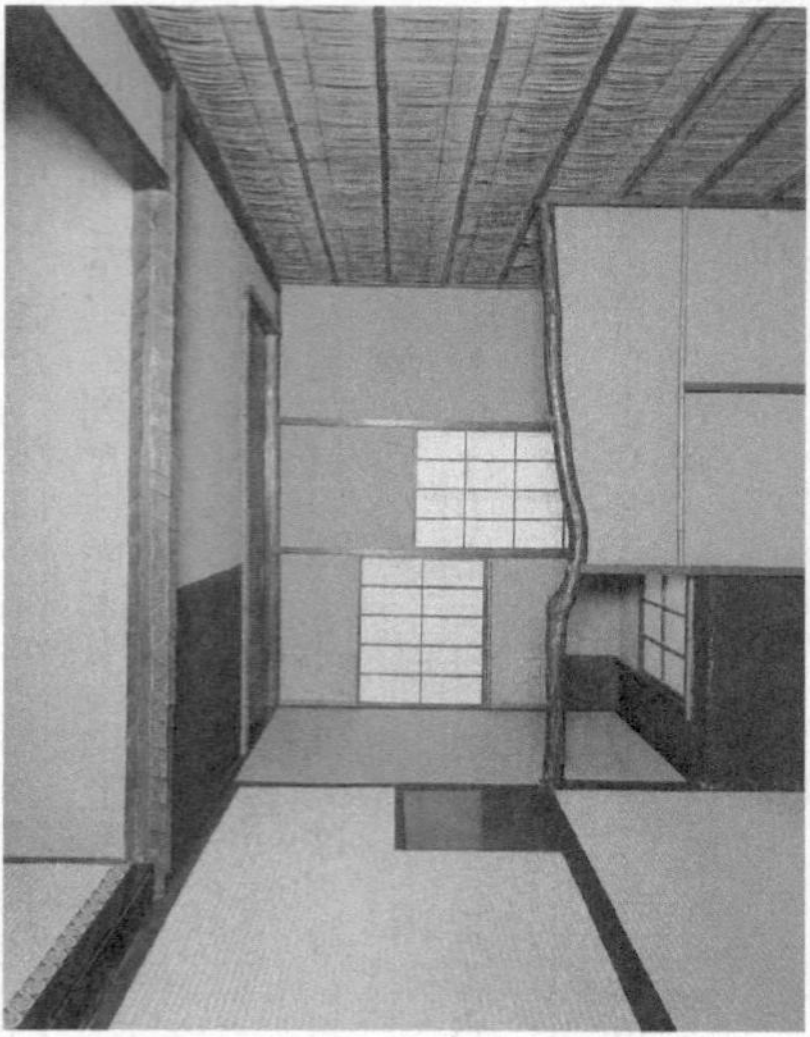

図 15 〈燕庵〉相伴席より点前座を見る。織部好みの設計。（財団法人藪内燕庵所蔵）

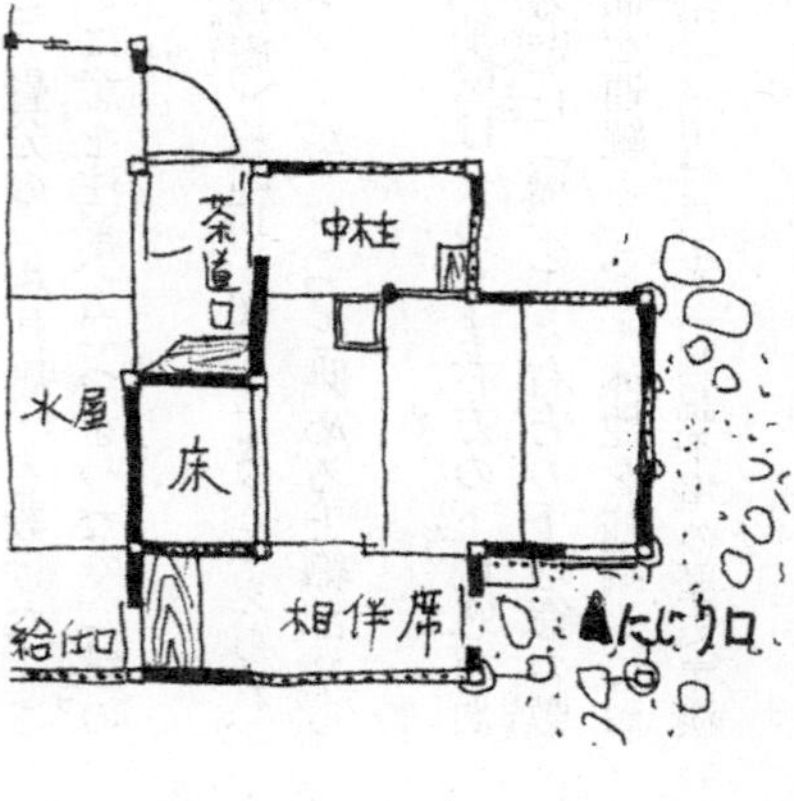

図 16 〈燕庵〉平面図

小さな空間の中に、さまざまな形のさまざまな材料を投入し、それらの取り合いとプロポーションに気を配り、自分ならではの味を出しているのが分かるだろう。味のことを当時の人々は〝好み〟といい〝利休好み〟とか〝織部好み〟と呼んだ。現在残る〈密庵席《みつたんのせき》〉12は織部作とはいえないが、織部好みをよく示す貴重な例となっている。そして自分の名の好みが認められれば巨匠にちがいなく、世間は、織部こそ利休の茶の次のリーダーと見なしたが、大坂冬の陣の折、家康への謀反の疑いで切腹した。

［遠州］

織部切腹の後に表立つ遠州も大名茶人で、家康、秀忠、家光と三代の将軍に仕え、京在住の作事奉行として城や大寺の復興に行政手腕を振るい、同時に庭や茶室も手掛け、自分の菩提寺として大徳寺に孤篷庵《こほうあん》を寄進し、茶室の〈忘筌《ぼうせん》〉13をデザインしている。

家康以後、政治の中心は江戸に移ったとはいえ文化の中心はまだ京にあり、徳川三代の〝文化顧問〟として京の宗教勢力や朝廷との間を取り持ち、さまざまな分野で表現行為を続け、幸せなうちに京に没した。利休は秀吉に織部は家康に殺され、やっと遠州に至って茶のスターは畳の上で死ぬことができた。

代表作は、忘筌に加え、〝黒衣の宰相〟金地院崇伝《こんちいんすうでん》14の南禅寺金地院の中に手掛けた

〈八窓席《はっそうせき》〉と大徳寺龍光院の密庵席がある。

忘筌は広いので、知らなければ変わった作りの書院と見まごうが、レッキとした茶室で、躙口に当たる入口は障子を下からくぐって縁に上がるように工夫され、床の脇に炉が切られ、炉の前に座ったときやっと利休の美学を引く茶室であることが分かる。八窓席は名のとおり三畳台目の狭い空間に大小八つもの窓を開け、室内に曲がった中柱を突っ立て、亭主は柱の向こうに退いて茶を点てる。狭い空間を複雑に凸凹させ、そこにさまざまな方向から光が導かれ見飽きることはない。

密庵席は、四畳半に付書院を持ち込み、書院化した茶室の代表として知られ、各材各所の微妙な比率と寸法の操作により書院と茶室の美学的対立の調停に成功している、と思うときと、二つの美学がバラバラに混在しているにすぎないと思うときもある。こうした印象の不安定は忘筌にも否定しがたく、露地《ろじ》[15]から障子の下をくぐって縁に上がる空間の創意と素晴らしさに比べ、茶を喫む一画は散漫に映る。

[有楽]

利休以後の茶人で、建築として最も優れた茶室を残してくれたのは織部でも遠州でもなく、信長の実弟として秀吉、家康の時代を微妙な立場で生き延び、東京の有楽《ゆうらく》町《ちょう》の地名に名を残す織田有楽で、晩年に隠居してから手掛けた〈如庵《じょあん》〉[16]（図17・18）

図 17 〈如庵〉（1618 年より前）設計／織田有楽（名古屋鉄道株式会社所蔵）

図 18 〈如庵〉内観（名古屋鉄道株式会社所蔵）

は、待庵と並び国宝に指定されている。

有楽は、利休の二畳を「客をくるしめるに似たり」としてやめ、二畳半台目をよしとしてさまざまな二畳半台目を試みた後、その成果として如庵を完成させた。

まず平面図（図19）を見てほしい。左手には伴《とも》のための入口と席が設けられているが、密庵席に学んだのかもしれない。二畳半台目の茶室だが、知ってほしいのは床を含め四畳半がベースとなっていることで、これは利休の待庵以来の伝統といってよく、小さな茶室は四畳半を基点とし、そこからの縮小を試行錯誤する。師のように二畳や一畳台目まで行かず、二畳半台目で止めたのが有楽だった。

ざっと眺めると四畳半の中に一畳分の床があって炉が切られただけの平面に見えるが、よく見ると床は一畳はなく残りが斜めに切られているし、炉の角には独立した中柱が立つ。この斜めカットと独立柱が、二畳半台目の小さな場に機能上も視覚上も大きな効果をもたらす。

機能上、中柱は、密庵席同様、亭主が客より引いた位置で茶を点てることを可能とし、斜めカットのおかげで茶を点てる亭主の脇を手伝いが通り抜けられるようになった。

視覚上の効果こそ重要で、印象深い中柱により、床柱と並ぶもう一つの焦点が生まれ、さらに、床に向かっての正面性を中柱によって右に振られた空間が、斜めカットに誘われて床柱と中柱の間を奥へと流れるように広がる。

こうした効果が、織部も好んだ中柱に加え、わずかな斜めカットにより生まれたのである。

五つ開く窓も見事で、天井には天窓が開き、壁の五つの窓のうち二つには障子が入らず、代わりに細い丸竹が詰め打ちされる。世にも稀な窓にちがいないが、上からの

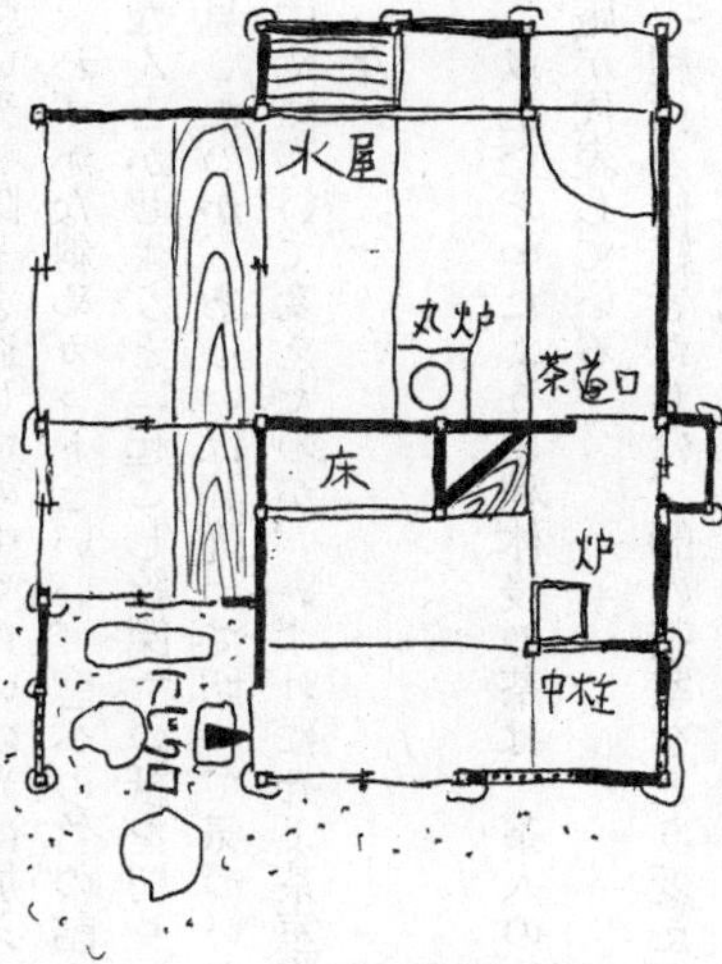

図19 〈如庵〉平面図

強い光、障子を通しての中ぐらいの光に加え、はじめて弱い光が実現した。

わずかな斜めカットといい、窓への竹の詰め打ちといいおそらく設計が煮詰まり、なんとかしようと「起こし絵図」の紙を切り貼りしているとき、フト斜めカットを発見したのか、あるいは間違って切って気づいたのかもしれない。さらにあるいは工事中に気づいて変えたのか、いずれにせよ茶室作りの現場ではじめて可能な発見にちがいない。

以上たどったように利休後の茶は、茶人の生き方としては遠州が、茶室としては如庵が代表している。

利休の後継者たちは、師の茶室をどう変えようとしたんだろうか。答えを先に言うなら、上座部の茶を大乗の茶へと変えた。

すでに述べてきたように、息子の少庵は上段の間を取り込み、二代目と目された織部は二畳を三畳に改造し、中柱を立て、身分差なしの対面形式をなくし、さらに伴の者の入口と相伴席を設けた。いずれの工夫も、師の刑死の理由の一つと推測される極小空間の中での身分を超えた付き合いを捨て、茶室の中に身分と立場の上下を持ち込むためだった。このことによって、茶の道は、江戸時代の身分社会の中に広く根差してゆく。

そしてそれ以後、誰でも推測できるように茶も茶室も〝昨日と同じ〟を旨として続き、その結果、芸術、思想、文化、建築の分野での茶の発信力は衰えてゆく。茶だけでなく絵画も文学も劇も庭も宗教も京を中心とした勢力は次第に衰え、江戸時代の中期以後、たとえば絵画なら歌麿や北斎の浮世絵、劇なら團十郎の歌舞伎、文学なら芭蕉の俳句、馬琴の小説といったように、政治の都江戸が、経済においては大坂を、文化においては京を凌ぎ、政治、経済、文化の三つを握るに至る。こうした京、大坂、江戸の三都の間の都市の力関係の逆転も、あくまで京に本拠を置く茶の力を衰えさせた。

とりわけ、同じ茶の道にあっても茶室の衰えはいちじるしい。小は茶碗から大は茶室と庭に至るまで茶は多くの物品に囲まれて成り立つが、なぜか茶人の間で茶室への関心が薄れてゆく。茶室に工夫を凝らし新しい空間を生んだのは、少庵、織部、有楽、遠州の利休直結の世代までだった。

江戸期における茶室の没落

江戸期における茶室没落傾向をいみじくも予告したのは、宗旦の息子宗左《そうさ》[17]と藤村《ふじむら》庸《よう》軒《けん》[18]だった。宗旦は苦心の末、息子三人を大名の茶頭に据え、家を三つに分けて危険を分散し、千家の末永い存在を図り、その表を継いだのが宗左で、一番弟子が庸軒だった。宗左（号、江岑《こうしん》）は宗旦から聞いた利休の行実を『江岑夏書《こうしんげがき》』として書きとどめて子孫だけの手引きとし、庸軒は宗旦から聞いた利休の茶のさまざまを『茶話指月《ちゃわしげっ》集《しゅう》』にまとめ、庸軒没後刊行され、利休の話が広く流布してゆく。

内と外に向けた二つの茶書をひもとくと、いずれも茶室の扱いは小さい。

『茶話指月集』には五九の話（現代版の刊行にあたっての分類）が載り、作法や道具が中心なのはいいとして、有名な〝朝顔と秀吉〟はじめ花の話が七話に対し、茶室が次の四話は淋しい。

「利休門下のある茶人が、どんな座敷がよい茶室なのかと尋ねたら、利休は、埋め木の多い（古材を使った）座敷がよいと答えました」

「小座敷に突上窓《つきあげ》（天窓）を開けたのは北向道陳《きたむきどうちん》……ですが、利休もよしと思われたのでしょうか、その通りにしました。……また、利休の突上窓の障子は受け外しになって不自由なのを、さる人が見て『上に溝を掘って引き上げるようにしてはいかがですか』と言うと、『いや、そのように操《あやつ》るのは好みません』と言いました」

「施《や》薬《く》院全宗《いんぜんそう》の小座敷は、利休が杖で地面に図面を引いて、この通りに建てなさいと、大工に造らせました。本間（京間）のサイズではない畳が入り組んで、かえっておもしろくできました」

「利休は、障子紙の継ぎ目は、一分《いちぶ》（約三ミリ）では細すぎるし、一分半は太すぎる、と言いました」

（谷端昭夫『茶話指月集・江岑夏書』淡交社、二〇一一年）

『江岑夏書』を見ると、物品については、掛物（書画）九、花入一一、花七、釜一〇、風炉・灰五、水指六、茶入二、茶杓三、茶碗五、建水《けんすい》[19]三、蓋置《ふたおき》九、料理四、茶室一〇、露地六、の話が載るが、花と花入の一八話と蓋置九話に対し茶室の一〇話は少なすぎる。釜のフタを置くだけが用途の丸竹を切った蓋置の九に対して、畳、障子、床の間、躙口、壁、天井、床柱からなる茶室が一〇はあまりにバランスが崩れていよう。

しばしば茶道は総合芸術と言われ、たしかに利休から織部までは茶人こそ芸術や文化や人の交わりの中心に位置していたが、江戸時代の安定期以後、茶は求心性を失い、かつてのような富も関心も注がれなくなり、そうした中で茶道具のうち一番外側にあって最もお金のかかる茶室がまず忘れられたのかもしれない。

現在も、茶室の中での会話を漏れ聞いても、茶碗や軸や点前については必須の教養として語られるが、茶室の作りや材や空間は口の端にも上らないようだ。現在の茶会記を見ても、道具類についてはこと細かに記すのに茶室は触れない。利休の時代の茶会記には茶室の平面や作りがけっこう書きとめられているというのに。

近代以前の草庵茶室の話はここで終わる。続いて、小さな茶室が日本の建築の大きな流れに与えた影響について語りたい。極小の茶室が極大の書院を揺るがしたのだ。

極小が揺るがす日本建築史

日本の建築の長い歴史の基本から語ると、大きく二つからなる。一つは伊勢神宮[20]や出雲大社[21]にはじまる古くからの神社と、もう一つは飛鳥時代に大陸から渡ってきた法隆寺[22]など仏教寺院の流れで、この二つの宗教建築が江戸時代までを通して日本建築史の主流をなす。

宗教建築が歴史の幹となる点はヨーロッパ建築史と変わらないが、日本では宗教建築と別に住宅が独立した流れを作る。たとえばヨーロッパの場合、一三、一四世紀は大聖堂で知られるゴシック様式の時代で、一五世紀に入ると一転してルネッサンス様式へと変わるが、このとき、教会の変化を追って住宅も変わる。だからリーダーシップをとる宗教建築のスタイルを追ってゆけばこと足りる。

日本はそうはいかず、これまでしばしば登場した書院造は室町時代に原型が成立し、安土桃山時代を経て江戸時代へと持続し、今も格式ある木造邸宅では脈々と作られている。社寺建築の変化の影響を住宅は受けない。

これまで折にふれて述べてきたことを繰り返すが、書院造の元となったのは平安時代の寝殿造で、さらに元には弥生時代に水田農耕や鉄器とともに入ってきた高床式住宅がある。そして利休の茶室の敵役となるのは、高床式住居↓寝殿造↓書院造、の流れとなる。

この流れは、天皇や公家や大名といった有力者たちの邸宅に用いられたが、一方、農民はじめ普通の人の住宅の流れは、弥生時代に先行する縄文時代の竪穴式住居に発し、上位の高床式、寝殿造、書院造の要素を拾うように取り込みながら、しかし自分らしさを守って生き続ける。「民家」と呼ばれ、お椀を伏せたような茅葺き屋根と暗く湿った土間を分かりやすい指標とするが、見えにくい指標としては構造の組み方があり、高床から書院に至る流れとも社寺の流れともまったく別系統の組み方を竪穴式以来貫いている。

利休の茶室の出現が揺さぶったのは社寺ではなく住宅の流れで、下位の竪穴系の民家の要素を使い、上位の高床系の書院造にウッチャリをかけた。

長い目で見ればウッチャリは決まり安土城や聚楽第の美学は消えても利休の茶室への関心は今も健在であることをすでに記したが、利休のウッチャリは、利休も思わぬ、というより利休が嫌い危惧した新しいスタイルを日本の住宅史にもたらすことになる。「数寄屋造《すきやづくり》」である。

いる。

数寄屋造の誕生

中村昌生はこの新しい住宅スタイルの誕生について分かりやすく次のように書いている。

織部は数寄屋（著者注：草庵茶室を指す）に加えて鎖の間《くさりのま》を設ける茶会の仕方を、大いに推進したのです。たいへんわかりやすい表現を茶書の中から探してみますと、「小座敷（著者注：草庵茶室を指す）ト書院ノ間ノモノ」（『秘蔵伝心』）なのです。数寄屋で濃茶が終ると、客を勝手から鎖の間へ通しここで薄茶をすすめ、さらに書院へ通して料理を振舞うといった具合に、茶室だけでなく、鎖の間や書院をも併用して茶事を催すのです。

こうした茶事の仕方ですと、色々な座敷飾りを客に見せることができます。数寄屋では飾りの場所は床に限られています。しかし鎖の間や書院へ座を移せば、種々な座敷飾りを賞翫に供することができます。利休は、こうした「一日ニ座ヲカヘテノ飾所作」を深く戒めていました。小座敷なら小座敷だけで、書院なら書院だけで茶事を催すべきだというのです。さもないと茶の湯も世俗の宴遊と区別のつかないものになってしまうことを憂えたのです。ところが織部は鎖の間を併用する茶事を積極的に試みたのでした。

織部は鎖の間を「是ハ書院也　上段ノ脇ニ自在又ハ鎖ヲ釣テ鎖ノ間ト云也　狭キ小座敷ト心得ベカラズ」と説明していました。

（中村昌生『図説茶室の歴史』淡交社、一九九八年）

利休が戒め織部が推奨した鎖の間から数寄屋造は生まれた、と中村昌生は言う。残念ながら鎖の間の実例は伝わっていないが、書院と草庵茶室をつなぐという機能からしても、「是ハ書院也……狭キ小座敷ト心得ベカラズ」と強調されている点からしても、鎖の間が、草庵の影響を受けた書院造つまり普通に客を通して使う部屋だったことが分かる。

鎖の間に加えもう一つ、残月亭も数寄屋造の起源の一つに加えてもいいのではないか。原型となった色付九間書院はそのまま数寄屋造につながる質を持つ。

利休没後、織部や遠州によって鎖の間は茶室の付きものとして流布し、特に残月亭は強い印象を与え、これらが体現していた一応の格式は保ちながら自由で軽快なデザインは別荘や遊びの建築に新たな場を見いだし、こうした流れの中で桂離宮や修学院離宮[23]が作られ、書院造とも茶室ともちがう数寄屋造が成立する。桂の設計者に遠州を当てる説が生まれるのは、遠州こそ利休が対立的にとらえた書院造と茶室の間を機能上も視覚上もつなごうと実践した中心人物だったからだ。

初期の数寄屋の実例としては、桂離宮と修学院離宮と三渓園の〈臨春閣《りんしゅんかく》〉[24]くらいしか残っていないが、桂をもって数寄屋造が確立し、ここに日本の住宅、正確には邸宅建築は、書院造、数寄屋造、茶室の三つの様式を得る。そしてこの三つは伝統的木造住宅の基本様式として今に続くから、建築に詳しくない人も言葉は耳にしているにちがいない。

でも、専門家は、数寄屋造の特徴を聞かれると困る。建築の様式には動植物の種の識別と同じように指標があり、書院造と茶室についてはちゃんと箇条書きできるし、誰でも見れば分かる。一瞥しても書院造はデカイし茶室はあまりに小さい。

書院造と茶室の差は言うまでもないが、書院造と数寄屋造の識別は難しい。数寄屋造は、もともと書院と茶室の対極をつなぐ鎖の間から生まれたという事情から知れるように両者の要素が混じり合っている。理屈っぽい織部が言うように、茶室の影響を受けた書院造が数寄屋造なのだ。

現在の社会で両者のちがいが一番分かりやすいのは料亭と古めのお屋敷で、料亭は数寄屋造の独壇場だし、戦前までの邸宅のお座敷は例外なく書院造に限られる。江戸時代を通し、経済的、文化的にゆとりのある人の邸宅は、書院造、数寄屋造、茶室の三つを一つ屋敷の中に組み込み、用途に応じて使いわけていたし、また、遊郭や料亭や別荘などの楽しみの空間は数寄屋造を舞台とした。

書を嗜む人は、楷書、行書、草書と思えばいい。格式あるが堅苦しい楷書は書院造、そこそこの格式と日常性の行書は数寄屋造、自由に崩した草書は茶室。

書院と数寄屋の識別ポイントを一つだけと言われれば、〝長押《なげし》の有無〟を苦しまぎれに挙げるしかあるまい。室内の鉢巻きともいうべき長押を欠く書院はないし、鉢巻きを絞めた数寄屋もない。

極小が極大を揺るがし、極大は変質して新しいスタイルが生まれた。このことは日本はむろん世界の建築史上でも極めて珍しく、似た現象を探してもバロック様式（ルイ一四世様式）が茶室的なロココ様式（ルイ一五世様式）の影響でルイ一六世様式に変わったことくらいだが、ルイ一六世様式など一部専門家しか知らないささいな存在にすぎない。

書院→茶室→数寄屋、の順で生まれたことに注目してほしい。格式ある書院が次第に崩れ、数寄屋を経て茶室に行き着いたのではない。そうしたゆるやかな連続的な変質ではなく、極大の書院に対抗して極小の茶室が出現し、その後、書院が数寄屋へと変わっている。書院を「正」、茶室を「反」、そして数寄屋を「合」とするダイナミックな弁証法的変化にちがいない。

こうしたダイナミズムは、建築史上、日本であの時一回目撃できただけだが、利休あってこその劇だった。そして、利休に可能だったのは、上座部の悟りであり反転の考え方だった。

すでに述べたように、ことが対立状態に入り込んだとき、その先には弁証、対極、反転の三つの法がありうる。社会的、政治的に正解なのは弁証で、対立は新しい局面に入ることで解消する。ところが古来、宗教家や思想家や芸術家のような個人的存在の中には、対極を選び、蟷螂《とうろう》の斧を下ろさずに生涯を終わる者もいる。しかし利休はどちらもとらない。もし堺をつぶしにかかった信長に対し対極したら、一冬の逼塞《ひっそく》状態にはとどまらず利休もその茶も跡を残さず、即、消失したにちがいない。この存在の危機に立って、上座部の悟りは生き、反転という誰も気づかれない法を秀吉のもとで実践し、そして反転というこの先のない法の定めに従い没した。

上座部の者はそれで完結するが、持続を宿命とする社会の方はそうはいかない。宗旦、織部、遠州によって、反転の後、利休の茶に社会的処理がなされ、上座部は大乗に、反転は弁証へと変えられ、茶の道は続き数寄屋造も生まれたのだった。

現代の建築界でも数寄屋嫌いはいて、私は口に出さないが、伊東豊雄《とよお》[25]は「許せん」とまで言う。前衛的であろうとする者が数寄屋を嫌がるのは、弁証ではなく対極か反転を旨として表現活動を持続してきたからだろう。

煎茶の茶室

利休以後の茶室についてもう一つ書いておかなければならない。利休の茶は「茶の湯」と呼ばれ、宋から日本の寺へ茶が入った当初の抹茶を使用するが、今われわれが普段に喫む茶は煎《い》った茶葉を煎《せん》じて湯だけを喫む。抹茶に対し煎茶といい、抹茶の茶道に比べ影響力は少ないが煎茶の茶道と茶室が江戸時代中期に起こっている。

私が、江戸期に煎茶という茶道があったことを知ったのは、大学院時代、加賀前田家の成巽閣《せいそんかく》[26]を訪れたときのこと、真っ青に壁を塗った数寄屋造の怪作に驚いた後、案内されたのが〈三華亭〉という茶室で、草庵茶室にはほど遠い美学にあふれていた。

面積は標準サイズだが、自閉性はなく、柱が立って障子がはまり、そのまま庭へと出ることもできる。ちゃんとした床でも付いていれば書斎用の小さな書院造と見まごうが、その床の垂れ壁を受ける落し掛け《おとしがけ》[27]が、白と褐色の混ざった貝のような光沢の細長い円錐状ねじり棒となっている。太さは根元で径一〇センチメートル弱、長さは二メートルほど。聞くと北海の一角獣の角。もっとタマげたのは壁の小窓で、障子でもガラスでもなく、目を近づけて観察すると細いガラス棒が障子の桟の中に並んでいる。板ガラスにあこがれた者の仕業にちがいない。この派手で奇怪な茶室について、はじめて「煎茶席」と聞いた。

次は鎌倉の昭和初期に作られたチューダー様式の旧華頂宮《かちようのみや》[28]邸を探訪したとき、庭先に古びた亭《あずまや》が忘れられたように立っており、茶室というので入ってみると、壁紙などのデザインがえらく派手。

次は、十数年ほど前、堀口捨己の名作岡田邸[29]が壊されることになり、持ち主が「壊す前に修理してから先生にお見せしたい。知人を呼んでもいい」と言うので出掛け、四畳半の茶室に横山正さんと座り、庭に張り出した桂離宮風竹簀子について話していると、草庵茶室の研究者でもある横山さんが「君、煎茶席って知ってるか。近頃はそっちの方が面白いんだ」。

建築史の領分にいると、ポツリポツリと煎茶席の話を耳にするが、茶にも茶室にも興味のない建築史家の頭までは入らない。

そして飛んで、すでに述べたように京都徳正寺での小川後楽《こうらく》さんとの出会いになる。
「煎茶席に炉はいらない」のひと言は、大学院の授業で習った茶室知識を崩し搔き混ぜ、小川さんの本をむさぼり読んだ。この一冊も、その十年後の成果ということになる。

煎茶の歴史を短く述べたい。
「山門を出ずれば日本ぞ茶摘唄」で知られる黄檗山萬福寺を拠点に京の一部人士の間で嗜まれていた中国茶としての煎茶が、山門を出たのは江戸中期の一七三五年のこと、寺僧の柴山元昭《げんしょう》（売茶翁《ばいさおう》）が京の市中に通仙亭を開き、煎茶を安値で振る舞った。江戸の中期となれば茶の湯もその精神的背景となる禅も安定し、当初の緊張感は喪われ、こうした茶の俗化への批判を裏に込めての開店だったという。

一回しか喫めない茶の湯の高級な抹茶に比べ、煎茶には何回も煎じて楽しめるという経済的利点があり、この利点が効いて全国に広がり、抹茶には縁遠い階層の人々の間にも根を下ろし、茶といえば煎茶を指すようになり、現在の日本の日常の茶に至る。

広がるとともに茶の湯に倣って流派化がはじまり、たとえば大坂の田中鶴翁（一七八二〜一八四八年）が花月菴《あん》流を、京の小川可進（一七八六〜一八五五年）が小川流を興す。可進は、茶好きの御典医として茶葉の有効成分に関心を持ち、苦みを伴わずカフェインなどの濃縮抽出に成功し、この独特の煎じ方をもって小川流を立てた。中国式の煎茶三昧の楊世傑《ヤンスージェイ》が徳正寺で小川流の茶をはじめて喫んだとき、「口の中が爆発したかと思った」と印象を述べたが、鋭敏な舌ならたしかにそう反応するだろう。

小川後楽さんにうかがうと、煎茶の流派としては小川流は長いから煎茶界への影響は大きいが、茶の湯のように千家から大方が流れ出るような現象は見られないという。大名はじめ武家と公家と大寺院を中心的支持層とした茶の湯に対し、煎茶は、庶民だけでなく池大雅《いけのたいが》[30]、上田秋成[31]、田能村竹田《たのむらちくでん》[32]、頼山陽などの学者や医者や画家や書家といった文化人を先駆的な支持層としたことから文人茶とも呼ばれる。当時の文人は、中国へのあこがれが強く、漢書を読み、漢詩を書き、南画を描き、琴を弾き、黄檗山萬福寺より発した中国式の煎茶をことのほか好んだ。小さな急須に小さな器を並べて何煎もしながらの喫み方は、清代の中国茶の流れをくむ。

中国趣味の文人や学者にリードされた煎茶は、幕末が近づくに従い思いもよらない色を帯びてくる。将軍、大名、大寺院を支持母体とする茶の湯対反幕府的煎茶、という構図が生まれ、そうした構図を象徴したのが頼山陽と頼三樹三郎《らいみきさぶろう》父子で、三樹三郎は安政の大獄で刑死。[33]

そして明治維新を境に茶の湯と煎茶道の勢力は逆転し、幕府と武家と大寺院の庇護を失った茶の湯は崩壊の危機に瀕し、よくあの時千家はつぶれなかったと古い関係者は述べられる。代わって、煎茶は勢力を伸ばす。

逆転が止まったのは、明治二七(一八九四)年の日清戦争によってだった。幕藩体制の茶としての茶の湯への反発から新興勢力としての煎茶に向かった人々が、中国の敗戦を機に煎茶の背後の中国文化に後進性しか感じなくなってしまったからだ。

それでも煎茶の勢力は大きく、茶の湯が再び煎茶を凌ぐのは大正になってからといわれる。

煎茶席の作り

江戸中期にはじまる煎茶席は、茶の湯の茶室とどうちがっていたんだろうか。江戸期の煎茶席で残る例は少ないが、頼山陽が鴨川のほとりに営んだ〈山紫水明処《さんしすいめいしょ》〉（図20）を訪れてみよう。

鴨川の西岸のほとりに立地し、手前に清流を、間に町並みをはさんでかなたに比叡の山脈を望む。一見すると川端の木陰に立つ茅葺き民家風だが、近づき中に入ると普通ではないと分かる。室内は二つに分かれ、一つは二畳の書斎で、南画の中国風書院によくあるように、文房四宝の並ぶ文机に載せるようにして窓の外の山紫水明を眺める。書斎に隣る四畳半が居間と茶室を兼ね、ここで茶を喫む。見上げると天井は張られず、屋根の茅が直に目に入り、内側からのピラミッド状にまず驚く。床の間の作りが書院造とも草庵茶室ともちがい、床《とこ》は床柱と垂れ壁で画されているものの、奥行きは浅く、かつ床板は床框を持たず一段上がらず、板を敷くだけ。付書院はなく、違い棚の代わりに棚はあるものの地袋はない。中国に床の間はないから、いずれも日本の煎茶の工夫による。

ポイントは板を敷いただけの踏込床《ふみこみどこ》[34]で、草庵茶室では少庵がはじめて試みたと伝えるが、例外的にしか使われない。しかし、煎茶席では大いに好まれている。畳より板一枚分の高さといい浅い奥行きといい、書院造の床の元となった鎌倉時代の禅宗寺院の僧の個室の押し板をしのばせる。この板も日本起源だから、煎茶席は、中国にあこがれながら日本の伝統だけでこしらえた中国式茶室と評するしかない。建築としては中途半端に終わっているが、文房四宝と茶道具しか中国の実物を知らなかったのだから仕方ない。

山紫水明処は書斎の一続きで茶を喫み、また大分の田能村竹田の住まいを見ても、普通の座敷の床の脇に変形した天井の二畳を画し煎茶を楽しんでいる。小川流も、静かで落ち着いた部屋の一画に置き炉を置き、周囲にそう多くない道具を並べればそれで煎茶席が成り立つという。

ところが明治になって、煎茶が茶の湯を凌いだあたりから事情は変わったらしい。本来、専用の建築を必要としなかった煎茶が、茶の湯の向こうを張って独立した煎茶席を設けるようになる。私がはじめて煎茶の存在を知った三華亭も、幕末の作。一角獣の角やガラス棒の窓といった奇抜な造形も、手本も前例もない中で自由に自分の好みを取り込んだ結果にちがいない。煎茶版〝北野大茶会〟ともいえよう。

大原孫三郎《おおはらまごさぶろう》[35]が明治末から大正はじめの頃に設けた煎茶席〈月見亭〉も北野大茶会をしのばせる。倉敷の平野を竹林越しに見下ろす丘の上にあり、八畳の三方を全面ガラス引戸で囲ったガラスの茶室。煎茶席と草庵茶室の誰でも分かりやすいちがいは、床の作り（踏込でかつ浅い）と周囲の光景への開放性といっていいが、大原はその特徴

図 20 〈山紫水明処〉（江戸時代後期）設計／頼山陽——江戸期の煎茶席の代表として知られる。踏込床は煎茶席の特徴の一つ。炉は切らず、置き炉を使う。（六代目小川後楽氏提供）

を奔放に実現したのだった。

利休に発する茶の湯の草庵茶室は、少庵〜有楽の時代を過ぎると優れた新作は生まれなくなり、茶の湯に変わって台頭した煎茶も専用の茶室を必要とせず、幕末か明治以後の専用茶室の出現も一時の動きにすぎなかった。

語るに足る茶室が生まれなくとも、もちろん江戸期を通して茶の道は続いたし、今も続いている。こうした持続と対比的に、過去に一度忘れられたものが後世によみがえることを建築史では、たとえば一九世紀のヴィクトリア朝に新たな装いで息を吹き返した中世のゴシックはゴシック・リヴァイヴァルといったふうにルネッサンスとかリヴァイヴァルと呼ぶ。ルネッサンスやリヴァイヴァルがあれば、一方、変化や新味よりは持続を旨として続く建築様式もあり、リヴァイヴァルと対比的にサヴァイヴァルと呼ばれる。

利休の前衛精神から生まれた草庵茶室もいつしかサヴァイヴァルの代表となった。ルネッサンスやリヴァイヴァルは言葉に助力を求めるが、サヴァイヴァルに言葉も理論もいらず、むしろ邪魔になる。

茶室のリヴァイヴァルは、近代の建築界を待つしかない。

1　**千少庵**／（一五四六〜一六一四）安土桃山〜江戸時代初期の茶人。千家二世。利休の婿養子。宗旦の父。利休切腹後に会津の蒲生氏郷のもとに蟄居を命じられたが、一五九四年、家康と氏郷のとりなしで秀吉の許しを得て、京都に戻ったとされる。以後、不審庵を継いで、千家の再興に努めた。

2　**千道安**／（一五四六〜一六〇七）安土桃山〜江戸時代初期の茶人。利休の嫡子（長男）。一五八四年頃、利休とともに秀吉の茶頭八人衆の一人となる。利休切腹後は、金森長近などのもとを流寓し、一五九四年頃に赦されて堺に戻ったとされる。再び秀吉の茶頭に復帰し、堺で活躍した。また、茶室や道具に独自の工夫を凝らし、道安囲、道安風炉などと呼ばれた。

3　**古田織部**／（一五四四〜一六一五）安土桃山〜江戸時代初期の茶人。織部流の祖。武将。名は重然。利休に茶を学んだ、利休七哲の一人。関ヶ原の戦いで、徳川側につき、二代将軍秀忠の茶道指南役となるが、大坂夏の陣のとき、豊臣側へ通じていた疑いにより自害。興福寺八窓庵、藪内家燕庵や織部焼など、茶室や茶器にもこだわり、その作風は「織部好み」と呼ばれ、今に伝わる。

4　**小堀遠州**／（一五七九〜一六四七）安土桃山〜江戸時代前期の茶人。遠州流の祖。建築家、造園家、大名。名は政一。若い頃より古田織部に茶を学ぶ。秀吉、家康に仕え、徳川幕府の作事奉行や家光の茶道師範を務め、二条城、大徳寺孤篷庵などの建築や造園を数多く手掛けた。また、和歌や書、古器などの鑑定にも優れ、後水尾天皇などとともに寛永文化の中心人物となった。その審美眼は「遠州好み」として今に伝わる。

5　**金森宗和**／（一五八四〜一六五七）江戸初期の茶人。宗和流の祖。武士。名は重近。飛騨高山藩主金森出雲守可重の長男として生まれ、父から茶を学ぶ。その後、廃嫡されて京都に移り、大徳寺に参禅して宗和と号する。小堀遠州らとも交流し、宗和流を興す。その優雅な茶風は、宗旦の

「乞食宗旦」に対し「姫宗和」といわれ、天皇や公家に愛好された。

6 **織田有楽**／（一五四七～一六二一）安土桃山～江戸時代初期の茶人。有楽流の祖。大名。名は長益で有楽斎と号す。織田信長の実弟。本能寺の変後は秀吉に、関ヶ原の戦いでは家康に仕える。利休七哲の一人。建仁寺の正伝院を再建し、如庵を設けた。

7 **突上げ窓**／屋根の斜面の一部を切り開けた窓。窓ぶた（突上げ戸）を下から突き上げて開けて、通気や明かりを採る。

8 **鎖の間**／書院造の座敷の一つで、小間の茶室と書院をつなぐ部屋。炉を切ってあるので茶を点てることもできるが、本来は釣釜を下げて、来客時に料理や膳立てをする部屋。座を変えて、座敷飾りや茶を楽しむことができ、織部や遠州らによって用いられた。

9 **燕庵**／織部による相伴席付きの三畳台目の茶室。織部が、藪内流茶道初代の藪内紹智（一五三六～一六二七）に与えたとされる。一八六四年に焼失した後、六七年にその忠実な写しを移築したのが現在の燕庵。

10 **中柱**／茶室の炉の隅に立てられる柱。台目柱、ゆがみ柱ともいう。

11 **袖壁**／建物の壁面から平面的にとび出している、幅の狭い小壁。

12 **密庵席**／大徳寺の塔頭の一つである龍光院の茶室。遠州の作とされ、四畳半台目の書院風茶室で、現在は龍光院の書院の西北隅にあるが、もとは独立した建物だったとされる。

13 **忘筌**／小堀遠州が、大徳寺の龍光院内に江月宗玩を開祖として建立した孤篷庵にある茶室。一六三六年頃に作られ、九畳と三畳の相伴席からなる十二畳の広間で、遠州晩年の傑作とされる。孤篷庵は、一六四三年、大徳寺の西端に移され、一七九三年に焼失した後、大名茶人松平治郷（不昧公）によって再建された。

14 **金地院崇伝**／（一五六九～一六三三）以心崇伝。江戸時代初期の臨済宗の僧。幼少より南禅寺の玄圃霊三に師事して出家、一六〇五年、南禅寺の住持となる。その後、家康に仕え、外交、武家・

公家諸法度の起草、紫衣事件などにかかわり、徳川幕府権力の確立に尽力。黒衣の宰相ともいわれた。金地院は、室町時代に創建された南禅寺の塔頭の一つで、崇伝によって現在地に移転された。八窓席は、崇伝の依頼で遠州によって改造された三畳台目の茶室。

15 **露地**／茶室に付属する庭園。寄付、中門、待合、雪隠、蹲ばい、灯籠、井戸などからなる。庭内を二分して内露地、外露地を設ける二重露地もある。

16 **如庵**／一六一八年頃、京都市の臨済宗建仁寺派大本山建仁寺の塔頭正伝院が再興された際、晩年の織田有楽によって建造された二畳半台目の茶室。現在は、犬山城下にある有楽苑に移築されている。

17 **千宗左**／（一六一九〜七二）江戸時代前期の茶人。表千家の祖。千宗旦の三男。父宗旦の隠居に伴い、不審庵を継ぐ。以後、宗左の名は世襲へ。紀州徳川家の茶頭を務めた。また、江岑斎と号し、『江岑夏書』の覚書を残す。

18 **藤村庸軒**／（一六一三〜九九）江戸時代前期の茶人。庸軒流茶道の祖。名は政直。千家とつながりの深かった久田宗栄の次男として生まれ、呉服商十二屋の藤村家の養子となったとされる。藪内紹智、小堀遠州や金森宗和に茶を学んだ後、宗旦に師事し、宗旦四天王の一人となる。『茶話指月集』のほか、漢詩文にも優れ、没後に『庸軒詩集』も刊行された。

19 **建水**／茶道具の一つ。茶席で茶碗を清めたり温めたりする湯や水を捨てる容器。

20 **伊勢神宮**／三重県伊勢市にある神社。神道の本宗。古事記や日本書紀にも記されている。天照大御神を祭る皇大神宮（内宮）と豊受大御神を祭る豊受大神宮（外宮）を中心に、別宮、末社などの一二五社の総称のこと。正式名称は神宮。正殿の様式は唯一神明造。

21 **出雲大社**／島根県出雲市にある神社。古事記に創建が記されている。主祭神として大国主命、ほかに五神を祭り、縁結びや福の神として信仰される。本殿の様式は大社造。

22 **法隆寺**／奈良県生駒郡斑鳩町にある寺院。聖徳宗の総本山。六〇七年に推古天皇と聖徳太子によって建立されたとされる。現存する世界最古の木造建築である西院伽藍をはじめ、多くの国宝、重要文化財がある。一九九三年、法隆寺地域の仏教建造物として世界文化遺産に登録。

23 **修学院離宮**／京都市左京区比叡山麓にある離宮。江戸時代の一七世紀中頃に、後水尾上皇が別荘として造営した。上の御茶屋、中の御茶屋、下の御茶屋の三つの区画からなり、美しい庭園として知られる。

24 **臨春閣**／一六四九年、紀州徳川家の初代徳川頼宣によって紀州和歌山（和歌山県岩出市）に建てられた旧紀州徳川家別邸とされる。一九一七年に横浜市にある庭園三溪園に移築された。数寄屋風書院造や狩野派を中心とする襖絵などで知られる。

25 **伊東豊雄**／建築家。一九四一年、京城（現・ソウル）生まれ。六五年、東京大学工学部建築学科卒業後、菊竹清訓設計事務所に勤務後、七一年に独立し、アーバンロボット（現・伊東豊雄建築設計事務所）を設立。代表作に、〈横浜風の塔〉（一九八六年）、〈せんだいメディアテーク〉（二〇〇〇年）、〈TOD'S 表参道ビル〉（二〇〇四年）など。

26 **成巽閣**／一八六三年、加賀藩一三代藩主前田斉泰により母真龍院の隠居所として建てられた江戸時代末期の大名屋敷。はじめは巽御殿と呼ばれたが、後に成巽閣と改められた。金沢の兼六園の中にあり、一階は書院造で二階は数奇屋造となっている。

27 **落し掛け**／床の間や書院窓の上部の小壁の下端に架け渡して取り付けられる横木。

28 **旧華頂宮邸**／一九二九年に建てられた、華頂博信侯爵（一九〇五～七〇）の邸宅。一九九六年、鎌倉市が取得し、二〇〇六年には、鎌倉市の景観重要建築と国の登録有形文化財（建造物）に指定された。

29 **岡田邸**／一九三三年、堀口捨己による、数寄屋建築とモダニズム建築が見事に融合された作品。現存しない。

30 **池大雅**／（一七二三～七六）江戸時代中期の文人画家、書家。幼少より書を学び、柳沢淇園や祇園南海の影響を受け、文人画を独学。日本画の伝統に西洋画の技法を取り入れ、詩情豊かな独自の作品を生み出し、日本文人画の大成者とされる。代表作に『十便十宜図』『楼閣山水図』など。

31 **上田秋成**／（一七三四～一八〇九）江戸時代後期の歌人、国学者、読本作者。四歳のとき、大坂の紙油商嶋屋の養子となる。加藤宇万伎に師事し、国学や和歌を学ぶ。また、本居宣長とは国学上で論争を行った。代表作に『諸道聴耳世間猿』『雨月物語』『春雨物語』など。

32 **田能村竹田**／（一七七七～一八三五）江戸時代後期の文人画家。豊後竹田の岡藩藩医の家に生まれる。谷文晁らに絵を学び、清高淡雅な独自の画風を確立。頼山陽、浦上玉堂らの文人とも交流を持ち、詩文にも優れた。代表作に『亦復一楽帖』、画論書に『山中人饒舌』など。

33 **頼三樹三郎**／（一八二五～五九）江戸時代末期の儒学者。頼山陽の三男として京都で生まれる。ペリー来航後、尊王攘夷論が高まる中、国事に奔走し、梅田星巌、梁川雲浜らと倒幕を画策した。一八五八年、安政の大獄で捕らえられ、翌年、死罪となる。

34 **踏込床**／床框を設けず、床板を室内の畳と同じ高さに敷き込んだ床。

35 **大原孫三郎**／（一八八〇～一九四三）実業家、社会事業家。岡山県倉敷生まれ。倉敷紡績、倉敷絹織（現・クラレ）、中国水力電気会社（中国電力の前身）などの社長を務め、大原財閥を築き上げる。社会、文化事業にも力を注ぎ、倉紡中央病院（現・倉敷中央病院）、大原美術館をはじめ、多くの研究所や学校を設立した。

第五章　建築家の茶室

ヨーロッパから来た建築家と日本の伝統

明治になると、建築家が登場する。

江戸時代までの建築は、茶人が設計する茶室を除くと社寺も邸宅も民家も大工の頭である棟梁が設計し施工していた。ところが、明治の新政権が成立すると、文明開化政策によってヨーロッパの建築が積極的に導入され、同時に建築家（アーキテクト）という耳慣れない職業が登場してくる。大工棟梁と建築家の差は簡単で、前者は設計と施工の両方を手掛け、後者は設計のみ。ヨーロッパにおいては、施工は実業、設計は芸術と対立的に分かれ、こと建築については建築家が上位に立つ。

しかしヨーロッパとちがい日本では、急に生み出された建築家は数が少なく、大方の建築は旧来の棟梁に、あるいは棟梁が近代化して生まれた建設会社が受け持つ。少数の建築家は、国や社会の新しい記念碑的建築たとえば官庁や銀行や会社や病院や宮殿や指導層の邸宅などを設計し、施工は棟梁や建設会社に任せる。一方、棟梁と建設会社は、伝統的な社寺、邸宅、民家などを設計から施工まで一貫して手掛け、すでに述べたサヴァイヴァルは彼らが担い、茶室も、茶人が設計し棟梁が施工して新時代の荒波の中をサヴァイヴァルしてゆく。

こうした二重の構造の上位に立つ建築家たちは、日本の伝統と茶室に対しどう立ち向かったのか。

最初に登場した建築家は、明治の新政権が招いたお雇い外国人建築家だった。彼らの本務はヨーロッパ建築の設計であったが、来日すると伝統建築に好奇の目を向け、イギリス人のジョサイア・コンドル[1]は唐破風《からはふ》[2]付きの芝の唯一館《ゆいいつかん》（キリスト教系施設）を、ドイツからのエンデ&ベックマンは国会議事堂はじめ官庁建築をまるで日光東照宮のような派手な伝統で飾ったが、後者が実現に至らなかったのは幸いだった。

彼らが日本の伝統に目を向けたのは、フジヤマゲイシャ的好奇心だけでなく、当時のヨーロッパ建築の宿命的情況があった。ヨーロッパの建築は、一五世紀のこと、忘れられて久しい古代ローマを発見し、過去に想を得て先行する中世を超えるという世界の文化史上にも稀な体験をした。このルネッサンス（ルは再び、ネッサンスは誕生の意）様式に続き、バロック様式を生み出したもののまた行き詰まり、中世のゴシックをリヴァイヴァルさせたり、ローマの元となった古代ギリシャに想を得たりと、自分たちの過去に創造力の源を求め、ついにはルネッサンスをルネッサンスしたり（ネオ・ルネッサンス）、バロックを範としたり（ネオ・バロック）、さらにエジプトやギリシャ以前までに手を伸ばしてみたが、タコが自分の足を食うような営みは行き詰まり、ついには自分たちの文化の外にイメージの刺激を求め、まずイスラム圏さらにインドそして中国と調査の手が届いたちょうどその時に、日本は開国した。

お雇い外国人にとって、日本の伝統はヨーロッパ建築延命の特効薬に見えた。

そうした特効薬探しの先端にいたのがロンドンの青年建築家コンドルで、ロンドン大学での先生のロジャー・スミスがインドにヴィクトリアン・ゴシックとイスラムを混ぜた美術学校を手掛けるのを間近に見たり、日本趣味者の建築家ウィリアム・バージェスの事務所に勤めたり、名高い日本趣味者の建築家E・W・ゴッドウィンと付き合ったり、自分も日本画を集めているちょうどその時、日本政府から声が掛かり、明治一〇年来日し工部大学校（現・東京大学工学部）造家学科（現・建築学科）の初代教授に就く。以後、鹿鳴館《ろくめいかん》はじめ明治政府の記念碑を手掛け、大学で辰野金吾《たつのきんご》[3]ほかの学生を育てるかたわら、日本の伝統的造形の探究に励み、建築はむろん日本画、庭園、舞踊、歌舞伎、落語について研究のみならず実践にも成果を上げた。

　これだけ広く日本の生活と文化と芸術に関心を払い、身をひたした建築家ではあったが、なぜか数寄屋と茶室には注目しなかった。正確に言うと茶室には好奇の目を向けた可能性があり、岩崎久弥《ひさや》邸（明治二九年、一八九六）ではビリヤード室を茶室のごとく洋館本邸の庭側のはずれにチョコッと置くばかりか、建物のデザインも野趣に富むスイスの山小屋の校倉造《あぜくらづくり》[4]とし、屋根の切妻にはいかにも〝ひょうげ〟た二連の半円アーチ窓を両目のごとく開けている。

　実際、日本とヨーロッパの間をどうつなぐかは大きな関心事で、上野の博物館

(現・東京国立博物館の初代建築)と鹿鳴館の設計にあたっては、前者は全体に後者は一部室内に、インドのイスラム風を採用する。今からはにわかに信じがたいが、日本とヨーロッパの間にはイスラムが位置するからという理由だった。行き詰まったヨーロッパの歴史主義建築が、イスラム、インド、中国と触手を伸ばして日本を発見したという地理的様式観が生んだ必然的答えではあった。

日本の歴史的様式にも目を向け、唯一館や自分の邸や古河邸に唐破風や華頭窓《かとうまど》[5]を取り込む。日本の伝統的造形の中では、唐破風、ナマコ壁[6]と並んで三大トウトツともいうべき華頭窓も、上方の花弁状の曲線に注目するとインドのイスラム様式の開口部と共通する。

辰野金吾と伊東忠太

このコンドルが大学教育の後継者に選んだのが辰野金吾で、辰野は先生の跡をたどるようにしてロンドン留学を送り、ロジャー・スミスとウィリアム・バージェスに学ぶ。

帰国後、ただ一人の建築学の教授として多くの建築家を育て、日銀本店や東京駅のような純ヨーロッパ式の大作を作るのはよく知られているが、ほとんど知られていない奇妙なデザインもあり、浅草に作った初代国技館と有名な両国の二代国技館(現在は三代目）はイスラム風に飾られていた。初代はあからさまに、二代は専門家にはそれと分かるように。中学生の息子（フランス文学者辰野隆）を相撲部屋に住まわせて鍛えるほど相撲好きだった辰野が、相撲は古代からの神事の一つであることくらい知っていたはずなのに、国技とイスラムを関係づけた背後にはやはりコンドル譲りの地理的様式観が控えていた。日本はヨーロッパと、間にイスラム、インド、中国を介してつながる——地理的にはたしかに正しい。

留学中、辰野はバージェスから〝日本の建築の歴史を教えてくれ〟と聞かれ、答えられなかったのを恥じ、帰国後、御所の大工の家柄の木子《きこ》清敬《きよよし》[7]を非常勤講師として招き、日本建築についての教育を取り込むが、もちろん大工上がりの木子が実務と伝承以上のことを知るわけもない。

すでに完成していたヨーロッパ建築史を知る辰野は、同じレベルの歴史研究を弟子の伊東忠太《いとうちゅうた》[8]に託す。

こうした師弟の流れを詳しくたどるのは、やがて茶室も、師弟を通しての知的、芸術的流れの中で歴史の表に浮上してくるからだ。

明治二五（一八九二）年、大学を卒業した伊東は、学生時代に日本最古の寺として訪れたことのある法隆寺研究に取り組む。当時、フェノロサ、岡倉天心によって仏像はじめ古美術については分かっていたが建築は手つかずだった。実測と文献の調査により、世界最古の木造建築であること、古代ギリシャ神殿と類縁性を持つこと、の二つを発見し、この感動から日本の建築史研究はスタートする。

生まれたばかりの日本の建築界は、伝統建築に劣等感を感じていた。建築進化の頂点に立つヨーロッパ建築とは別系統のものではないか、煉瓦や石に比べ燃えやすく壊れやすく実用上でも劣っているのではないか。

しかし、法隆寺の柱の胴張《どうば》り（中間が太く、上下が細い）はエンタシス（上に行くに従い細くなる）に通じ、ギリシャ神殿を兄とすれば法隆寺は弟といえる。ギリシャの大理石の列柱も木造から進化したことは判明しており、とすると法隆寺の様式も石造へと進化できる。

日本の伝統は西洋と同族同種の上、伝統を踏まえて西洋に追いつくことは可能にちがいない。伊東が一建築から導いたこの可能性が当時の人々をどれほど力づけたかは、法隆寺とギリシャ神殿の類縁性について今も観光ガイドが語ることからうかがえよう。

自説を証明すべく、伊東は、ロバに乗って単身、中国からギリシャまで三年かけて踏破したが、胴張りとエンタシスに類縁性は見つからなかった。しかし、中国からギリシャまでの間の石造建築が木造から進化したことは証明できた。

そして、日本の木造を石造（煉瓦造）へと進化させる実証実験に取りかかり、ヴィクトリアン・ゴシックと日本の木造由来の造形を組み合わせ、アールヌーヴォー[9]で味付けして、〈真宗信徒生命保険〉[10]（現・西本願寺伝導院、明治四五年、一九一二）を作った。

たしかに千鳥破風《ちどりはふ》[11]や蟇股《かえるまた》[12]や軒組など伝統木造由来の造形の石造への進化が試みられているが、装飾としてペタペタ張り付くだけの印象しか生まれなかった。失敗。

ドームの形がインドのイスラム様式をとっていることに注目しよう。アーチも華頭窓と通ずる多弁アーチ。

日本とヨーロッパをつなぐものを求め、設計においてインドのイスラム様式に特別な関心を払ったことから、伊東の建築観が、上野の博物館のコンドルに発し国技館の辰野を経て伝わった地理的様式観であることが納得できよう。

日本の建築を軽快で平明で機能的な美ととらえる現在の伝統観からすると、インドのイスラム様式によってヨーロッパと日本の間は架橋可能と見るコンドル、辰野、伊東の考えは奇怪に映るが、当時のドン詰まりの歴史主義の中では決してヘンではなかった。日光東照宮とネオ・バロックを混ぜたような国会議事堂案が閣議で賞賛され、上覧の折、天皇が図面を召し上げ、持参した設計者のエンデが困惑したような時代のことなのである。

その伊東が、明治二九（一八九六）年七月、古建築調査と保存の訓練のため学生を奈良に引率し、法隆寺ほかを回り、実測し、文献調査の手ほどきをした。伊東としては地理的様式観に立っての実習だったが、参加した一人の三年生（当時の大学は三年制）がこの実習を契機に伝統に目を向け、地理的様式観に穴を開け、日本の伝統観に今日まで続く新しい方向を開いてゆく。

武田五一《たけだごいち》[13]である。

武田は奈良から帰ると、卒業論文と卒業設計に相次いで取り組む。論文のテーマは、指導にあたる伊東もとりわけ明治建築界を率いる辰野教授には思わぬものだった。

〝茶室〟

後に辰野は茶室について聞かれ、「あんなヤニっぽいもの」と答えているくらいなのである。ヤニっぽいとは、辰野の郷里唐津では女々《めめ》しいこと。

明治二九（一八九六）年は、日本人建築家としてはじめて辰野が設計を許された国の記念碑的大作日本銀行が竣工した年であり、また法隆寺が明治国家にふさわしい歴史的建築として発見されてからまだ四年しかたっていないし、伊東もまだ大踏査の前で、建築史専攻の三〇歳の大学院生（現在の助教に当たり、有給）として奈良の古寺の発見と保存に走り回っていた時期に当たる。飛鳥時代の法隆寺発見のすぐ後が、平安、鎌倉、室町を飛ばして茶室発見では、歴史の連続性からしてもビルディングタイプ（建築類型）としてあまりに唐突だろう。社会的にも、岡倉天心の『茶の本』（英文。明治三九年）の一〇年も前。

法隆寺と茶室は、今の目で見ると日本の建築の歴史の始点と終点とも言え、始点と終点がほぼ同時に発見されたことは興味深い。〝なぜ茶室が唐突に〟の答えを知るために論文をたどってみよう。

利休このかた、初の茶室論

武田は、実測と文献という伊東ゆずりの方法を駆使して翌三〇（一八九七）年、卒業論文『茶室建築に就て』を書き上げ、提出した。その内容の重要性を認めた辰野と伊東は、日本建築学会の『建築雑誌』に、翌三一年一月号から掲載した。なお、幸いなことに辰野は、自分の優秀な愛弟子たちが意に沿わぬデザインをしたり自分を批判することに寛容な人物であった。

利休このかた初の茶室論『茶室建築に就て』を具体的に見てみよう。

まず、日本への茶の伝来からはじめ、室町時代の隆盛、珠光、紹鷗の動きを経て、利休によるわび茶の大成、利休以後とたどる。続いて、建築に入り、九間から四畳半への進化をたどった後、利休を取り上げ、間取りと作りと思想について詳しく述べる。さらに弟子たちによる貴人席の付加などの変化についても触れる。

続いて、細部の作りに移り、下地窓、屋根葺、畳の縁《ふち》などについて図入りで紹介する。

以上で論文を終えた後、具体的な事例を取り上げ、足利義政の東求堂《とうぐどう》にはじまり、利休の待庵、そして表千家の屋敷の中にある不審菴、利休好みの四畳半、一畳半、書院、さらに、古織（古田織部）の一畳半、金森宗和の金龍院茶室、千宗室[14]の利休堂、遠州の三畳台目六窓庵、片桐石州《せきしゅう》[15]の二畳中板入、金森宗和の六窓席、の一二件につき、克明な実測調査の記録を載せる。克明は尋常を越え、たとえば待庵なら、刀掛《かたなかけ》[16]が「竹にて造り、長さ二尺三寸八分　竹小口径一寸六分」と図入りで記す。

茶の歴史も的をはずさないし、茶室も大きな動きを的確にとらえ、とりわけフィールドワークは優れ、この図面と寸法と材料の記録があれば、燃えてもいつでも再建できるほど。

いくら学期はじめの直前に伊東忠太から調査の方法をたたき込まれたとはいえ、大学三年生で、ここまで論文において大筋をはずさず実測において正確になせるものなのか。辰野が『建築雑誌』に一四号もかけて全文掲載したのは当然だった。

武田の気持ちをとらえたのはもちろん利休だが、どこに引かれていたのか。

利休の茶室の特徴について次のように指摘する。

「一、簡単質朴。一、適度の体用（実用）相当。一、世塵の脱離。一、精神の無碍《むげ》。一、自然の感取」

草庵茶室の特徴を正しくとらえた上で、設計の肝どころについて次のように強調する。

「簡単質朴を守て、而《しか》も快楽を享受せしめんがために最も効果多き部分に於《おい》て鋭顕なる装飾を施し、同時に全部の調和変化其他建築上の技巧を巧に活用し、時に応じ機に臨て適切なる意匠を加えたるもの、これ即利休が創意せる数寄屋なり」

ここにいう数寄屋は茶室を指す。実用性と簡素を基本とし、ポイントに装飾や美しいデザインを加えて、見る人の心が躍るようにするのが利休の茶室である。

このようなデザインの達成をあの時代に利休だけがなし得たのはなぜか。まず、〝あの時代〟について、

「一方に於ては宗教上及道徳上の理想と、一方に於ては人類嗜好の実現との間の隔離をよく調和し」

禅（宗教、道徳）の思想と、人間の欲望の間の溝に架橋することを武士の時代が求めていたことを指摘する。

〝利休だけ〟については、

「童子の純良熱心に加味するに大人の練達を以てするものの如し」

と、説明する。

そうした時代にそうした利休が生み出した極小建築になぜ魅せられたのかについて、突上げ窓を語る中で、織田有楽起源説を否定しながら述べる。

「其意匠の自在にして奇抜なるとより、余《よ》は其創意を寧《むし》ろ休（利休）となすを至当なりと思考する。要するに此時代に於て、利休が天稟《てんぴん》の才智は、多く古来の迷夢を打破し去り、茶室建築の上に一道の光明を放出するを疑わず、而《しか》も、一定の規矩準縄《きくじゅんじょう》を定めず、各々嗜好の趣《おもむ》くに任して、其侘《そのわび》となる所をとらしめ、意思の自由を以て芸術の妙致をえんと勉めたる」

使われた線や形が上手で新鮮だったのは利休の創造性のゆえで、古い伝統を打破し、茶室建築に新しい光を導いた。決まった様式を定めず、それぞれが自分の美意識に従い、自由に芸術表現を展開できるようにした。

武田は利休の茶室のそこに魅せられたのだった。

こうした評価の裏で、利休の茶室とは反対の性質の建築を、論文に書きはしないが、武田は念頭に置いていた。

歴史主義である。エジプト、ギリシャからバロックに至るまでの歴史上のスタイルを反復し折衷し続ける一九世紀の世界と日本の主流派。もちろん辰野も。ヨーロッパを舞台に歴史主義を繰り返して渇《かっ》し、ついには日本まで触手を伸ばしてきたコンドルや、反対側から遡ろうとする伊東の地理的様式観について武田はどう見ていたのか。

伊東の発見した法隆寺と武田の発見になる茶室を比べれば分かる。法隆寺は、ギリシャまで地続き血続きであることこそ大事だった。ところが茶室は、中国はおろかどこともつながらない。

一九世紀末の建築設計上の二つの方法であった歴史主義と地理的様式観の両方から切れて、武田は、「意思の自由を以て芸術の妙致をえん」と欲していたのである。

武田の茶室研究の中に、歴史的関心だけでないこうしたデザイナー的動機を読み取っていいのかという疑問もあろう。当時、デザイナー的関心から分離した純粋な歴史学的関心は建築界には生まれていなかった。もちろん日本の建築史学の祖である伊東も歴史研究と設計一体のまま進むし、後に法隆寺の再建非再建を巡って古代史の歴史家と建築史家関野貞《せきのただし》[17]の間で大論争が起こったとき、この法隆寺の発見者は「どっちでもいい」と答えている。どっちであろうとギリシャとの血縁と世界最古の二つが揺るがぬかぎり、建築家伊東忠太はかまわなかった。

武田五一とアールヌーヴォーの出合い

卒業後、当然のこととして、武田は日本の伝統にも通じた新進建築家としての道を歩みはじめ、卒業の二年後、二七歳にして帝国大学の助教授に就く。辰野の期待のほどが知れよう。そして、当時の習いとして、教授昇進前の三年間をヨーロッパに学ぶ。行き先は、コンドル、辰野と続くロンドン。

明治三四（一九〇一）年五月四日。太平洋、アメリカ、フランス経由でロンドンに入るが、着いて三週間後の五月二七日、パリ留学中の同僚の塚本靖[18]に宛て、「諸所より度々の御通信有難《ありがとう》、私は不相《あいかわらず》の無用事と金のないのに閉口、誰も相棒がないので淋しくて御座候《ござそうろう》」と書き送っている。花の都に着いたのだからもう少し興奮してもよさそうなのに出歩く用事もないのはなぜだろう。ロンドン到着までに、アメリカとヨーロッパを経由し、本場の歴史主義を眺め、ロンドンに入って花のヴィクトリアン様式をまた眺めても、辰野先生の原型が並んでいるばかり。建築家という個人の「意思の自由を以て芸術の妙致をえんと勉めたる」茶室のような建築は見当たらなかった。

しかし幸い、しばらくして見つかる。途中三日パリに寄った折、目にしたアールヌーヴォーがイギリスにもあった。以後の武田は、グラスゴーに出向いてマッキントッシュ[19]を、大陸ではパリはじめウィーンなどのアールヌーヴォーの花園を歴訪し、自分でもデザインしてコンペに出す。ヨーロッパで興隆しはじめたアールヌーヴォーに、はじめて自由で妙味のある表現を発見した。

あらためて言うまでもなく、一九世紀末に登場したアールヌーヴォーこそ一九世紀までをリードした歴史主義を終わらせ、現在まで続く二〇世紀建築の始点となったことで知られる。そして、アールヌーヴォーに発した脱歴史主義の運動は、およそ三〇年して一九二〇年代には、オランダのデ・スティル[20]を経てドイツのバウハウス[21]に至り、二〇世紀建築は確立する。

そのアールヌーヴォーに、武田は、塚本靖、野口孫市[22]と並んで日本の建築家としては最初に着目した。

残念ながら塚本、野口については着目以前に何を考え何を求めていたか跡をとれないが、幸い武田には茶室発見という際立つ仕事があり、さらに幸い茶室を脱様式の方向で評価していたことも分かっている。

茶室との関係でさらに言うと、武田は、フランスのアールヌーヴォーのような彫刻的で華やかな作風は好まず。平明で淡白で要所に華やかさが点じられたマッキントッシュやウィーン・セセッション[23]に強い共感を寄せたことが分かっている。マッキントッシュとウィーンのセセッションの特徴をなす、線と面の分割によるグラフィックなデザインは明らかに茶室と通底するし、マッキントッシュとウィーン・セセッションの平坦な全体の中に華やぎを点ずる好みも、武田が利休の茶室に認めた「簡単質朴を守て、而も……最も効果多き部分に於て鋭顕なる装飾を施し」と共通しよう。

日本の青年建築家は、アールヌーヴォーが西洋の先端の流行だったからではなく、自分がすでに発見していた新しい質と同じ質をアールヌーヴォーの中に見いだし、だから共感したのだった。ヨーロッパの先端と、学習ではなく共感というかたちで付き合うレヴェルに達していたのである。

そして三年の留学を終えて帰国した武田を、辰野は、自分のもとではなくなぜか京都に移し、京都高等工芸学校（現・京都工芸繊維大学）の教授に据えた。さらに大正九（一九二〇）年、武田は、京都帝国大学の建築学科開設に伴い初代のデザイン教授として移る。

ここに三高出身の武田の花の京都時代がはじまり、まず手掛けたのはアールヌーヴォーだった。高等工芸学校の同僚の画家浅井忠と組んで教育に実作にアールヌーヴォーを取り込み、日本の最も純度の高いアールヌーヴォーとして知られる〈福島邸〉（明治三八年、一九〇五）ほかをデザインした。

その後、アールヌーヴォーから進んで、国籍不明来歴不祥の武田様式としかいいようのない、一応はヨーロッパ系デザインの大作や邸宅を次々と手掛け、やがて関西建築界のトップに立つ。しかし、木造の寺院や木造の書院造の邸宅は手掛けても、茶室はしない。本場京都を本拠としながら若き日の自分を導いてくれた茶室は作らないのである。

理由の一つとして、京都帝国大学教授にして関西の公的大建築を手掛ける建築家としては、手を出してはいけない事情が茶室にはあった。風俗史家の井上章一によると、「当時、京では茶室はオメカケさんのものと世間的には見なされ、武田が近づいてはいけない領分に囲いこまれていた。今でもそんな気分は残ってますから、藤森さんも気をつけたほうがいいですよ」（井上談）というのである。戦後の茶室研究をリードした中村昌生先生も、「戦後すぐですが、茶室の研究をしたいと言ったら、オメカケさんの家の研究をしても学界では白い目で見られるだけだ、と先輩から忠告されました」（中村談）。

武田が茶室と取り組まなかったのはこうした事情ゆえかもしれない。

でも、茶室→アールヌーヴォーと進んだ武田は、茶室の可能性を諦めなかった。自分はやめたが後継者には取り組んでもらおう、というより茶室の本質を現代建築に生かせる者を後継者に選ぼう、と。

そして、白羽の矢が藤井厚二《こうじ》に立つ。

後継者、藤井厚二

藤井は武田と同郷の福山の出。藤井家は福山きっての素封家《そほうか》として知られ、茶を好み、御所丸茶碗の銘「由貴」を所持していた。次男として生まれた厚二は、東京帝大の建築学科に入る。すでに辰野は去り、後はデザイン系を伊東忠太が、構造系は佐野利器《としかた》[24]が固めており、建築家を目指す藤井は伊東忠太の指導を受け、建築進化論の実証実験の真宗信徒生命保険の建設過程を間近に見ることができた。

大正二（一九一三）年、卒業すると、竹中藤右衛門の懇請を受けた伊東の指名に従い、初の帝大卒業者として神戸の竹中工務店に入社し、洋風の〈朝日新聞本社〉や和風の〈村山邸〉（朝日新聞社社主）を完成させ、今に続く〝竹中の設計〟の基礎を築く。六年して竹中から京都帝国大学に移る。政府は京大に建築学科の創設を決め、当時の学科創設の習いに従い、東大の伊東が、デザイン系の創設教授として武田を、助教授として藤井を選んだからである。藤井については武田と相談しての人選だろう。

藤井は、京大に入るに先立ち自費で欧米視察をしている。歴訪先は未詳だが、帰国後の作風からすると、武田好みのマッキントッシュやウィーン・セセッションは訪れたと思われる。

大正一〇（一九二一）年、藤井の京都時代がはじまる。期待されたテーマは、伊東からの〝日本の伝統とヨーロッパ建築の架け橋〟、武田からの〝茶室と先端デザインの架け橋〟。

伊東の試みた木造の石造への進化実験は失敗と見なすしかないとすると、残るは、武田が結局手を出さなかった茶室の質をどう時代の先端デザインの中に生かすか。このテーマは、幼時から一流の茶に親しみ、村山邸で自分なりの書院造に取り組んだ藤井にとって、そのまま自分のテーマでもあった。

実は、竹中にいる頃の大正四（一九一五）年、藤井は、第一回実験住宅（図21）と後に名付けられる神戸の自邸の建築にあたり、茶室をものしていた。日本の建築家による茶室第一号は、残念ながら平面図しか残っていないが、たしかに図中には「茶席兼客間」と記され、玄関を入ってすぐ右手に、床の間、水屋[25]、丸窓、高窓の付いた六畳間がある。水屋と窓から茶室にちがいないが、草庵茶室ではなく、庭に全面的に開く障子からして利休後の開放的な茶室であった。様式的には、数寄屋造であったろう。

京大に移ってからは、大山崎の待庵の山側の広大な尾根を入手し、実験住宅の試みを、二回、三回、四回と続ける。いずれも、和風の住宅をどう現代的要求に適合させるかがテーマで、防寒、防暑の問題、家族の暮らしよりは接客重視の平面の問題、イス式と畳式の関係をどう調停するかに力点が置かれ、家の姿形は伝統の内にとどまっているし、茶室も付加していない。

一回から四回までの実験を踏まえ、昭和三（一九二八）年、尾根の先端の待庵を眼下に見下ろす位置に、一三年の長きにわたる実験住宅の答えとして、〈聴竹居《ちょうちくきょ》〉を完成させた。


欧米での脱歴史主義（バウハウスとデ・スティル）

聴竹居の建築史上での位置を計るために、アールヌーヴォー以後の最先端の動きをたどっておこう。

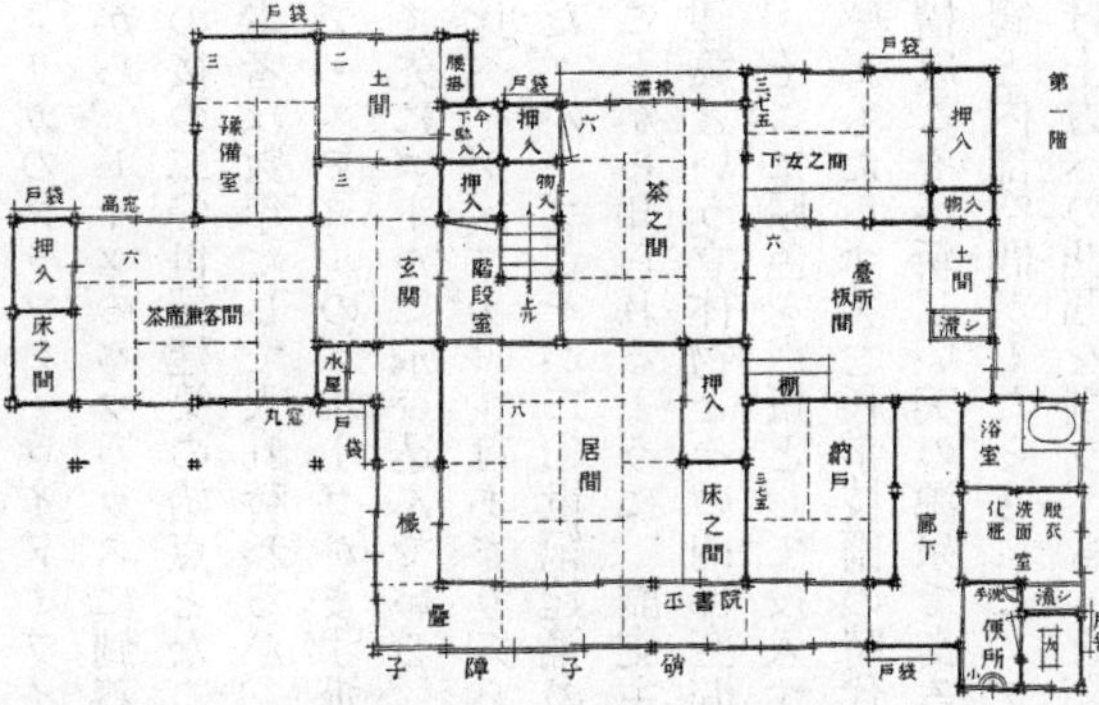

図21　第1回実験住宅（神戸、1915年）設計／藤井厚二
——建築家による茶室の第1号である。客は土間から上がり、「茶席兼客間」へと進む。写真が残されておらず、インテリアの作りは未詳。

一九〇〇年をピークとするアールヌーヴォーを機に、欧米で脱歴史主義の動きは一気に加速し、アメリカのフランク・ロイド・ライト[26]、ドイツやオランダの表現派[27]などを右往左往しながら、ドイツのバウハウスに到着する。バウハウスこそ、脱歴史主義の終点にしてその後の二〇世紀建築の始点となる。その間およそ三〇年。過程はめまぐるしく、先頭走者は数年にして入れ替わるが、ゴール直前に限ると、一九一七年結成のオランダのデ・スティルのグループがまず飛び出し、それに誘われたバウハウスが一気に加速して先にゴールに飛び込んでいる。

バウハウスに比べ、デ・スティルはあまり知られていないが、このデザイナーや絵描きを中心としたグループこそが二〇世紀建築の原理を築いた。中心的画家がモンドリアン[28]であったことから知られるように、歴史主義はむろん装飾も味わい深いテクスチャーも脱ぎ、建築という立体物とその内部空間を垂直水平の線と面だけから構成し、仕上げは白とし、そこに原色を点景として投入するという画期的なデザインであった。様式、装飾、材感がもたらす美を科学技術の時代にはふさわしくないと否定し、線と面と立体による構成こそが新しい美の源泉であるとし、その結果、線と面と立体が交差し凸凹する外観と内部空間がもたらされた。デ・スティルの激しすぎる交差と凸凹を削り、とりわけ上方への凸凹を削り、もっと箱型と化し、その結果生まれた大きな壁面に大ガラスを入れるとバウハウス誕生となる。

デ・スティルの代表建築は一九二四（大正一三）年の〈シュレーダー邸〉、バウハウスは二年後の〈バウハウス校舎〉（一九二六年、昭和元）。

聴竹居は、バウハウスとは重ならないがデ・スティルとはどうか。

垂直の柱と水平の鴨居、回り縁などを縦横に走らせて壁面を作り、そうして生まれた四角な空間を組み合わせて聴竹居はできている。

日本の木造はみんなそうだと思う人は、壁の入隅の柱の角が少しだけ見えていることや、垂直の柱と水平の各部材の寸法と位置が大小微妙に調整されている点に、あるいは右手奥の食堂が一段高くそれも角が主室に突き出していることに気づけば、この空間の背後には線と面と立体による構成という、伝統建築にはなかった抽象的な構成原理が控えていると納得できよう。

原理はたしかにそうだが、シュレーダー邸に至らない点もあり、たとえば、食堂の半円アーチのような曲線や、壁と天井の紙や土、各所の木材や竹材の表面の味わい深さへのこだわりは、デ・スティル直前の表現派に通ずる。デ・スティルもバウハウスも材の表面の肌触りを捨て、漂白した。藤井の面と線の構成へのあまりの繊細微妙は、マッキントッシュをしのばせる。正面の壁にマッキントッシュの時計の写しを掲げたのは、オマージュにちがいない（図22）。

マッキントッシュからデ・スティルまで、と二〇世紀建築誕生過程のすべてが含ま

図22 〈聴竹居〉（1928年）設計／藤井厚二——主室より右手の食堂を見る。壁のマッキントッシュの時計と棚に注目。右手の飛び出した食堂は残月亭の影響。

れているとも説明できるが、藤井が設計に方眼紙を使っていたことや、別棟の下閑室の棚回りに象徴される立体格子の幾何学への傾斜は、マッキントッシュとは遠く、全体としては表現派からデ・スティルの間くらいと位置づけたい。武田のアールヌーヴォー、ウィーン・セセッション好みより、もう一世代、バウハウス寄り。

茶室との関係はどうか。

第一回実験住宅で取り込んだ茶室とちがい、本格的な草庵茶室を自分と母のために二棟作っている。

自分用は下閑室と名付けられた庵の中に設けられている。本屋《ほんおく》を出て、庭を横切り、待庵を望む斜面を下ると、木陰から下閑室が現れる。山から導いた水の小さな滝のほとりで待合い、下閑室の入口を迂回して進み、躙口というより〝くぐり〟から入ると、中板と中柱付きの二畳の茶室。床はなく、定形からは相当逸脱し、フリースタイルの茶室となっている（図23・24）。

もちろん本屋にも茶室風作りは透視できる。たとえば、マッキントッシュに献げられた時計の掛かる壁面の縁《ふち》と棚からなる線と面の分割の精妙は、待庵の東の壁面や次の間の釣棚に通じよう。

あるいは、主室に出っ張る食堂の半アーチによる半ば閉じ半ば開いた印象深い一画は、位置といい、小さな正方形、独立柱、そして一段上がることといい、残月亭が念頭にあったのは間違いない。線と面による精妙な小空間の演出は、世界の建築史上、利休の創見になるし、マッキントッシュも日本の木造に想の一部を得ていたことが明らかになっている。

眼下には利休唯一の遺作待庵があり、完成した聴竹居の玄関先には伊東忠太が建築進化実験をした真宗信徒生命保険の外周に立てられた彫像が据えられ、武田五一は上司。

〝利休、伊東、武田が見ている〟と藤井が思ったとしても不思議はないし、見られても恥ずかしくない出来であった。

しかし、藤井は、自分と母の茶室を広大な自邸の庭に二軒ひっそり作っただけで、他人の邸宅には作っていない。あるいは、武田と同じ危惧を抱いていたのかもしれない。

聴竹居は、建築界でも知る人ぞ知る作品として生まれるが、幸い、若い具眼の士には注目され、堀口捨己《すてみ》やブルーノ・タウト29や学生時代の吉村順三が戸を叩いて学び、この一作を起点として、以後、日本の木造の技術と美の伝統は世界の先端とつながり、木造でもって二〇世紀建築の先端を切り拓く道が開かれ、世界にも類のない〝木造モダニズム建築〟の流れが日本に生まれる。

図 23　聴竹居の下閑室茶室の入口
躙口というより“くぐり”に近い。

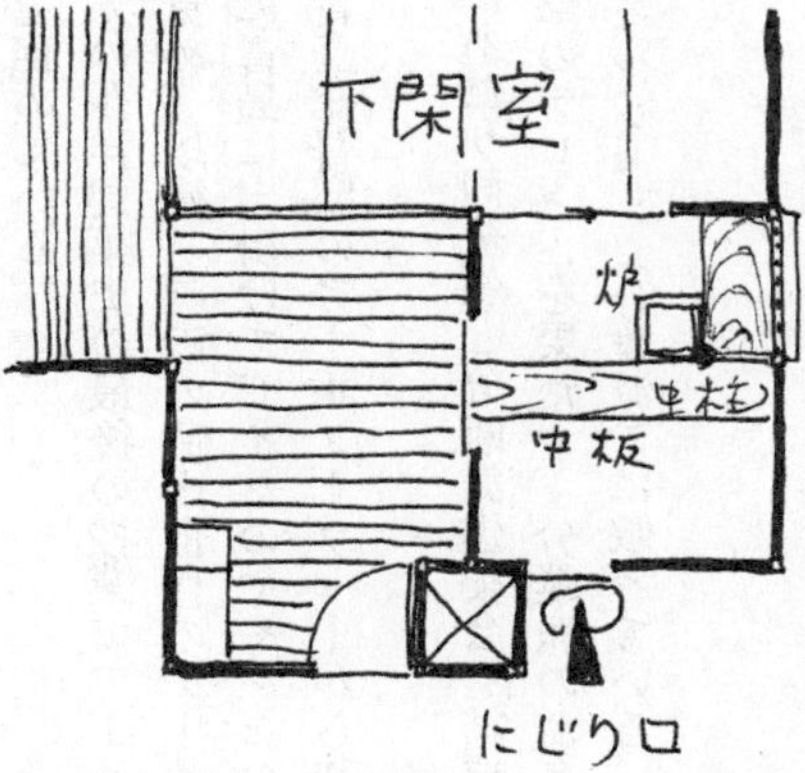

図 24　下閑室茶室の平面図——中柱のあたりの作りは〈山紫水明処〉の影響だろう。

堀口捨己の登場

伊東→武田→藤井と運ばれたバトンを受け取ったのは堀口捨己だった。

明治二八（一八九五）年、岐阜の素封家の家に生まれ、子供の頃から父母の影響で和歌に親しみ、後には宮中歌会始の召人を務めている。

藤井に七年遅れて東大に入り、伊東忠太の西洋建築史の最後の授業でアールヌーヴォー以後を教えられ、最先端の動向に目覚め、以後、国内の武田世代のアールヌーヴォーやセセッションに関心を払い、さらに青島に出掛けてドイツのややクセの強いアールヌーヴォーに刺激を受けて帰国し、青島総督邸のアールヌーヴォーから装飾性とアクを抜いたような卒業設計を提出する。

そして、大正九（一九二〇）年、卒業にあたり同級生と分離派建築会を結成し、卒業設計に新作を加えた建築展を開き、衝撃のデビューを果たす。分離派の命名は、歴史主義からの脱却を掲げるウィーン・セセッション（分離派）に倣っている。衝撃の第一は宣言にあった。

我々は起《た》つ。……過去建築圏内に眠って居る総てのものを目覚《めざま》さんために溺れつつある総てのものを救はんがために。……我々の此の理想の実現のためには我々の総てのものを悦びの中に献げ、倒るるまで、死にまでを期して。我々一同、右を世界に向って宣言する。

宣言ほど衝撃的ではないが、展示された建築のデザインも、歴史主義の要素はむろんアールヌーヴォーの過剰な装飾もなく、ウィーン・セセッションからドイツ表現派にかけての質をベースとしていた。

大正一二（一九二三）年、堀口は、欧米視察に出掛け、各国の先端建築を歴訪し、とりわけオランダに引かれ、アムステルダム派[30]とデ・スティルのグループの二つを訪れ、親しく案内されているが、シュレーダー邸誕生の前年に当たり、設計者のリートフェルトには会っていないと回想している。

また、デッサウのバウハウス校舎に先行するワイマールのバウハウスのグロピウス[31]設計になる校長室（一九二三年）をモホリ＝ナギに案内されて見ているが、この校長室こそデッサウのバウハウス校舎に先行する世界最初のバウハウスデザインにほかならない。

こうした事情に詳しく触れるのは、日本の前衛が、二〇世紀建築の動きのどの時点で自国の茶室と出合い、この小さな空間の中に何を見いだしたかを正確に押さえるためである。

現在ではよく知られているようにアールヌーヴォーは日本の美術に助けられて出現

しているし、それ以後の動きもこと建築に限ると、ライトもタウトもグロピウスもミース[32]も日本の木造建築の伝統を横目で見ながら自分たちの求める二〇世紀建築のあり方を突き進めている。

ヨーロッパにアールヌーヴォーからバウハウスそして戦後デザインに至る二〇世紀建築の流れがあり、一方、日本にはサヴァイヴァルする伝統建築の流れがあり、両者には通底する質があると見抜いたヨーロッパの前衛たちは日本の伝統にしばしば学び、一方、日本の先鋭的建築家も同じ視線を自国の伝統に向け、前進のための糧を得ている。

よって、二つの流れをつなぐヒモは錯綜しているので、注意深く見る必要がある。

堀口は、戦後の建築界において、分離派の創設者としてまた利休に通じた文化人として神話性を帯びているから、よほど丁寧にほどかないと見誤る。

二つ目の茶室論の誕生

ほどきはじめよう。

堀口が茶室への関心を示したのは、ヨーロッパから帰国してすぐのデビュー作〈紫《し》烟荘《えんそう》〉（大正一五年、昭和元年、一九二六）だった。

アムステルダム派の茅葺き屋根をモダンなセンスで取り込んだ小品で、インテリアに茶室のデザインが取り込まれ、たとえば、居間の四つの丸窓は桂離宮の茶室〈笑意《しょうい》軒《けん》〉の丸い下地窓に由来し、壁を面に分割する縁も茶室の技法にちがいないし、寝室の壁面の分割と照明も茶室の棚をしのばせる。こうした茶室的造形は帰国後すぐの処女作〈小出邸〉（大正一四年、一九二五）で試みた後、次作の紫烟荘で造形と思想を結晶化したものだった。

なぜ茶室の造形を取り込んだのか。『紫烟荘図集』（昭和二年刊）に「建築の非都市的なものについて」と題する論文を発表している。

この小住居紫烟荘は……草の屋根で木の柱で、土の壁で企てられ建築されたものである。……これは現代の重大な社会問題である住居政策の如き、或は住宅の都市計画的改善の如き問題とは、何等交渉する所ない建築である……又或は近代の建築が鉄や混凝土（筆者注・コンクリート）や硝子《ガラス》を主材料として構造にも空間表現に於ても進化発展して来て、問題の中心がそれらを如何に取扱うかにある間、消極的な存在に過ぎないであろう。

まず、当時、建築界の重要課題として急浮上していた都市の住宅改良問題や、二〇世紀建築の三大材料としてル・コルビュジエが重視した鉄とガラスとコンクリートの

ような問題とこの住宅は関係しない、と述べる。そうした都市的なテーマと対極にある田園的生活は、

「単なる都市的なものの反動のみより生じたとは考えられないで、そこには人間的な当然な根拠があるように思う。そしてそこから非都市的な建築の存在が認められて、……これ（紫烟荘）をかくの如き非都市的な建築の一つの試みと見よう」

田園生活は、現代の都市への反動ではなく、現代都市の、

「人為的に規格統一的に、機械化し、科学化し、極限としては人造人間的生活化しようとする傾向と反対の感情を……本質な傾向として」

認め、

「そこでは生活と云うものが、樹上巣や穴居とあまり変りない生活の本質的な欲求を自然のままに満たす事が出来るであろう」

　こうした本質を持つ田園住宅の例として、オランダの〈メルワルクの芸術家村〉（一九一八年）などで作られた茅葺き住宅を紹介した上で、次のように続ける。

　非都市的な建築は、我国に於ては都市的なるものに何等見るべきものがないのに比して、非常に優れた洗練された徹底した伝統を作り上げている。其中で最も注意を引くものは茶室建築であろう。……例えば京都裏千家の又隠《ゆういん》[33]、桂の宮の八

ッ窓の茶席（筆者注：笑意軒）等を見るとき今更に驚きと敬意とを以て注視せずには居られないものである。それは長く相続された伝統であるために、注意するのでなく、利休や宗旦や遠州が好んだ故に敬意を持つのでもなくて、そこに表われた優れた建築的イデアや手法のためである。それは単に田園的なもののみでなく総ての建築にも充分な示唆を提供するものがあることを思うが故である。

「わび」や「さび」の持つ世界は木や草や土や自然そのままの材料で、最も自然的に、象徴的に表現される世界である。……其技巧にしても技術的な専門性を帯びない……こうした材料や技巧で表現される世界は鳥の巣や、獣の穴に表われるのとかわりない自然な世界である。「さび」や「わび」は此材料と此技巧とを基として機能を充すと同時に其僅少な素材で、最も深く考察し、用意された単純な造形的な言葉で「悟り」の内面的深さを自然に表わそうとする表現である。……空間的に狭く低く、表現的テーマには否定に近い迄に単純で、しかも材料的には野生のあるがままの不思議な自然を使用し、そしてそこに内的に、悠揚せまらない大きさの内に自然と感情とを入れて、深く透徹した鋭い広い世界観を表象しているのは比類のない建築構成である。……如何に現代に示唆する処多いかを思うのである。

茶室は、自然界から運んできた粗末な材料と人の手で作られ、このことによってシンボリックに自然界の一部であることを示す。しかし、同時に、空間と材料と造形をギリギリそぎ落とすことにより深い悟りの境地を示す。極小の内に大自然と人を入れ、深く鋭く広い世界観を表現する。

かく茶室の根本を説明した後、茶室と二〇世紀建築との共通性を述べる。

飛行機や自動車……の持つ……形態の中に、今迄知らなかった美的なるものの発見を、……芸術に迄変質しようという運動……。(茶室の)端然とした美しい調和と変化とを示す充分にたかめられた建築の表現は、機能と表現との一元的な完成である。

建築を総ての造形行為の最終目的であるとなし、総ての芸術的創作、絵画も彫刻も工芸をも一体に総合し……一つの新しい建築芸術に迄、更に統合しようとする統一芸術、大建築の思想は……「わび」や「さび」の建築の中に表現され、充分に考察され、仕遂げられていることを発見する。

機能と表現の一致も、総合芸術としての建築も、よく知られたバウハウスの主張にほかならない。さらに、総合芸術としての建築のためには、絵や彫刻や工芸を取り込む床の間が大事であることを言う。

以上のように長く論じた後、すでに触れた自然由来の素材と自然との関係について再び言及して終わる。

屋根に使用する藁《わら》や茅や柿《こけら》（薄い割板）や或は土壁や錆壁や、敷瓦や或は半透明な太鼓張の戸などは愛せずには居られない普遍的な材料である。……草の屋根、木の柱、土の壁の原始生活者の家や、百姓の家の持つ素朴な感じに牽《ひ》かれるためでもない。其材料それ自体が持つ性質である。それ等は環境たる自然とそれだけで融合し調和するし、又それ自身柔かで、刺戟なく、特に厚い茅の屋根の如く多くの気孔の重なったものの円《まろ》やかなふくよかさは、何物にも換え難い。

自分が自然由来の素材を愛するのは、民家や浦の苫屋の素朴さからではなく、材料それ自体が環境と調和し人にやさしいからである。と、最後に念を押したのは、紫烟荘の印象を決める茅葺き屋根について、アムステルダム派の真似と見られるのを恐れ、アムステルダム派や日本の民家のスタイルとは切れて、茅という材料自体の自然でやさしい特質を自分は愛していると強調するためだろう。

武田五一に次ぐ三〇年ぶりの茶室論の誕生である。武田は茶室の実態をはじめて報告し、その魅力は自由なデザインにあるとした。一方、分離派を打ち立てた堀口にとって、自由はすでに前提で、論ずべきは、科学技術に依拠する現代都市の対極にある茶室の始原性、自然性そして二〇世紀建築と通底する世界観であった。

武田の論を〝茶室の存在の発見〟とするなら、堀口は〝茶室の意味の発見〟と言えよう。

茶室についての戦前の研究と論はこの二つに尽きるし、戦後も堀口の論の枠を超えず、今にして思うが私が大学院で稲垣先生から受けた授業も枠内にあった。

現代の茶室、紫烟荘

完成後すぐ焼失した紫烟荘を古写真に見てみよう。

まず外観（図25・26）から。目に飛び込んでくるのはキノコのような茅葺き屋根で、アムステルダム派に由来する。科学技術を原動力とする二〇世紀建築の最前線に茅葺きを投ずるなんてオランダ以外になかったし、アムステルダム派のホッコリ屋根の影響は世界でも日本にしか伝わらず、堀口の小出邸と紫烟荘のほかに村野藤吾《とうご》[34]と渡辺

図 25 〈紫烟荘〉（1926 年）設計／堀口捨己
──（堀口捨己『紫烟荘図集』1927 年より）

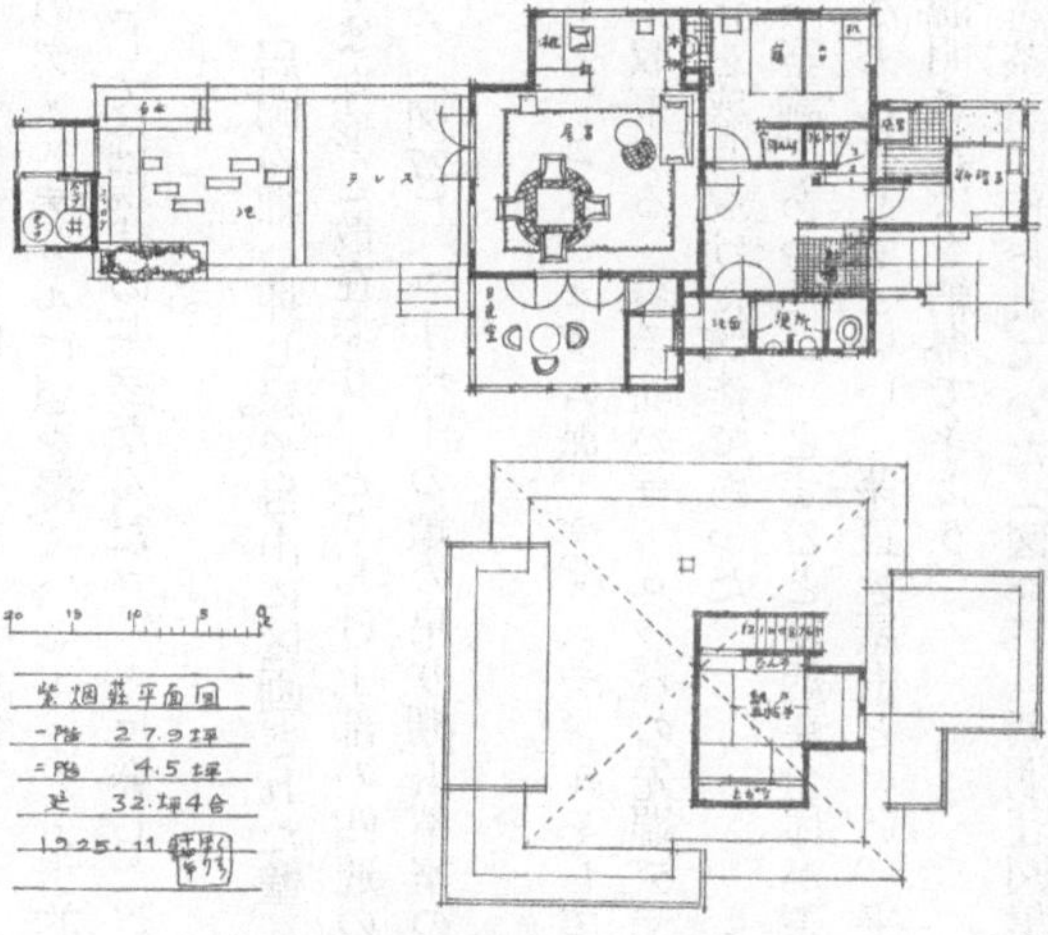

図 26 〈紫烟荘〉平面図

仁《じん》[35]が試み、村野は戦後になってもやめない。

キノコの傘に差し込まれる水平の軒や白い壁は、当時、オランダの前衛をアムステルダム派と二分していたロッテルダムのデ・スティルに想を得ている――と分析的に説明すると、設計者は、〝いや、全体としては現代の茶室なんだョ〟と反発しただろう。

茶室の直接的な影響は室内に見られ、居間の細い押し縁[36]で自由に区画された壁（和紙か土壁か）。その壁に開く窓のさまざまな形と散在ぶり。とりわけ上部の四連の窓は桂離宮の笑意軒へのオマージュだろう（図27）。コーナーの鎖の吊り棚も茶室の水屋の棚から来ている。

分離派以来のウィーン・セセッション、アムステルダム派、デ・スティルそして茶室。二〇世紀建築が白い箱と大ガラスに収束する一歩手前のヨーロッパの先端デザインと茶室の二つに想を得、そして一体化を成し遂げた傑作であった。

「建築の非都市的なものについて」は茶室論であったが、とすると紫烟荘全体が茶室として設計されたことになる。実際、小ぢんまり感といい、茅葺き屋根といい、平面の小まめな凸凹といい、現代の茶室と説明されても納得できよう。

ところが、この母屋の庭に、ちゃんと茶室が作られていた（図28）。『紫烟荘図集』に発表しているからそれなりの自信作だった。これこそ堀口の茶室第一作であるばかりか、藤井の第一回実験住宅の「茶席兼接客」に続く日本の建築家による二番目の茶室となる。なお、聴竹居はまだ完成していない。

あれだけ見事に茶室を論じながらこの出来はどうしたことか。茅葺き農家の軒に細い突っかい棒を立て、六畳の茶室を組み込んでいる。踏込床にした点にだけ堀口の好みを認められるが、縦長すぎるプロポーションといい、壁面構成の間延びといい、太

図27 〈紫烟荘〉の居間

図 28 〈紫烟荘〉の茶室とその外観

い竹の床柱といい、実は堀口は、理論は別として茶室そのものをデザインすることに対して関心がなかったのではないかという疑いが生じる。

この疑いを宙吊りにしたまま、紫烟荘以後の〝堀口と茶室〟をたどろう。

生活構成の芸術としての茶

六年後、昭和七（一九三二）年、「建築の非都市的なものについて」以後の蓄積と思索を踏まえ、「茶室の思想的背景とその構成」を発表する。

利休の茶の文化的背景からはじめ、禅との関係を探り、続けて茶の湯の美に入る。

茶の湯が日常生活の形式を借りて美を求める芸術であるとして、それを今ここで「生活構成の芸術」と呼ぼう。

茶の湯のごとき生活構成は、……庭園、建築および器具など、またそれ以上に人の構成自身の質に負うことが多いのである。

六年前に述べた諸芸術を総合する「統一芸術」というバウハウス理論を一歩進め、茶は人や生活まで含む「生活構成の芸術」であると定義した。

六年前、茶室は非都市的で田園的なものと規定していたが、しかし国際貿易都市堺で育ち京の都で花開いた事実と合わないから次のように修正する。

茶室建築は田園的山間的要素から成り立ってはいるが、しかし文化的都市的なものであるということが出来る。それは現代都市生活者が田園趣味を求めるように、その当時求められたものとも考えることが出来るであろう。

さらに、都会の人の田園趣味と解釈する。

利休のごとき性質の持主は、信長や秀吉のごとき、強い天才的英雄の豪華というような形容詞にふさわしいポリクロム（筆者注：多彩色）な桃山芸術に、知らず識らず反感を持って、茶室の侘を自然に求めるに至るであろうという推理は、また自然であろう。またこれは利休一人に限らず、社会一般が……華麗なものを時代文化の主調として求めた反面に、物静かな閑寂なものを同時に求めるということも、また自然な傾向であるであろう。

続いて、建築に移る。六年前は、鳥の巣や穴居に通ずる始原性と、そうした質をもたらす自然由来の素朴な材料や技能と狭さについて論じていた。しかし、今度は、始原性にも材料や技能の素朴さにも触れない。

たとえば材料については、

「材料的に多素材主義である。多素材において初めて構成的効果（筆者注：多様なものを上手にまとめること）が現われるからである」

と述べ、杉や檜の面皮《めんかわ》材や松やコブシの皮付きなどを例に取り上げるが、それらの素材を自然性として論じはしない。

代わりに、以前には触れなかった点について述べる。一つは非対称の美の件で、出雲大社の階段位置や法隆寺の配置からはじめ、茶室についても、

「線や面や立体の中心、中心軸、中心平面が一致しないで、ある『ずれ』を持つ……不正形的形体をとることもある」

と強調する。

平面についてもはじめて取り上げる。

茶室建築において何が一番多く（筆者注：過去の茶人たちにより）研究され工夫されていたかと言えば、それは平面計画と言えるであろう。今までの中にいかに変化し、いかに多くの変化が考えられたかは、驚くべきことである。四畳半以下の室で、総坪数三坪に足りない小室が、床の間と炉を中心にして、百に近い変化

ある実例を持っている

と指摘してから、図入りで利休の四畳半から宗旦の一畳台目中板までこと細かに特徴と建築的意味を分析する。

以上のごとく語った最後に、堀口は建築家として勝負に出る。相手はパルテノン。若き日にバウハウスなど歴訪のとき、パルテノンと対面し、

私はかつてギリシャのパルテノンの旁に立つたことがあつた。パルテノンの列柱の一つが修繕のために地のうえに一個一個がばらばらにして横たえてあつた。その柱頭の所を見入つて、二〇代の私は思わずうめき声を上げた。学校で習わされたドリア風の柱頭とは全く異なつた生きもののごとき在り方であつた。これはギリシャの地に生れて、豊かな世界に育ち上がつたもので、アジヤの東のはしの育ちには、歯のたつものではないことをはつきりと知らされた。……それは美しい。しかしそれを模ねようとしても鳥が孔雀の尾をつけたような笑われるべきものしかできないような質の全く異なったものであつた。そこでギリシャの古典は、東のはてから来た若者に「柄にあつた身についた道を歩め」とささやいてくれる女神ではなかつたが、冷たくきびしく寄りつくすべもない美しさの中に、打ちの

めされて、柄にあう道を探さざるを得なかったのである。

（「数寄屋造と現代建築について――サンパウロ日本館の写真にそえて」『建築文化』彰国社、一九五六年一月号）

と悟ったというパルテノンである。

これ（茶室）を、美しい建築の王座と考えられているギリシャのパルテノンのごとき建築と比較するとき、いかに多くの相反する思想を発見することであろうか。……茶室に表われた反相称性（非対称性）と、パルテノンの相称性（対称性）とは著しく相反する特性であり、茶室の中和な天然素材色を主調とした配色と、パルテノンの（竣工時の）多彩色もまた特性である。またパルテノンの美の最大因子である柱形式《オーダー》と、その繰り返しによって作る列柱《コロネード》およびその他すべての面を取りまく同形の繰型《モールディング》と茶室におけるすべての点に表われた形の不同と、繰り返しの極端なる忌避とは、著しく相反する特性である。

しかしパルテノンのあらゆる部分の視覚的効果に注がれた精緻な人の注意は、驚くべき事実であったが、……草庵茅屋の茶室においても同じく、それに劣らないものがあったように思う。利休の茶室として、現存する山崎の妙喜庵待庵にある勝手棚のごときを見ても、その単純な三枚の板からなる棚の構成が、その位置的関係、板の大きさの比例、大きい棚板から二段の小さい棚板を釣り下げている力学的関係になる構図、そして何よりも壁の隅の大きな塗り回しと上部の横架材、鴨居との有効な食い違い、こんな事柄から成り立っている単純な棚を持つ一隅が、その小さな容積にかかわらず、いかに雄大な表現を創り出し、美しい構成を纏《まと》め上げていることであろうか。……かかる美的構成が、たとい大理石や宝石類や高価な貴金属で作られていないからといって、またたといそれに費やされた工作労力が多くないからといって、美的価値が下がるものではない。それは意匠的に達せられた完成した世界として、いかなる材料的美の持つ構成にも決して劣るものではないであろう。

思い起こせば、紫烟荘の鎖の吊り棚は待庵の棚から来ている。勝手棚一つからこれだけ説得力と情感を併せ持つ一文を綴ることのできるのは文人堀口だけだろう。世界横綱の巨体に土俵際まで押し込まれた無名の小兵力士が、茶室という徳俵に足を残して相手の勢いを止めて反り返り、体《たい》は優劣つけがたいことを示してから、そして一か八かの賭けに出る。

パルテノンは戒律的様式主義をただはらんでいるのみであるが、茶室からは建築的に自由無礙《むげ》なる手法が約束されている。……茶室の中に表われている構成的手法は……建築美の理念発表の最高の段階である。

最後にウッチャリに出た。二〇世紀建築史に照らせば、ウッチャリは決まったと判断されよう。堀口が繰り返し使う「構成」は、歴史主義の美に取って代わるものとしてデ・スティルが言い出し、バウハウスに伝わって二〇世紀建築美学の根本の一つとなるからである。

〝構成〟は数学（幾何学）に基づく抽象概念だけにやや分かりにくいが、バウハウスに数少ない女性として学んだ山脇道子さんからうかがった次のエピソードが理解の手助けになるかもしれない。

「カンディンスキーの授業は、学内の自転車を集めてきて、アトリエの真ん中に積み上げ、それをデッサンするというものでした」

バウハウス教育は〝構成〟を旨としてなされ、積み重なる自転車の中に〝構成〟の美を読み取るのである。

建築家堀口が、昭和七（一九三二）年、茶室に見いだしたのは、「自由無礙（碍）」

だった。その三五年前の明治三〇（一八九七）年、武田が見いだしたのも「自由を以て芸術の妙致をえんと勉めたる」点だった。

武田に次ぐ二番目の茶室論は、同じ根拠を時代の先端テーマとして同じように見つめながら、より深くより広く論じたのである。

岡田邸と御幸の間

二度目の茶室論を仕上げた翌、昭和八（一九三三）年、〈岡田邸〉（図29～31）が竣工する。岡田邸完成をにらんでの茶室論であった。

岡田邸は、紫烟荘に続き、紫烟荘以上に日本の伝統と二〇世紀建築の幸せな融合を体現した名作として知られる。

大正一二（一九二三）年の渡欧の折、ワイマール時代の完成直後のバウハウス校長室を案内され、そこに先駆的に実現していたバウハウスデザインを目にしながら、帰国後は紫烟荘のような表現派っぽい作風に終始し、この住宅ではじめて〝白い箱に大ガラス〟と取り組む。しかし、バウハウス校長室をそのまま移したような書斎棟ではなく、すでに島藤組によって出来上がりつつあった和風住宅を堀口が改造してできた和室棟の方が史上では高い評価を得た。なぜなら、伝統の木造とバウハウスデザインの統一が理想的なまでに実現していたからだ。柱越しに庭を眺めたシーンには誰でも

図 29 〈岡田邸〉（1933 年）設計／堀口捨己

図 30 〈岡田邸〉八畳間から池と芝生を見る
（堀口捨己『一住宅と其庭園』1936 年より）

息を呑むだろう。バウハウスと日本の木造が、たしかに一体化して余すところがない。

このシーンで名高い居間の隣に四畳半の茶室があった。最初入ったとき、炉が片付いていたから茶室とは思わなかったが、図面には炉を切り、水屋（ただし室外）もあるから茶室にちがいない。

紫烟荘茶室に比べればヘンさがないだけいいが、でも「茶室の思想的背景とその構成」の堀口が正面から取り組んだ成果とはとても思えない。茶室の付加は、オメカケさんの家だったからかもしれない。

ポイントは庭に張り出す〝竹簀子《たけすのこ》〟の存在で、もちろん桂離宮古書院の月見台に由来する。その前に広がる庭は、「秋草の庭」と名付けられ、樹と石ではなくススキやハギといった秋の草をテーマにした庭だった。もちろん、ススキを植えるような伝統の庭はなく、和歌に通じた堀口自慢の庭。

テーマは茶室になく、室内の人の視線と動きが竹簀子に導かれて庭へと流れ出してゆくその内外空間の連続性こそ堀口のねらいだった。家全体のねらいもそこにあった。

グロピウスの大ガラス入りホワイトボックス（白い四角な箱）たるバウハウス校長室（一九二三年）により、光の内外連続が実現し、さらにバウハウス三代目校長のミース・ファン・デル・ローエ設計の〈バルセロナパヴィリオン〉（一九二九年、昭和四）が、光に加え人の視線と動きの内外連続（空間の流動）に到達していた。

図 31 〈岡田邸〉襖と障子を取り外した四畳半（茶室）を八畳間より見る――竹格子の向こうが屋外の水屋。（堀口捨己『一住宅と其庭園』1936 年より）

二〇世紀建築史に照らすと、岡田邸は、書斎でグロピウスを再現し、和館でミースと同質を実現している。世界の最先端を走るグロピウスには一〇年、ミースには四年遅れの堀口捨己であった。差はグッと詰めてきている。

岡田邸以後、バウハウスデザインを続けるが、しかし次第に分離派このかたの先駆性は失われてゆく。理由は、バウハウスのデザインを否定する若い世代が登場したからだ。彼らの動きを見る前に、その後の堀口と茶室との関係をたどっておこう。

堀口はますます茶室にのめり込み、利休と茶室をテーマに史料の発掘と読解に努め、茶の道についての初の学術的研究者として、茶と建築史の分野で高い評価を得た。しかし、茶室は手掛けていない。

戦時下は、東京に妻子を残したまま、茶に縁の深い大徳寺の塔頭や奈良の慈光院に長期間寄留し、閑日を過ごしている。

そして戦後、最初の仕事は、堀口にとって願ってもないものだった。天皇の名古屋行幸を迎えるための〈八勝館《はっしょうかん》　御幸《みゆき》の間《ま》[37]〉（図32）を料亭八勝館に増築する。〝間〟とはいっても広大で、天皇用の御幸の間と皇后用の〝残月の間〟からなり、それぞれに別室も付く。

天皇を迎える和風の部屋は江戸時代このかた一番格式の高い書院造と決まっている。桂離宮や修学院離宮に数寄屋造が用いられたのは私的な遊びの別荘だったからだ。にもかかわらず堀口は数寄屋を選んだ。新時代の天皇のあり方にふさわしいと理由付けしたとしてもそれは方便で、建築家の本性に従い、これまでの茶室と数寄屋造の研究と実践の成果をすべて投入し、広い部屋を全体としては数寄屋でまとめ、一隅に茶室的しつらいを設けた。

利休は金の茶室に正親町《おおぎまち》天皇を、堀口は数寄屋造に昭和天皇を迎えた。

念頭に置いたのは、利休の色付九間《いろつけここのま》書院とその茶室版の残月亭。貴人が座すための広い床は、そのまま前者は御幸の間に、後者は皇后の残月の間に持ち込まれている。

そして、桂離宮へのオマージュが紫烟荘と岡田邸に続いてここでも献ぜられ、広間

図32 〈八勝館 御幸の間〉（1950年）設計／堀口捨己

の右手隅の茶室的しつらいの土壁には笑意軒の丸窓が三つ開き、庭に面した縁には月見台の竹簀子が張り出される。

紫烟荘で踏み切った堀口の三段飛びは、岡田邸を経て、八勝館 御幸の間で着地した。

茶室の閉鎖性と数寄屋造の開放性

堀口のデビュー作以来の茶室への関心は利休に集中し利休とともに歩んでいるが、しかし、一点、それも利休の生命の一点を避けて歩んだことを認めなければならない。

二畳まで突き詰めた極小空間の件である。利休に続く世代は、二畳からは撤退するが三畳などの狭くかつ閉鎖的な茶室は作り続ける。利休の極小空間の生命は閉鎖性にあり、庭に向かって開いてしまっては空間の凝縮性は喪われ、見晴らしも心地もよいただの小空間と化し、それでは凝縮の果てにはじめて可能な反転はならない。利休に続く世代の遠州は、忘筌《ぼうせん》のような開放的で広い茶室を作るかたわら、利休に倣い自閉的な、具体的には障子を開けることを前提としない金地院八窓席の三畳台目の名作を残しているのに、堀口の茶室は庭に向かって開くことをねらっている。御幸の間の後に手掛けた〈茶室磵居《かんきょ》[38]〉(昭和四〇年、一九六五)も、名作茶室にはちがいないが竹簀子による外への開放はより徹底している。

閉鎖によりはじめて可能な空間の凝縮性を喪った茶について利休は強く戒め、利休を心の支えとした孫の宗旦は、遠州を言葉に出して批判した。利休の茶室と数寄屋造は親子の関係にあるから一緒くたにしやすいが、〝狭さ〟に加え〝閉鎖〟がポイントで、閉鎖は茶室、開放は数寄屋造となる。

なぜ堀口は数寄屋に終始したのか。利休とは求める空間がちがっていた。桂離宮にとりわけ竹簀子に執着したことから知られるように、内から外へと流れるように広がる空間の動きに魅せられ、またそれこそが二〇世紀建築の空間だと考えた。そのとき建築的に重要なのは外に向かって水平に伸びる床《ゆか》と天井の二つの面だった。だからこそあれだけの広さにもかかわらず、御幸の間の床面は、本来なら避けるべき畳と縁側との段差もなく庭に向かって伸び、また天井の面も、本来なら天井よりずっと上に位置すべき軒へと段差も少なくスムーズに続き、これ以上ないほど傾倒のゆるい軒先に導かれて庭へと伸びる。

紫烟荘の居間の閉鎖性と縦長プロポーションからして、茶室に着目した最初は利休に近接していたが、バウハウスを訪れて水平性に目覚め、桂がバウハウス以上に水平性に優れていることを認め、それを岡田邸で示したにちがいない。

岡田邸を大規模化したのが御幸の間といっていいと思う。

空間の水平の広がりを求めるかぎり、空間の基本単位の探究も凝縮も極小化もありえない。茶室を調べ考える日が続くに従い、思考は利休に迫りながら、求める空間は遠ざかっていったのだった。

ここで思い出してほしい。茶室論のピークをなす「茶室の思想的背景とその構成」の中で、なぜ国際貿易都市堺の中で田園を装う草庵茶室が芽吹き、なぜ聚楽第の中で利休が二畳や一畳台目を試みたのかについて、堀口は何と書いていたか。この根本的矛盾と対立について、

「信長や秀吉の……ポリクロム（筆者注：多彩色）な桃山芸術に、知らず識らず反感……茶室の侘《わび》を自然に求め……。利休一人に限らず、社会一般が……華麗なものを時代文化の主調として求めた反面に、物静かな閑寂なものを同時に求めるということも、また自然な傾向であろう」

と理解した。

自分の茶を育んだ堺を絞め殺した信長や秀吉好みの芸術に「知らず識らずに」反感を持ったなんてありえまい。都市的華麗と田園的閑寂を同時に求めたがる世間と一緒にすべきではない。

たしかに、堺の茶室の四畳半までは堀口の言うようであったろう。でも、三畳、二畳と狭まるにつれ茶の実用性は失われ、思想的、悟り的領分に入ってしまうことはすでに述べたとおりである。

利休の核心を堀口は理解しなかった。「我得具足の一太刀　今此時ぞ天に抛」。利休の渾身一擲〝反転〟の想いに届かなかった。

そして、茶室の設計においても四畳半よりは狭めず、代表作にして名作の茶室磵居《かんきょ》に見られるように、サヴァイヴァルする茶室様式の枠から出なかった。

おそらく堀口も枠の外について思いを巡らすこともあったにちがいない。だからこそ昭和二六（一九五一）年には、デパートで開かれた「新日本茶道展」にビニールを多用した立礼《りゅうれい》茶室の〈美似居《びじきょ》〉（ビニールに掛けた命名）を出品したり、尖石《とがりいし》遺跡では本気で竪穴式住居の復元に取り組んだり、昭和三〇（一九五五）年には、竪穴式住居が民家へと進化途上のような黒木（樹皮付き）の茶室〈万葉亭〉を作ったりした。定形化した茶室の前方あるいは後方に、脱出口を探したのだろう。しかし、見つからなかった。

美似居の新しさに衝撃を受けて堀口に就いた若き日の中村昌生は、戦後の茶室の新しい方向性について何回尋ねても、返事は、

「……」

話題を切り替えられたという。

1 **ジョサイア・コンドル**／(一八五二～一九二〇) 建築家。イギリス生まれ。一八七七年、お雇い外国人として来日。工部大学校(現・東京大学工学部)造家学科の教授として、辰野金吾や片山東熊ら創生期の日本人建築家を育成し、日本の建築界の基礎を築いた。代表作に〈鹿鳴館〉(一八八三年)、〈ニコライ堂〉(一八九一年)、〈三菱一号館〉(一八九四年)など。河鍋暁斎に師事し日本画も学ぶ。

2 **唐破風**／中央部が凸状で、両端部が反り上がった曲面状の破風(屋根の妻側の三角形の部分の造形)を指す。

3 **辰野金吾**／(一八五四～一九一九) 建築家。佐賀県生まれ。工部大学校(現・東京大学工学部)卒業。コンドルに師事。九八年、東京帝国大学工科大学学長就任。伊東忠太、武田五一など多くの後進を育てた。工手学校(現・工学院大学)の創立を推進。代表作に〈日本銀行本店〉(一八九六年)、〈中央停車場(現・東京駅)〉(一九一四年)、〈大阪市中央公会堂〉(一九一八年)など。

4 **校倉造**／三角形や四角形、円形などの断面をした木材を横に組み合わせて壁を作った倉を校倉といい、その建築様式のこと。東大寺の正倉院が代表的。

5 **華頭窓**／上枠を火炎形、花形に作った窓で、寺社建築、城郭建築、住宅建築などに見られる。火灯窓、花頭窓ともいう。

6 **ナマコ壁**／建物の耐火・耐水性向上のため、平瓦を張り、その間の目地部分を漆喰で盛りつけた工法。

7 **木子清敬**／（一八四五～一九〇七）建築家。京都市生まれ。内裏の修理造営に携わる棟梁の名家に生まれる。一八八九年より東京帝国大学ではじめて日本建築学の講義を行い、それまでの西洋建築一辺倒の教育に和風建築を導入した。

8 **伊東忠太**／（一八六七～一九五四）建築家、建築史家。山形県米沢市生まれ。一八九二年、東京帝国大学工科大学（現・東京大学工学部）卒業後、大学院に進み、九三年、「法隆寺建築論」を発表。一九〇五年、東京帝国大学教授となる。中国山西省の雲崗石窟をはじめ、インド、トルコなどの仏教遺跡を調査。代表作に〈平安神宮〉（一八九五年）、〈明治神宮〉（一九二〇年）、〈大倉集古館〉（一九二七年）、〈築地本願寺〉（一九三四年）など。

9 **アールヌーヴォー**／一九世紀末から二〇世紀初頭にかけてヨーロッパを中心に流行した表現様式。うねるような曲線や曲面を多用した形式を特徴とする。建築、インテリアデザイン、家具、ポスター、ガラス工芸など広い領域の表現に影響を与えた。

10 **真宗信徒生命保険**／一八九五年に京都に設立された生命保険会社。この社屋が一九一二年伊東忠太の設計により建てられた。現在は西本願寺伝導院となっている。

11 **千鳥破風**／人字状にカーブした破風。

12 **蟇股**／寺社建築に多く見られる建築部材の一つ。二つの横架材の間にあり、上の部材を支えるために用いられる。

13 **武田五一**／（一八七二～一九三八）建築家。広島県福山生まれ。一八九七年、東京帝国大学工科大学（現・東京大学工学部）卒業後、大学院に進学。一九〇一年から三年間、文部省より図案研究のためヨーロッパに派遣される。帰国後、アールヌーヴォーやウィーン・セセッションを日本に紹介した。代表作に、セセッション建築の〈福島行信邸〉（一九〇五年）のほか、〈京都府立図書館〉（一九〇九年）、〈京都帝国大学工学部建築学教室本館〉（一九二二年）など。

14 **千宗室**／（一六二二～一九七）江戸前期の茶人。裏千家の祖。号は仙叟・臘月庵。加賀前田家に仕え、以後、裏千家宗家は代々宗室を名乗る。

15 **片桐石州**／（一六〇五～七三）江戸時代初期の大名。茶人。石州流の開祖。名は貞昌。大和小泉藩主片桐家二代目となり、京都知恩院の普請奉行などを務める。桑山宗仙に茶道を学ぶ。四代将軍徳川家綱の茶道師範となる。

16 **刀掛**／刀を横にして掛けておく道具。

17 **関野貞**／（一八六八～一九三五）建築史家。新潟生まれ。一八九五年、東京帝国大学工科大学卒業後、内務省技師となり、奈良の古建築を調査。八九年に平城宮址を発見。一九二〇年、東京帝国大学教授に就任。法隆寺非再建論を提唱した。日本、韓国、中国の古建築・遺跡・古美術を調査・研究し、建築史や考古学に業績を残した。

18 **塚本靖**／（一八六九～一九三七）建築家。京都生まれ。母校東京帝国大学工科大学で、建築計画、意匠、工芸の研究・指導にあたる。「日光廟装飾論」など、建築、工芸に関する多数の論文がある。

19 **チャールズ・レニー・マッキントッシュ**／（一八六八～一九二八）建築家、デザイナー、画家。スコットランド・グラスゴー生まれ。アーツ・アンド・クラフツ運動の推進者。ジョン・ハッチソンの建築事務所にいながら、グラスゴー美術学校でデザインとアートを学ぶ。一八九六年、母校の新校舎設計コンペで優勝。代表作に〈ウィロー・ティールーム〉（一九〇三年）、〈ヒルハウス〉（一九〇四年）など。

20 **デ・ステイル**／テオ・ファン・ドースブルフが、モンドリアンらとオランダのレイデンで一九一七年に創刊した美術雑誌（〜一九三二）、およびこの雑誌に関係した芸術家、建築家らによる新造形主義の美術・建築活動。建築や抽象絵画を重視し、バウハウスへ影響を与えた。

21 **バウハウス**／一九一九年にドイツ・ワイマールに設立された工芸、写真、デザインなどの美術、および建築の総合的な教育を目指した造形芸術学校。初代校長はグロピウス。二八年にハンネス・マイヤー、三〇年にはミース・ファン・デル・ローエが校長に就任。三三年にナチスにより閉校。

22 **野口孫市**／（一八六九〜一九一五）建築家。姫路藩士の家に生まれる。一八九四年に東京帝国大学工科大学卒業後、大学院で耐震家屋を研究。九六年に逓信省入省。その後、住友家に迎えられ、欧米渡航の後、住友臨時建築局技師長となる。住友関係の多くの建物や邸宅を設計する。

23 **ウィーン・セセッション**／ウィーン分離派ともいわれる。一八九七年にグスタフ・クリムト中心にウィーンで結成された芸術運動。アーツ・アンド・クラフツやアールヌーヴォーなどから影響を受けている。

24 **佐野利器**／（一八八〇〜一九五六）建築家、構造学者。山形県生まれ。東京帝国大学工科大学卒業後、鉄骨・鉄筋コンクリート構造学を研究。一九一五年、「家屋耐震構造論」を発表。二三年に関東大震災の復興計画に復興院建築局長として参画。日本最初の鉄骨構造建築〈東京日本橋丸善書店〉（一九〇九年）を設計。

25 **水屋**／茶室に付随した、点前や茶事の準備や器などの収納をする場所。

26 **フランク・ロイド・ライト**／（一八六七〜一九五九）建築家。アメリカ生まれ。一八九三年、シカゴ万博で出合った日本の「鳳凰殿」に強い影響を受ける。同年、事務所を開設。〈ウィンズロー邸〉（一八九四年）を皮切りに、〈ロビー邸〉（一九〇九年）を代表とする「プレーリースタイル」の住宅などの傑作住宅を設計。代表作に〈カウフマン邸（落水荘）〉（一九三六年）、〈グッゲンハイム美術館〉（一九五九年）など。自然と一体化した、周囲の環境に溶け込む「有機的建築」を目指した。日本美術を愛し、〈帝国ホテル新館〉（一九二三年）、〈自由学園〉（一九二六年）など、数々の建物を日本に残す。

27 **表現派**／表現主義ともいう。二〇世紀初頭にドイツで生まれた芸術運動。絵画からはじまり、その後、文学、音楽、演劇、映画などさまざまなジャンルに広まった。

28 **ピエト・モンドリアン**／（一八七二〜一九四四）画家。オランダ生まれ。ワシリー・カンディンスキーと並んで最初の本格的な抽象画を描いた。水平線と垂直線、および三原色で構成された作品で知られる。一九四〇年、アメリカに亡命。

29 **ブルーノ・タウト**／（一八八〇〜一九三八）建築家。ドイツ・ケーニヒスベルク生まれ。〈鉄の記念塔〉（一九一三年）、〈ガラスハウス〉（一九一四年）は表現主義の代表的な作品として知られる。二四年、ベルリン住宅供給公社（GEHAG）の建築家に起用。ナチスの迫害から逃れ、三三年に来日。桂離宮、伊勢神宮をはじめ、日本の美を世界に紹介する。三六年にトルコの国立美術アカデミーに招聘、その地で客死。

30 **アムステルダム派**／一九一〇年から二五年頃にかけて、アムステルダム中心に活躍した建築家のグループ。生活と美術の統合を目指した。

31 **ヴァルター・グロピウス**／（一八八三〜一九六九）モダニズムを代表するドイツの建築家。総合芸術としての建築教育を目指して設立された「バウハウス」の創立者で、一九一九年から二八年まで初代校長を務めた。三〇年頃にはベルリンの集合住宅建設にあたる。三四年にイギリスに亡命後、三七年にはアメリカに渡る。代表作に〈デッサウの校舎〉（一九二六年）、著書に『国際建築』など。

32 **ミース・ファン・デル・ローエ**／（一八八六〜一九六九）モダニズムを代表するドイツ生まれのアメリカの建築家。「バウハウス」の三代目校長を務めた。一九三八年、ナチスから逃れ、アメリカに亡命。イリノイ工科大学の教授に就任。鉄やガラスを使い、無駄な部分をなくした建築やインテリアを提唱。代表作に〈ファンズワース邸〉(一九五〇年)、〈シーグラムビル〉(一九五八年)など。

33 **又隠**/今日庵と並ぶ裏千家の代表的な茶室。一六五三年、千宗旦が隠居する際に造立したもので、利休の四畳半を復元して作ったとされる。

34 **村野藤吾**/(一八九一〜一九八四)建築家。佐賀県唐津市生まれ。一九一八年、早稲田大学建築学科卒業後、渡辺節建築事務所に入所。二九年に村野建築事務所を開設。代表作に〈大阪十合百貨店〉(一九三五年)、〈渡辺翁記念会館〉(一九三七年)、〈迎賓館本館の改修〉(一九七四年)、〈世界平和記念聖堂〉(一九五四年)など。

35 **渡辺仁**/(一八八七〜一九七三)建築家。東京生まれ。一九一二年、東京帝国大学工科大学建築学科卒業。一七年、逓信省入省。二〇年に独立。代表作に〈ホテルニューグランド〉(一九二七年)、〈服部時計店〉(一九三二年)、〈第一生命館〉(一九三八年)など。

36 **押し縁**/板張りの継ぎ目を上から押さえるための細長い材。

37 **八勝館　御幸の間**/一九五〇年、堀口捨己によって名古屋市昭和区に作られた。一六畳の広間、一〇畳の次の間、入側縁の座敷で構成される。丸窓と竹簀の子は、堀口が桂離宮に献げたオマージュだったが、ここではその二つを印象深く使っている。

38 **茶室磵居**/一九六五年、堀口捨己が手掛けた本格的茶室。ほとんど栗材が使われた。

第六章　戦後の茶室と極小空間

茶室に近寄らなかった堀口以降の世代

堀口に続く世代が日本の伝統の中に新たに見いだしたのは、柱《はしら》と梁《はり》の構造の持つ、二〇世紀建築思想にかなった合理性とその美しさだった。もちろんこの構造秩序は縄文時代の竪穴式住居以来の伝統を持ち、民家にも社寺にも書院造や数寄屋造にも広く見られるが茶室だけにはない。茶室は利休このかた、柱も梁も土壁や天井で隠し、面と線を自由に操り、美的に効果のある柱だけを印象的に演出する。

彼らは、グロピウスやミースやル・コルビュジエ[1]がまだ気づいていない日本の木造に由来する柱梁構造の合理性と美を、現代の鉄骨構造と鉄筋コンクリート構造に持ち込もうと努め、まず戦前の段階で昭和一二（一九三七）年、坂倉準三が〈パリ万博日本館〉を鉄骨で試みた。図面は、ル・コルビュジエの事務所を借り、シャルロット・ペリアンが助けて仕上げている。

パリの一画に立ち上がった日本館は画期的で、万博の建築部門のコンテストにおいて、審査委員長のオーギュスト・ペレ[2]はゴールドメダルに選んでくれた。ペレ↓ル・コルビュジエ↓坂倉、は師弟関係でもあったが、内容が画期的だった。垂直の鉄骨と水平の鉄骨を露出し、それも視覚的には等価な印象で露出し、間に大ガラスをはめた。私は長らく写真でしか知らず、柱と梁の結合部がどうなっているか心配だったが、近年、原図を見て、日本の木造のようにストンときれいに納まっているのを確認した。

それまで、ヨーロッパの二〇世紀思想に基づく鉄骨構造をリードしていたのはバウハウスのミースだが、柱は見せても梁は天井裏に隠していた。ヨーロッパの建築家の美意識の中に、柱はあっても梁の存在はなかったのだから仕方がない。

ミースは、万博開催中、一週間パリに滞在しており、その時、前衛的建築家仲間で話題の日本館を見ないほど情報に疎かったとはとても思えない。その後、アメリカに亡命するようにして移り、鉄の柱と梁を表現の主役に置き、間に大ガラスをはめる〈イリノイ工科大学〉（一九四〇年）などの新作を相次いで世界に問い、戦後、このスタイルが世界の鉄とガラスの超高層ビルのスタンダードとなって今に至る。

鉄骨のパリ万博日本館と同じ作用を世界に及ぼしたのは丹下健三の〈広島ピースセンター〉[3]（一九五五年）にはじまる戦後すぐの一連の打放しコンクリート作品だった。

打放しコンクリートの先駆者、ペレも、二番目に試みた日本のアントニン・レーモンド[4]も、ペレの弟子でありながらレーモンドに七年遅れをとったル・コルビュジエも、柱は見せても梁は見せなかった。鉄骨とちがいコンクリート梁はとても太くなり、倉庫のように無口で重苦しくなるのが美的に嫌だったのだろう。

これを突破したのが丹下で、一階をピロティーとして開け放ち、二階に勾欄《こうらん》を回して梁の太さを視覚的に減らし、手スリによって細さを加え、軽やかに地上に持ち上がるような打放しの柱梁構造を実現した。影響はアメリカに大きく及び、エーロ・サーリネン、アルバート・カーンといった戦後アメリカをミースとともに牽引するリーダーは、来日して丹下作品詣でをしている。

鉄骨の坂倉も鉄筋コンクリートの丹下も、ともに世界に先駆したのが柱と梁の構造美だったのは偶然ではなく、日本の伝統に深く学んでいたからだ。丹下が学んだことの分かっている伝統的建築は、伊勢神宮と法隆寺と桂離宮の三つ。茶室との関係で注目すべきは桂との関係だが、数寄屋造や茶室がらみではなく、新御殿の縁の下と上部の縁側と障子の面、だけと分かっている。つまり、新御殿の屋根を除いた立面のシャープで軽くて一層目に影のある表現。

丹下は桂全体には嫌悪感を持ち、グロピウスに請われて英文の桂離宮の本を共著で出しているが（写真は石元泰博）、批判的な文章を続け、わずかに誰も知らない片隅の石組を縄文的でいいと褒めている。

堀口後続世代の中で坂倉だけが一つ茶室を手掛けている。パリ万博日本館に続く日本での処女作の〈飯箸邸《いいはしてい》〉（昭和一六年、一九四一）の図面を見ると茶室と記された部屋があるが、実物を見ると入口の小アーチのほかは普通の四畳半にすぎない。オメカケさんの家だったからだろう。

レーモンド、前川國男、坂倉、丹下、吉村順三、吉阪隆正《よしざかたかまさ》[5]といった戦前に大学を終え、戦後の日本の建築界をリードする世代は、以上見てきたように日本の伝統に深く学びながら、しかし茶室には近寄らなかった。桂のファサードまでは眺めても、その奥の茶室はのぞこうともしない。

なぜだろう。時代の問題がまずある。戦後の復興期は明治時代と共通し、民主的で文化的で平和な新しい国と社会を築くという大きな目標があり、茶室のような極私的空間は関心の外に放置されていた。テーマは、国や公共のシンボル的施設か、住宅であれば邸宅よりは働く者のための集合住宅。もちろん小規模の個人住宅は手掛けるが、茶室を持つような邸宅は関心の外。高級な料亭や旅館に好んで使われる数寄屋造も、オメカケさんに付きもののような遊びの空間としての茶室も、戦後の焼け跡から立ち上がる生産の時代には反時代的ですらあった。

ただ、人間であるかぎり、高級も遊びも嫌いなはずはない。戦前から丹下の理論家の役を果たし、戦後復興期の建築言論をリードした評論家の浜口隆一[6]もそうした一人で、昭和三〇（一九五五）年、次のように告白した。

この原稿を私は苦い心で書く。そのくせ私はこれを書かずにはいられない。もう数年前のことになるが、ニューヨークにいたとき……現代日本建築について、いろいろ話しあったことがある。……ニューヨークにおける随一の日本建築通のラド氏は（筆者注：堀口捨己の）八勝館の美しさを口をきわめて激賞した。実は、その当時、私は和風建築について、〝反動的〟だと考えており、一応、否定的評価をしていた。……今日、私の建築についての考え方は以前の頃（一九四八年に私は『ヒューマニズムの建築』という本の中で、機能主義合理主義に対する実践を強調した建築論を書いた）とはかなり変わってしまっている。……

今日、私は数寄屋建築にかなり強く魅かれている。もちろん釈然としないものも残っているけれども、とにかく人の心をときめかすようなその魅力はよくわかるような気がしてきた。……いま私は和風建築を美しいと思い、好きだと感じるが、しかしやはり心の何処かの片隅ではその和風建築を――それに魅力を感じる私自身を含めて――嫌いだと思っている。

（浜口隆一「数寄屋建築――ある建築評論家の告白」『新建築』彰国社、一九五五年六月号）

戦後建築界の主流は、正直者の浜口のように複雑な者はむしろ稀で、数寄屋造やまして茶室のように人の心をたおやかにときめかすような手の建築は、〝反動的〟だとするのが大勢だった。

堀口が日本の二〇世紀建築を切り拓いたことに畏敬の念を持ち、しかし〝スキヤをやるのか〟という日本の建築界の微妙な空気について、当時の世界を代表するアメリカの建築批評家ピーター・ブレイクは『Architectural Forum』誌に次のように書いた。

西洋の建築家たちの多くが、この（八勝館八事店御幸の間）素晴らしいデザイン（一九五〇年に天皇行幸を記念してつくられた）に驚嘆するのに対して、日本の若い建築家たちは設計者・堀口捨已が「保守主義の大僧正」であると感じている。これは本当のことである。堀口捨已はその建築家としての経歴を西洋的近代主義の日本での提出者として開始した。そして、これもまた真実であるが、後になって彼は数寄屋造、日本の建築における最も洗練された伝統的様式の研究に転じた。日本の若い建築家たちは堀口を「反動」として批判するけれども、その日本の若い建築家たちにとって――そして何処の国の建築家にとっても――この熟練したデザイナーはプロポーション、スケール、モデュール、木構造等々について多くの大切な事柄を教えるところがある。

ここに示されている部屋とポーチとは桂離宮を強く思い出させるが、伝統的な畳、障子、襖等を用いている。天井の蛍光灯は光を拡散させるために白い和紙でカヴァーされている。天井は木の板張りである（「もちろんベニアではありません」とハマグチはいう）。構造材は露出されており、石の基礎の上にのる柱は伝統的手法で主階を支えている。

(ピーター・ブレイク「戦後の日本建築」『Architectural Forum』一九五三年三月号
浜口隆一訳『建築文化』彰国社、一九五三年五月号)

世界の二〇世紀建築の動きをよく知るブレイクのこうした評価にもかかわらず、レーモンド～丹下の世代が茶室や数寄屋に近寄らなかったのは、復興の時代、生産の時代にふさわしくないという歴史的、社会的理由だけではなかった。建築家が一つのスタイルを拒むには建築的な理由があるはずで、それは何か。

坂倉が戦前に、丹下が戦後に、日本の伝統に学んで世界に影響を与えたのが何だったのかを思い出してほしい。坂倉の鉄骨構造も丹下の打放しコンクリートも、木造の柱と梁の構造とその美しさだった。構造表現の美学。

茶室は、柱や梁を隠すことで自由を獲得したビルディングタイプだった。堀口は、構造表現の思想を欠くがゆえに茶室に平気で近づき、後続世代は構造表現主義こそバウハウスを超えるル・コルビュジエの道と見ているから茶室を避けたのだった。

ピーター・ブレイクは知らなかったろうが、堀口のほかにもう二人、〝反動的な保守主義の大僧正〟が戦後の日本にはいた。二人とも茶室を好み、秘かに手掛けていた。村野藤吾《とうご》と白井晟一《せいいち》[7]である。

村野藤吾と白井晟一の反時代性

二人ともデビューは早く、村野は堀口より二年早く大正七（一九一八）年に早稲田大学を、白井は八年遅れの昭和三（一九二八）年、京都高等工芸学校（現・京都工芸繊維大学）を終えている。

村野は、歴史主義の名手として鳴らした大阪の渡辺節《せつ》[8]の下でアメリカン・ボザール[9]様式の鍛練に明け暮れた後、昭和四（一九二九）年、独立し、当時日の出の勢いにあったバウハウスとル・コルビュジエのデザインを冷たくて非人間的として断固、拒み、その直前のドイツとオランダの表現派をベースに独自の道を進んでいた。

白井は、昭和四（一九二九）年、ドイツに遊学し、ロマネスクや民家に魅せられ、帰国後はロマネスクをベースに、ヨーロッパと日本の茅葺き民家や竪穴式住居に想を得た世にも稀な表現を人知れず作っていた。

そして戦後になり、はじめて茶室に取り組む。

まず村野から。奈良から移した茅葺き民家の納屋を、昭和二五（一九五〇）年頃、四畳半の茶室に改造した。閉鎖型の茶室で、床《とこ》は画さず、中柱が立ち、窓は躙口の面にのみ付く。天井には茶室としては異様に、ススケて黒光りする太い梁が露出しているが、これらの梁に魅かれて移築したのだという。

床を構えず、天窓を開けず、室内は意識的に暗く抑えられ、頭上には黒く太い梁が架かるから、入ってすぐは荒々しくうっとうしく感じられるが、暗さに慣れると、中柱の周りや開口部には繊細な工夫が凝らされているのが分かる。明かりは障子越しに北向きの庭側からしか入らないから、視線はどうしてもそっちに向かい、比較的大きな作りの躙口の戸を開けると、坪庭の光景が美しい。室内から外を眺めるのは広間の茶室といえど御法度だが、躙口を額縁代わりに眺める茶庭は村野自慢の景だった。

床の省略といい、むき出しの梁といい、フリースタイルの茶室と評していいだろう。

この閉鎖型に続け、昭和三三（一九五八）年、一〇畳の広間の茶室を増設する。平面は残月亭を写し、しかし畳の上段にはせず板を敷いた踏込床《ふみこみどこ》とした。さらに、壁には洞床《ほらどこ》風の凹をつける。

堀口はじめ村野も、広間の茶室を作るときなぜ残月亭を写したのかはこの茶室を見るとよく分かる。床の持つ正面性が消え、正方形の貴人席（床）を画す独立する床柱が水の流れの中の杭のように働き、空間が一方向ではなく部屋全面に等しく広がり、さらに庭へと流れてゆく。残月亭の貴人席のもたらす非対称効果を村野はよく知り、しかし貴人席の高さはやめて踏込床とし、床の壁の二面を一つは平らに、一つは洞床風に凹ませ、両方に絵を掛けた。

閉鎖型も広間の茶室も、村野らしい表現派的な素材の味わいと、歴史主義で身に付けた細部の造形の面白さをみせる。

村野が自宅に組み込んだ閉鎖と開放の二つの茶室は、作り続け変え続けたから完成がいつかは正確には決められない。子息の漾《よう》さんによると、広間の茶室の洞床を塗ったとき、コワサで鳴らす浪速組の左官相手に無理難題を言い、左官が怒って途中で帰ってしまったという。それほどまでに茶室作りを好んだのは、村野の建築表現の根幹をなす歴史主義と表現派に共通する性格が茶室にはあるからだろう。

村野が渡辺節の下で身に付けた歴史主義とは、定形を認めた上でどう自分らしさを出すかという造形のゲームのような性格を持っていた。利休はそれまでの定形を踏み破るが、利休以後の草庵茶室は逆に強い定形性を持ち、その枠内で弟子たちはあれこれの工夫を楽しみ、それが〝〇〇好み〟と呼ばれた。茶室のそうした性格が村野には好ましかった。

バウハウス直前の表現派から動こうとしない村野は、表現派ならではの〝毛深い〟テクスチャーを求めてビルや劇場やデパートなどを作り続けるが、そうした大建築に自然素材を使うことは難しい。木、土、紙、布といった素材の肌触りの魅力を茶室を作りながら味わっていた。

白井は茶室のどこに引かれていたのか。

グラフィックデザインからスタートした若き日の白井が、建築家としての自分の資質に目覚めたのは、ドイツから帰り、昭和一〇年代初頭、伊豆長岡の温泉旅館に長期逗留中のことだった。

伊豆代官江川太郎左衛門邸の豪壮にして野趣あふれる姿に打たれ、戦後になって白井が、桂離宮に対し縄文的伝統をぶつけて対抗するのはこの時の体験による。繁栄する旅館の名女将は白井を愛し、旅館の庭の奥に二人のためのその名も〈歓帰荘〉（昭和一三年、一九三八）を作り、この一作の中に白井の建築的資質は表出する。

入口から沈んで入る室内、頭上に低く重く架かる屋根の天井（化粧屋根裏天井）、床面の位置に開いた大きなロマネスクのアーチ窓から低くすべり込む光、そして大きな暖炉（火）と暖炉の両脇に立つチョウナ削りの太いケヤキの柱。縄文の竪穴式住居とロマネスクを混ぜて一つにしたような国籍不明時代不詳の表現というしかあるまい。

ここに表出した二〇世紀建築には異例な洞窟性、閉鎖性と、アナーキーなまでの非定形性の二つが、やがて戦後、白井を茶室へと向かわせる。堀口のように開放的でない点だけについては利休の茶室に近かった。

戦後の代表作として知られる稲住温泉の〈浮雲〉（昭和二七年、一九五二）には、至るところに茶室に由来する構成と造形が、ロマネスクと一体化してあふれる。茶室の薄味をロマネスクで濃くしたような空間に、最初はいいがやがて胃にもたれる。〈試作小住宅〉（昭和二八年、一九五三）（図33）を訪れると、外からは分からないが中に入ると、数寄屋化という道を通さずに利休の茶室を巨大化するとどうなるかが分か

図 33　〈試作小住宅〉（1953 年）設計／白井晟一

図 34　無銘の茶室（湯沢、1953 年）設計／白井晟一

る。開放的ではあるが、〝引き伸ばされた草庵茶室〟はやはりヘンである。

こうした白井の茶室好みを象徴するのは、湯沢の酒蔵の天井裏に作られた無銘の茶室（昭和二八年、一九五三）（図34）で、酒蔵と茶室という二重の閉鎖の中で、六畳敷の畳から直に立ち上がる床柱や、壁の〝縦に半割りした華頭窓〟を見ると、歴史家も言葉を失う。利休なら、北野大茶会を思い出して苦笑いするだろう。

戦後、時流に反して茶室に取り組んだ二人は、バウハウス以前に建築家としての自己形成を終え、バウハウスを横目でにらみながら、アメリカン・ボザールやロマネスクや土間のある茅葺き民家を養分として成長した建築家であった。

ポストモダンの誕生

かつて、書院造を向こうに回した茶室。戦後、二〇世紀後半の世界の大勢を一人にらむ茶室という建築。

このまま続けば、村野、白井をもって日本の建築界から茶室は消え、建築界とサヴァイヴァル茶室との間を中村昌生だけがつなぐような状態になってしまったかもしれない。しかし、思わぬ状態がやってくる。

「ポストモダン」[10]である。科学技術を根拠とし、合理主義、機能主義、国際主義を掲げた二〇世紀建築の主流に異を唱える動きが、日本を先駆として世界の建築界に現れた。ポストモダンの起源をどこに置くかは諸説あるが、日本の場合、一九六〇年の「メタボリズム」[11]の結成を発火点として、隆盛し定着すると見ていいだろう。

この動きの中で、レーモンド～丹下に続く世代が茶室に取り組みはじめる。磯崎新《あらた》[12]、黒川紀章《きしょう》[13]、谷口吉生《よしお》[14]といった丹下の愛弟子はじめ、丹下に強い影響を受けた菊竹《きくたけ》清訓《きよのり》[15]、原広司《ひろし》[16]、さらにもう一世代若い安藤忠雄[17]や隈研吾《くまけんご》[18]など。

磯崎は〈有時《うじ》庵《あん》[19]〉（一九九二年）（第七章、図47～50）をはじめ次々と手掛け、原は〈游喜《ゆうき》庵《あん》〉（一九八八年）、安藤は〈大淀の茶室〉（一九八五～八八年）など、隈は〈石の美術館茶室〉（二〇〇〇年）（図35）ほかをもたらす。

彼らの茶室は、谷口や黒川のようにオーソドックスなものもあれば、磯崎、原のように崩してはいるが伝統的な茶人も使えるもの、あるいは隈や安藤のようにフリースタイルで茶人は面食らうものなど幅は広い。この幅は、利休が草庵茶室を確立し直弟子世代がその改編を試みた安土桃山から江戸初期の茶室の多様性に似ているかもしれない。

たとえば積極的に取り組む隈研吾の〈和紙の茶室〉（二〇〇五年）（図36）、〈形状記憶金属の茶室〉（二〇〇五年）、〈人工皮膚の茶室〉（二〇〇五年）は丿貫《へちかん》をしのばせる。

ただ当時との大きなちがいは、茶人たちが建築家に依頼しないこと。サヴァイヴァ

図35 〈石の美術館〉（栃木、2000年）設計／隈研吾

図36 〈和紙の茶室〉（2005年）設計／隈研吾（小学館『和樂』より）

ル系の数寄屋大工に託すか、諸流派の家元の指図に従って工匠が建てる。

利休にはじまる伝統の茶室が、一〇〇万人近いともいわれる茶道の愛好者に支えられてサヴァイヴァル様式として根を張り、一方、茶道はおっくうだが気の向いたひとき茶を喫むのは好きな人士のために、フリースタイルの茶室が建築界で少数ながら作られている、という現状がこの先どうなるかは分からない。

ただ、建築界にとどまらず、茶と茶室の美学に関心を寄せるデザイナーも現れ、世界からの目も注がれはじめている。茶室としてではないかもしれないが、極小空間の先例としてよみがえるとしたら、そのリヴァイヴァルは日本発となるにちがいない。なぜなら世界の先端を走る日本の若い世代の建築には極小化傾向が顕著だからだ。たとえば、妹島和世《せじまかずよ》[20]の〈梅林の家〉（二〇〇三年）の一坪に満たない隠居所、西沢立衛《りゅうえ》[21]の一部屋ずつが散在する〈森山邸〉（二〇〇五年）、あるいは一部屋ずつが切れたりつながったり重なったりする藤本壮介[22]の〈東京ガス「スミカプロジェクト」〉（二〇〇九年）など。話してみても誰も日本の伝統には触れないが、小さな空間に大きな建築と同格の価値を認める気持ちの奥には、沈黙の利休がいると思う。

藤森流茶室論

冒頭、台湾茶紀行のところで触れたように、建築界において、磯崎〜隈の驥尾《きび》に附して私も茶室を手掛けており、最後に簡単に述べて終わりにしたい。

私の茶室論の根本は、すでに利休の章で記したように、次の四本柱からなる。

①時代や社会や世界全体といった大きな存在に対しては、個人を核とした反転的存在である。
②小空間、閉鎖性、火の投入の三つによって建築の極小、基本単位を探究する。
③建築の極小、基本単位は、ブリコラージュにより作られる。
④以上の理由により、人類の課題となる。

この四本柱の上にどんな茶室を乗せたか、具体的特徴を述べよう。まず、利休から継承した要素。

①極小化。実用性、美的充実を保ったままの狭小化は楽ではなく、これまで二畳強まで詰めているが、待庵の二畳には及ばない。熊倉功夫から〝台目畳二枚（一・五畳相当）まで可能なはず〟と示唆されているが、まだ挑んでいない。
②火の投入。茶道では夏は風炉[23]に替えるが、冬も夏も炉を使う。
③躙口。壺中天としての茶室への入口として躙口に勝る作りはない。にじり入るとき

の意識の内向化をさらに高めるにはハシゴから登るのがよい。ハシゴは恐いし、手と足のバランスに注意しなければならないから、足がハシゴに掛かった時点で内向化ははじまり、躙口をにじり上って無事茶室内に出るとホッとし、壺中天性はより高まる。〈高過庵《たかすぎあん》〉（二〇〇四年）（図37）は六・四メートル、〈入川亭《いりせんてい》〉[24]（二〇一〇年）（図38）は七・二メートルのハシゴを登る。

④デザインの自由。狭い空間のデザインは、柱や梁のような構造材を露出すると、構造材が本質的に持つ造形的強制力が発揮され自由度が低くなる。いきおい構造と仕上げを分けることになる。利休は柱や梁を土壁で隠しているが、柱、梁はやめ木造パネルとし、構造体が表現を左右しないようにして自由を確保している。

⑤素材の自然性。土、石、木、草、樹皮、紙といった自然由来の材料を使う。それも自然本来の不均質や偶然や風化を生かして使う。しかし、屋根を茅や樹皮で葺くとコストが高くなりすぎるから、自然素材と合う銅板を使う。銅板はほかの金属板とちがい、人の手に対応可能で、銅板を手で曲げ重ね葺きすると、樹皮葺きに通ずる味わい深さが生まれる。また工業製品とちがい風化の過程が味わい深い。同じ工業製品でもより近代的な製品ほど人は風化を汚いと思うらしく、銅より鉄が、鉄よりプラスチックが汚い。波板トタンが風化して錆びた状態は一般的には嫌われるが、銅板に次ぐ美しさを覚えるときが稀にあり試してみたいが、発注者のことを考えると踏み切れない

図 37 〈高過庵〉（長野、2004 年）設計／藤森照信

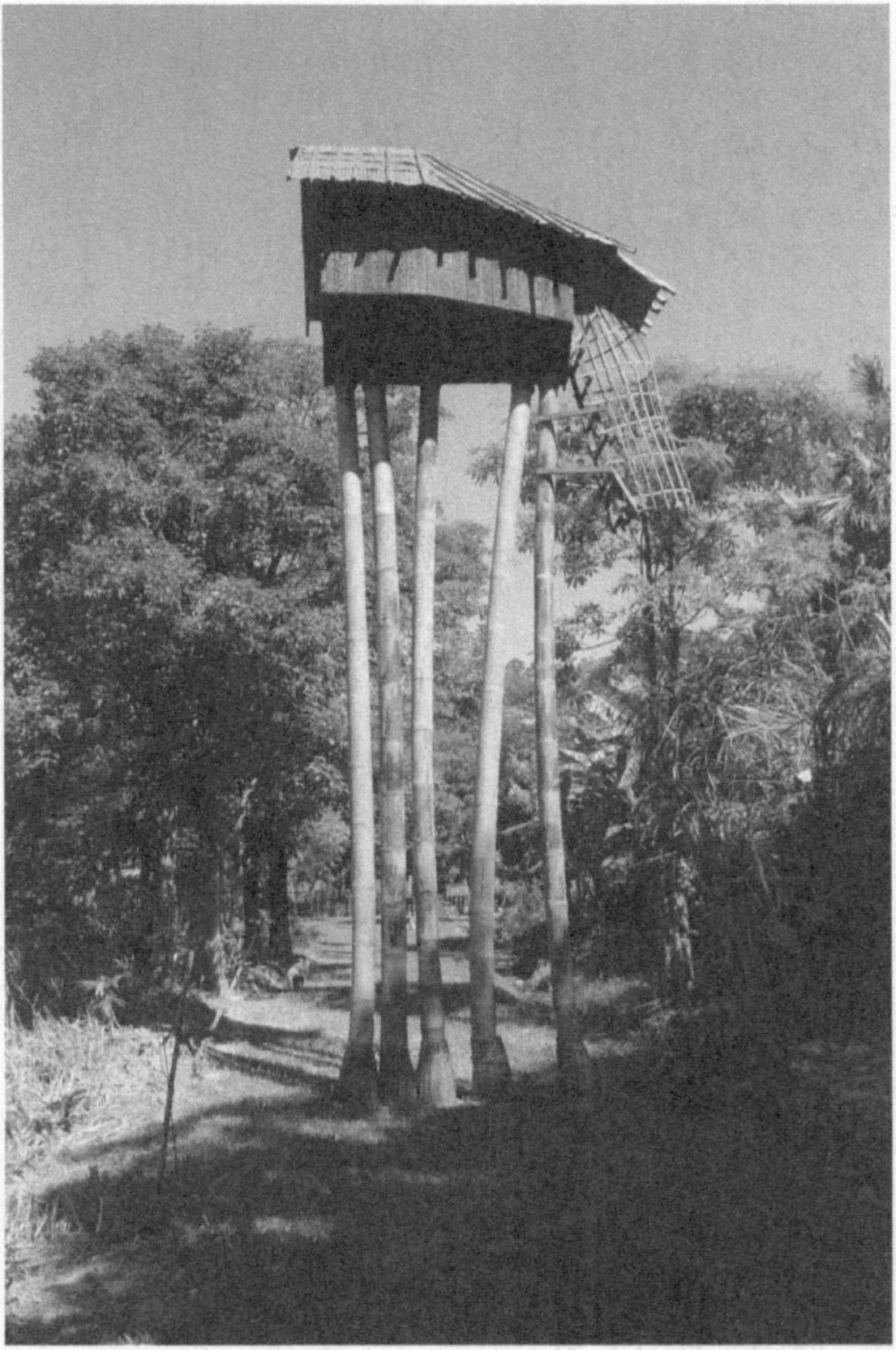

図 38 〈入川亭〉（台湾、2010 年）設計／藤森照信

でいる。

次は利休がしなかった要素。

①眺望性。壺中天に窓を開け、外の光景を眺められるようにしている。壺中天の閉鎖性がうっとうしく感じられるからだ。しかし、窓を開けたからといって壺中の別世界性がすべて失われるわけではなく、ハシゴを登って室内に入り、狭い空間に座してポッカリ開いた窓から外を眺めると、光景が水で洗われたように鮮度を増す。このことを知ったのは、最初に茶室として手掛けた一夜亭（四一ページ、図2）と矩庵（四三ページ、図3）で、前者は斜面にわずかに、後者は中庭に首ほどの高さに浮いているだけなのに、見慣れた光景が新鮮に映った。浮いている壺の中に入り、窓から外を眺めることは、大げさにいうなら宇宙船から地球を眺めるのに似るのかもしれない。

②テーブル式。イギリスのヴィクトリア・アンド・アルバート美術館から、狭いが魅力的な隠れ家のような建物を作ってほしいとの依頼を受け、紅茶用の茶室〈ビートルズハウス〉（二〇一〇年）（図39・40）を作った。もちろんイス、テーブルを使わなければならない。日本でも明治以後、立礼《りゅうれい》と呼ばれるイス、テーブルの工夫がなされているが、広間の茶室を前提とする。それでは極小性が失われるので、二畳四分の一相

図40 〈ビートルズハウス〉外観

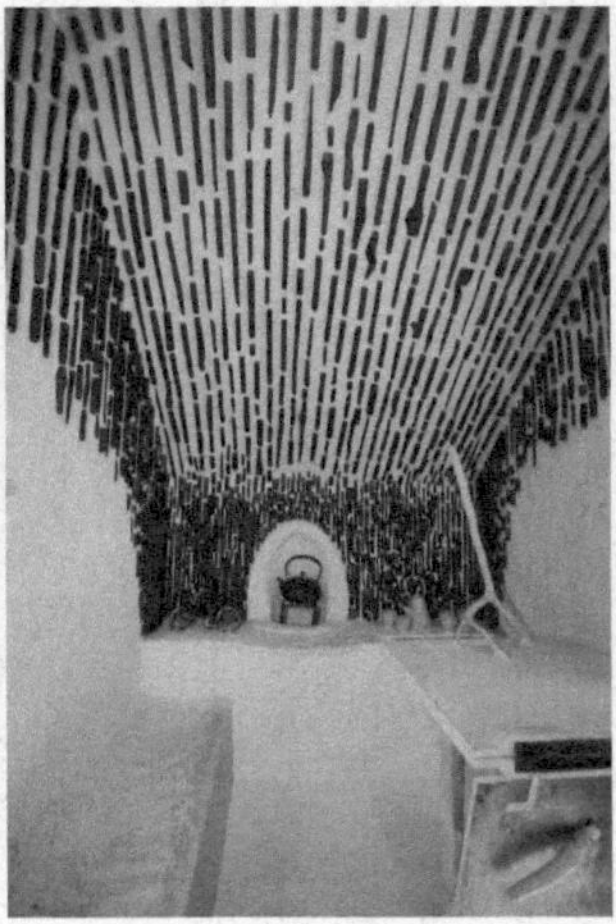

図39 〈ビートルズハウス〉（ロンドン、2010年）設計／藤森照信

当（縦八尺、横五尺）の中に、イス、テーブルを置くと、意外にも五人入っても狭苦しさは生まれない。畳に座るとき、立ったり座ったりの動作のため一人当たり半畳（約九〇センチメートル四方）は欠かせないが、イスに座るには六〇センチメートル四方あればよく、脚の上にはテーブルがくるため、人体だけが占める面積は幅六〇センチメートル、奥行き四〇センチメートルあればいい。加えて、テーブルがあるため、人と人との距離は近くなっても距離感は保たれる。この経験から面積二畳半相当の〈空飛ぶ泥舟〉[26]（二〇一〇年）をテーブル式で試みたところ、炉と入口を確保しても六人がゆったりと入ることができた。ポイントはテーブルで、同じ部屋面積でも、テーブルと壁の間を三〇センチメートルまでギリギリ狭め、その分テーブルを広くすると、それだけ空間は広く感じられる。テーブル席では、テーブルから下は視覚上は無いも同然なのである。

③床《とこ》の廃止。日本の座敷にとって床《とこ》は優れた工夫にして最大の見せ場にちがいないが、それだけに〝日本〟という記号性が強く、見た人の思考は、〝ア床の間、日本だ〟で止まり、理解したような気持ちになりやすい。日本で止まらず、極小空間の中に深いテーマを読み取ってもらうためには床の間は捨てるしかない。小舟の茶室〈忘茶舟《ぼうちゃぶね》〉[25]（図41・42）（二〇一〇年）には床はおろか飾り棚もなく、あるのは炉のみ。

④畳、障子、竹の不使用。床とまったく同じ意味で、畳も障子も竹も使わない。畳に

図41　〈忘茶舟〉（台湾、2010年）設計／藤森照信

図42　〈忘茶舟〉内観

は大きく、障子の桝には中ぐらいに、竹の節には小さく、日本〈と書いてある。

以上の五つの継承と四つの工夫により、いくつもの茶室を作ってきた。

磯崎～原といった隈を除く建築家の作る茶室と数寄屋大工と呼ばれる工匠の作るサヴァイヴァル茶室を見比べて、一つ気づいたことがある。

〝誰が作っても茶室になり、誰が手掛けても茶室にしかならない〟

ほかのビルディングタイプにはないあまりの小ささが一つの形式としてとらえられ、形式性が前面に出てしまい、建築的内容は背後に隠れてしまう。茶室のワナにちがいない。

二一世紀初頭の現代の世界の建築は、巨大化、工業化の道を突き進んで止まるところを知らない。二〇世紀建築の必然の道であったと建築史家としては認めざるを得ないが、建築愛好者としてまた建築家として訪れても、大きさと変わった形に驚きはするが、心が震えることも微笑むこともない。建築の根本が忘れられたからだ。

どうしたら茶室のワナにはまらずに、極小空間を突き詰め、建築の始原的喜びを回復できるのか、ことは易しくない。

1　**ル・コルビュジエ**／(一八八七～一九六五) スイス生まれのフランスの建築家。パリのオーギュスト・ペレ、ベルリンのペーター・ベーレンスの事務所で建築を学ぶ。『エスプリ・ヌーヴォー』の創刊にかかわった後、一九二二年に事務所を設立。CIAM(近代建築国際会議)の中心的メンバーの一人として近代建築理論を展開。代表作に〈サヴォワ邸〉(一九三一年)、〈ユニテ・ダビタシオン(マルセイユ)〉(一九五二年)、〈ロンシャンの礼拝堂〉(一九五五年)など。

2　**オーギュスト・ペレ**／(一八七四～一九五四) フランスで活躍した建築家。ベルギー・ブリュッセル生まれ。鉄筋コンクリートを本格的に建築に取り入れ、「コンクリートの父」と呼ばれる。コンクリートをむき出しの状態で仕上げる「打放し」を多く取り入れ、後のコルビュジエやグロピウスらに大きな影響を与えた。ル・アーブルの再建にも貢献。

3　**広島ピースセンター**／原子爆弾が落とされた爆心地の中島地区に建てられた原爆資料の保管・展示施設。丹下健三による設計。一九五五年に開館。現・広島平和記念資料館、および平和記念公園。

4　**アントニン・レーモンド**／(一八八八～一九七六) 建築家。チェコ生まれ。プラハ工科大学で学んだ後、アメリカに移住。フランク・ロイド・ライトに師事。一九一九年、帝国ホテル設計施工の助手としてライトとともに来日。二二年、事務所を開設。事務所からは前川國男、吉村順三、ジョージ・ナカシマなどが輩出し、戦後日本のモダニズム建築に大きな影響を与えた。

5　**吉阪隆正**／(一九一七～八〇) 建築家。東京生まれ。一九四一年、早稲田大学建築学科卒業。五〇年、第一回フランス政府給費留学生として渡仏し、ル・コルビュジエのアトリエに勤務。帰国後、吉阪研究室(後のU研究室)を開設。五九年、早稲田大学教授。代表作に〈ヴェネツィア・ビエンナーレ日本館〉(一九五六年)、〈アテネフランセ校舎〉(一九六二年)、〈大学セミナーハウス〉

（一九六五年）など。

6 **浜口隆一**／（一九一六〜九五）建築評論家。東京生まれ。一九三八年、東京帝国大学建築学科卒業後、四一年、前川國男建築設計事務所に入所。四八年、東京大学助教授になった後、退官して評論活動に専念する。著書に『ヒューマニズムの建築』など。

7 **白井晟一**／（一九〇五〜八三）建築家。京都府生まれ。一九二八年、京都高等工芸学校図案科（現・京都工芸繊維大学造形科学科）卒業後、ドイツに留学。カール・ヤスパースらに師事し哲学を学ぶ。帰国後、義兄の画家近藤浩一路の自邸設計にかかわったことから、建築の道に入る。代表作に〈善照寺本堂〉（一九五八年）、〈親和銀行本店〉（一九六九年）、〈懐霄館〉（一九七五年）など。装丁家としても優れたデザインを残す。

8 **渡辺節**／（一八八四〜一九六七）建築家。東京生まれ。東京帝国大学卒業後、鉄道院に勤務。一九一六年、大阪に設計事務所を開設。アメリカ流の合理性と過去の様式との折衷を目指した。〈日本勧業銀行本店〉（一九二九年）をはじめ、関西を中心とした商業ビルを多く設計した。

9 **アメリカン・ボザール**／パリのフランス国立美術学校エコール・デ・ボザールで建築を学んだアメリカ人の卒業生が、本国で発表したヨーロッパ古典主義の建築様式のこと。

10 **ポストモダン**／合理的で機能主義的な近代モダニズム建築を超えようとして現れた建築のスタイル。

11 **メタボリズム**／一九六〇年、黒川紀章、菊竹清訓などの建築家を中心に結成され、六〇年代に展開された建築運動。生物学用語で新陳代謝を意味する「メタボリズム」からグループの名をとり、社会の変化や人口など環境の変化に合わせて有機的に姿を変えて成長する都市や建築を提案した。

12 **磯崎新**／建築家。一九三一年、大分市生まれ。東京大学工学部建築学科卒業後、丹下健三研究室を経て、六三年、磯崎新アトリエを設立。代表作に〈大分県立中央図書館（現・アートプラザ）〉（一九六六年）、〈群馬県立近代美術館〉（一九七四年）、〈ロサンゼルス現代美術館〉（一九八六年）、

〈なら100年会館〉（一九九八年）、〈カタール国立コンベンションセンター〉（二〇一一年）など。カリフォルニア大学、ハーバード大学などの客員教授を歴任。著書に『空間へ』『建築における「日本的なもの」』など。

13 **黒川紀章**／（一九三四～二〇〇七）建築家。愛知県生まれ。丹下健三の門下生。五七年、京都大学建築学科を経て、東京大学大学院建築学修士課程に入学。在学中の六二年に黒川紀章建築都市設計事務所を設立。一九六〇年、菊竹清訓、川添登らとメタボリズムを結成。代表作に〈中銀カプセルタワービル〉（一九七二年）、〈国立民族学博物館〉（一九七七年）、〈国立新美術館〉（二〇〇六年）など。

14 **谷口吉生**／建築家。一九三七年、東京生まれ。慶應義塾大学工学部卒業。ハーバード大学建築学科大学院卒業後、東京大学丹下健三研究室に所属。その後、丹下健三・都市・建築設計研究所に勤務。七五年に計画・設計工房を設立。代表作に〈葛西臨海水族園〉（一九八九年）、〈丸亀市猪熊弦一郎現代美術館〉（一九九一年）、〈東京国立博物館法隆寺宝物館〉（一九九九年）など。

15 **菊竹清訓**／（一九二八～二〇一一）建築家。福岡県久留米市生まれ。早稲田大学建築学科卒業後、竹中工務店に勤務。五二年、村野・森建築設計事務所を経て、翌年、菊竹清訓建築設計事務所を開設。六〇年代から黒川紀章らとメタボリズムを提唱。また、早稲田大学、千葉工業大学などで指導にあたる。二〇〇五年には愛知万博の総合プロデューサーを務める。代表作に〈自邸（スカイハウス）〉（一九五八年）、〈出雲大社庁の舎〉（一九六三年）、〈アクアポリス〉（一九七五年）、〈九州国立博物館〉（二〇〇五年）など。著書に『代謝建築論　か・かた・かたち』など。

16 **原広司**／建築家。一九三六年、神奈川県生まれ。東京大学名誉教授。東京大学建築学科卒業。東洋大学助教授、東京大学生産技術研究所助教授、同研究所教授を歴任。世界中の集落調査を基盤に設計活動を展開。代表作に〈田崎美術館〉（一九八六年）、〈新梅田シティ・梅田スカイビル〉（一九九三年）、〈JR京都駅ビル〉（一九九七年）、〈札幌ドーム〉（二〇〇一年）など。

17 **安藤忠雄**／建築家。一九四一年、大阪市生まれ。東京大学名誉教授。高校卒業後、独学で建築を学ぶ。六九年、安藤忠雄建築研究所を設立。代表作に〈住吉の長屋〉（一九七六年）、〈光の教会〉（一九八九年）、〈兵庫県立美術館〉（二〇〇一年）、〈フォートワース現代美術館〉（二〇〇二年）、〈地中美術館〉（二〇〇四年）など。イエール大学、コロンビア大学、ハーバード大学などの客員教授を歴任。

18 **隈研吾**／建築家。一九五四年、横浜市生まれ。東京大学大学院教授。七九年、東京大学大学院建築学科修了。八五〜八六年、コロンビア大学建築・都市計画学科客員研究員。九〇年、隈研吾建築都市設計事務所を開設。代表作に〈水／ガラス〉（一九九五年）、〈那珂川町馬頭広重美術館〉（二〇〇〇年）、〈根津美術館〉（二〇〇九年）など。

19 **有時庵**／一九九二年、磯崎新によって設計された、ホテルラフォーレ東京の御殿山庭園にある茶室。二畳台目の小間に立礼席が付いている。

20 **妹島和世**／建築家。一九五六年、茨城県生まれ。慶應義塾大学客員教授。八一年、日本女子大学大学院修了後、伊東豊雄建築設計事務所に入所。八七年、妹島和世建築設計事務所を設立。九五年、西沢立衛とSANAAを設立。代表作に〈再春館製薬女子寮〉（一九九一年）、〈パチンコパーラー〉（一九九三年）など。SANAAとして〈金沢21世紀美術館〉（二〇〇四年）など。

21 **西沢立衛**／建築家。一九六六年、神奈川県生まれ。九〇年、横浜国立大学大学院工学研究科修士課程修了後、九五年に妹島和世とSANAAを設立、九七年、西沢立衛建築設計事務所を設立。代表作に〈ウィークエンドハウス〉（一九九八年）、〈森山邸〉（二〇〇五年）など。

22 **藤本壮介**／建築家。一九七一年、北海道生まれ。九四年、東京大学建築学科卒業。二〇〇〇年に藤本壮介建築設計事務所を設立。〈情緒障害児短期治療施設〉（二〇〇六年）で日本建築大賞を受賞。

23 **風炉**／釜をかけ、湯を沸かすための炉。夏期用。

24・25 **入川亭、忘茶舟**／ともに二〇一〇年に、台湾に作られた茶室。〈入川亭〉は高さ七・二mの地元の巨竹を支柱としている。〈忘茶舟〉の本体は、スタイロフォームにステンレスメッシュとセメント系下地剤を混ぜたモルタルを塗り込めた、モノコック構造で作られた。

26 **空飛ぶ泥舟**／二〇一〇年九月から二〇一一年三月まで開催された茅野市美術館での展覧会「諏訪の記憶とフジモリ建築」のために制作された茶室。展覧会終了後、〈高過庵〉の近くに移設された。

第七章　茶室談義・磯崎新に聞く
だから、茶室はやめられない

半世紀以上にわたり、世界の建築の最前線で活躍を続ける建築家磯崎新はこれまで数多くの茶室を手掛けてきた。現代の日本を代表する二人の建築家がそれぞれ手掛けた茶室を例にとり、さまざまな角度から現代の茶室について語り合った。

ジョンとヨーコの幻の和室

藤森　磯崎さんは現代建築家には珍しく茶室を作っておられますが、いつ頃から茶室に関心を持たれたんでしょうか？

磯崎　お茶室に関心を持ったというよりも、もちろんお寺やお宮を見て歩くのと同じような感覚で、お茶室を見て歩いていたことはありました。とりわけ京都はお寺に行ったらみんなお茶室が付いている。でも、僕にはお茶そのものを実際にはやる機会も雰囲気もなかったんです。

　最初に僕自身がお茶室にかかわったのは、一九七〇年に設計をはじめて、七四年に出来上がった群馬県立近代美術館[1]の建物の中に、井上房一郎《ふさいちろう》[2]さんが集めた墨絵や日本画のコレクションなどを中心とした展示場を作ったときでした。そこでお茶道具も見せたいんだけどどうしようか、という話になり、お茶道具ならばオープンタイプのお茶室を作って、それを背景としてお茶道具を置いて見せるというのはどうですか、という話をしたわけです。

藤森　磯崎さんが提案されたのですか。

磯崎　はい。そうしたらそれはそれで結構だと。さて、施工はどうしようかということになった。その時にですね、実は妙な縁があって、ジョン・レノンとヨーコからある依頼があったんです。彼らが六〇年代の終わり頃に一緒になったときに、ビートルズがヨーコによって壊されたという評判が立ち、彼女は周りから袋叩きにあっていたんですよ、ロンドンで。そこでジョンがヨーコを慰めるために日本的な部屋を作りたい、ということになり、そして僕がなぜか縁があって、その部屋を設計することになったんです（図43・44）。

藤森　それはニューヨークですか？

磯崎　いやロンドン郊外。まだ彼らがアメリカに行く前です。アスコットというところにあるマンション。そこは彼らがスタジオ兼住宅にしていた場所で、その中の一部屋、六畳から八畳くらいのスペースのための和室のプランを作った。これを誰に施工してもらおうかと探しているうちに、たまたま京都の俵屋旅館を知っていたこともあって、その筋で数寄屋大工の中村外二《そとじ》[3]さんに頼もうということになった。そしてそれを仮組みのチェックまでやって送ったんです。運悪く、ちょうどその時に二人はアメリカツアーに出掛けて、麻薬問題でロンドンに帰ってこられなくなってしまい、結局ダコタというニューヨークのアパートに住んじゃった。それでその和室は宙ぶらりんになっちゃったわけですよ。すぐに送ってくれというので、部材は全部東京からロンドンに空輸してしまっていたわけで。

藤森　空輸ですか。建築部材を空輸したのははじめてですよ。

磯崎　そう、部材を全部空輸して着いた途端に、彼らはアメリカに行って帰ってこられなくなり、宙ぶらりんになってしまった。妙な所に置いていたら困るから、温湿度調整ができるようなコンピューターを入れられる倉庫に入れることになったままそれっきりになった。彼らがロンドンに帰ってこられる希望のある間はそこに置いてあったけれど、しょうがないので、結局はロンドンからアメリカに送られたらしい。その後どこにあるかはもう分からない。ヨーコに聞くと、今もどこかにあると言ってるけど(笑)。それが中村外二さんに会ったはじまりなんですよ。

そんないきさつがあって、群馬近美のお茶室は外二さんに頼もうということになった。それでお茶室は、実際は八畳で広間風に作ったというところですが、その時に庇《ひさし》を作って立礼《りゅうれい》のスペースの上にまで屋根を掛けるというデザインをしました。その頃はお茶室やお茶の作法、点て方など僕はまったく無知だった。外二さんはそれを分かっていて、ここは展示室なんだということで、ともかく茶道口だけは作ったわけ。ただの広間の部屋というわけですから、まだお茶室になってない。とはいっても僕にと

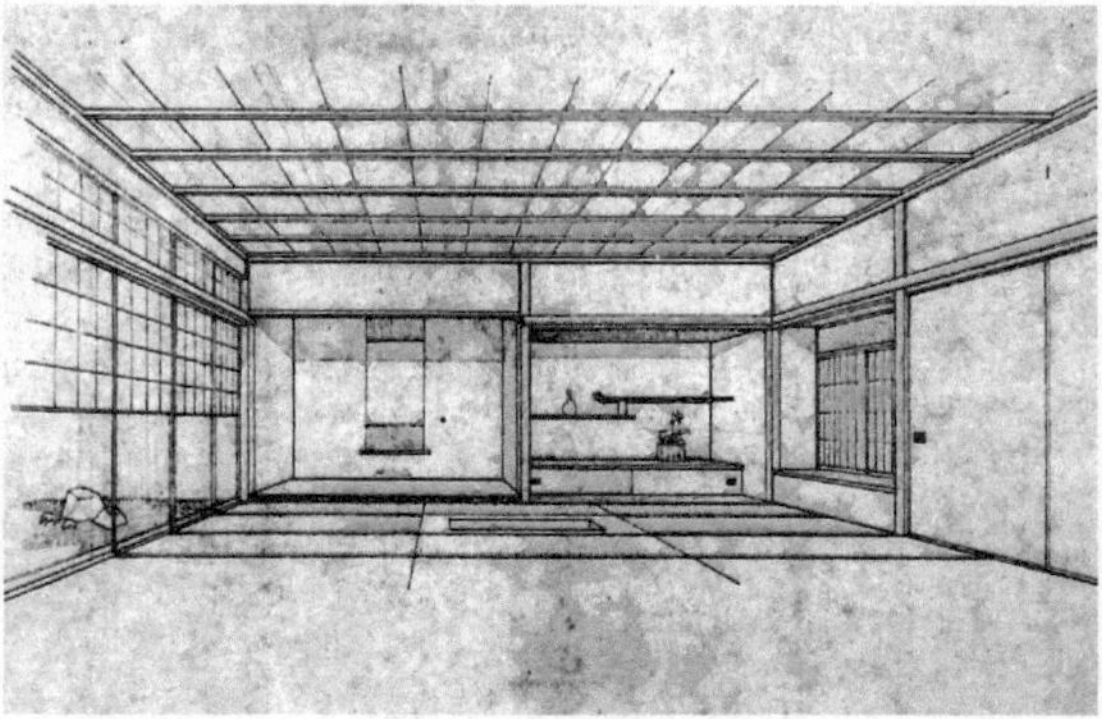

図43　〈ジョンとヨーコの茶室〉（1970年頃）
設計／磯崎新

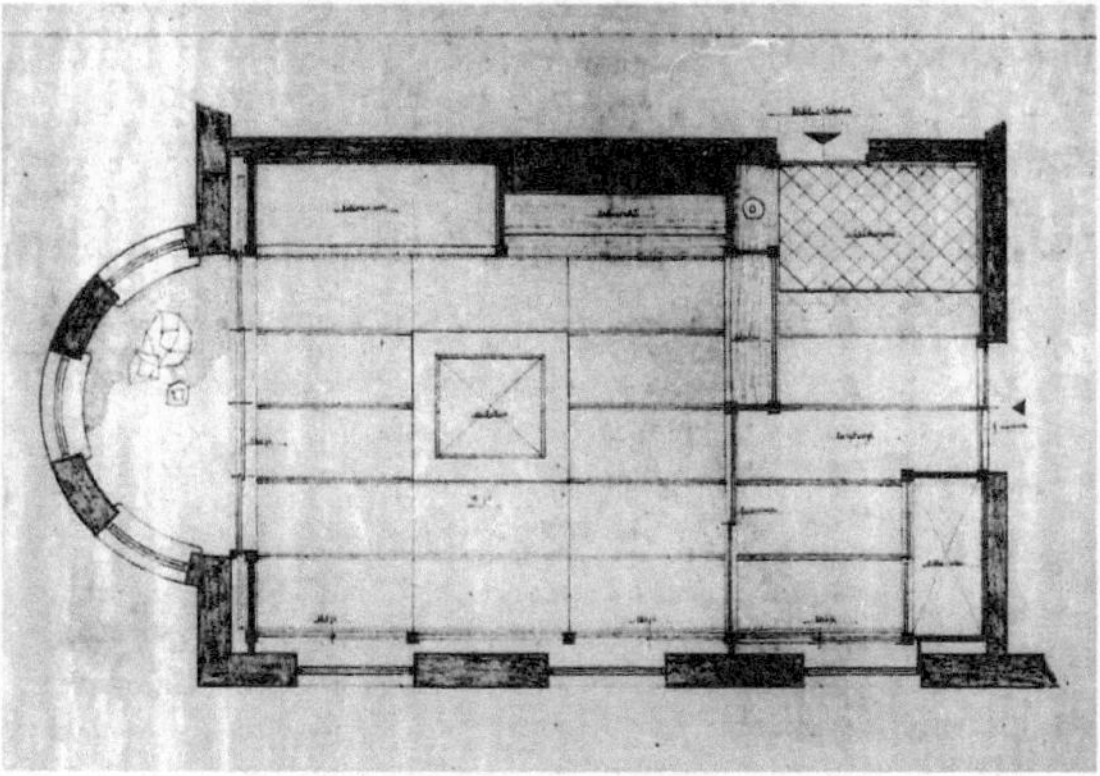

図44　〈ジョンとヨーコの茶室〉平面図

ってはそれがお茶室のはじまりなんだけれども。

藤森　半分お茶室（笑）。

磯崎　銀閣寺のお茶室、東求堂《とうぐどう》だってお茶室じゃないけど茶室って言ってる。まあそれと似たようなものだと考えて、〈戸方庵《こほうあん》〉と今は呼びたいと考えています。井上房一郎さんは自分のコレクションを「房」の字を分解して戸方庵コレクションと呼んでいます。生前はそちらに使われていたので茶室にこの名前を使うのを遠慮されておれましたが、私は贈り名のようにこの庵名を密かに使っています。それがはじまりなんですよ。

こんな具合で、七〇年代のはじめに茶室空間を考えることに引き込まれたわけですが、それに続いて、海外で茶室を説明するハメになってしまいました。一つは、ニューヨークのコロンビア大学のスタジオ・クリティックに呼ばれたんですが、その予算が日本研究がらみだったらしく、日本の伝統的な文化／建築についてのセミナーを三回やれという要請でした。これにはテクストが必要だと考えて、『方丈記』『陰翳礼讃』「茶会記」を選びました。前二冊は英訳がある。だけど茶会記に当たるものの英訳は見つからない。そこで、『松屋会記』[4]から、遠州にかかわるものを取り出し、勝手な英訳をしました。これは難しく、いい加減なでっちあげでした。仮設性、曖昧性、過程性を無理に取り出そうと考えたのです。そのスライド用に、大徳寺の真珠庵にある〈庭玉軒《ていぎょくけん》〉[5]と犬山城に移築された〈如庵〉の、プロの写真家が撮らないような部分をたくさん撮って持っていきました。使いものになったのはこれだけです。

この準備中に長明と谷崎の英訳をはじめて読んで、日本語で読んだときの印象が私にはまったくちがっていたことを悟りました。両者とも日本語の独特の文体があり、その響きだけが記憶になっていて、内容は全部消えている。その消えた意味をもった内容だけが英語になっているという事態です。驚きました。滞在中は支離滅裂になって、露地庭の石の打ち方とハドソン・リバー・スクールの風景画の枠取りの仕方、お茶のお点前とバロック期大宴会の食事コースの比較と、ついに無意味になってしまったような資料を図書館で見ながら暇つぶしをするというていたらくでした。

日本の文化を伝達する

磯崎　言いたいことは、僕の茶室とのかかわりはまず、異文化としての西欧に向けて、日本の文化を伝達することからはじまったので、彼らが理解できるように以心伝心で伝わるものをまず解釈し、言語化し、その上で彼らのロジックに合わせるようにもういっぺん整理して語る。そんな回りくどい手続きを、意図せずにはじめてしまった。その限界は、異質なもの同士の登場を往来せざるを得なくなることです。立ち位置が決まらないのです。

たまたま、パリ秋芸術祭（一九七八年）で日本がテーマとなり、僕の企画〈間＝MA〉と武満徹の〈声〉が取り上げられることになりました。間＝MAという日本独自の概念そのものを展覧会に組み込みました。

この時は実はかなり破壊的なことを考えました。お茶室を見ると、木の素材が見かけは一緒なんだけれど全部ちがう木を使っているじゃないですか。そこでモンドリアンのように全部平面の黒と赤といろんな何種類かの色にこれを分解して、抽象空間のパターンに置き換えた案を作ったんです。それを最初に密かに作ったけれど、どうもあんまり感心しない。だから、真珠庵の庭玉軒を一つのモデルに見立てて、外側の庇の部分だけは実物大で外二さんに作ってもらい、逆に中のスペースは二分の一で作って、その二分の一の横に、実は完全に抽象化した空間を配してあったんだけど、誰もそれをお茶室と思わなかった（笑）。

藤森　抽象の方はモンドリアンを意識した？

磯崎　その周辺（笑）。だけどそれはよく見ないと分からないんですよ。なんだか新しいデザインのうちっていうような感じ。ほかにもっといい加減なことをやってるから、その中の一つだけど。お茶室を相手にするからには、僕なりに少し勉強しました。例えば宮大工のする仕事っていうのは、基本的に檜作りじゃないですか。すると、たまに杉を使う人もいるけれど、杉は杉、檜は檜ってきちんと決まっていて、要するにヨーロッパのクラシックな決まりに似たような決まりがあるわけですね。

藤森　日本は木に檜を第一とする格式がついてますから。

磯崎　お茶室にはそれがない。なくて極端に言うと、行き当たりばったりで。それを作るときに、中村外二さんや若い衆たちといろいろ話をしていると、宮大工と自分たちはどこがちがうか、という話になった。自分たちは数寄屋大工だと。数寄屋大工は数寄屋大工、宮大工は宮大工。宮大工はきちんとした組み物ができないといけない。彼ら数寄屋大工は、叩き上げだからそういう組み物はできない。それで、お茶室の実物の写しを作りながら、「これ継ぎ手ないんですよ」「ただぶっつけてるだけですよ」とかね。彼らは解体しますから、運ぶときにいろんなことが分かるんだ。そういうことから今度は逆に数寄屋のお茶室の現場みたいなものを学んでみると、これはどうも日本の正統的な建築術の体系に対して、お茶室は完全にフリースタイルの極限にいくような特性を持つものだと理解するようになりました。
たとえば、宗匠《そうしょう》が座ってみて、床柱が気に入らないから五本替えたとかいう話があるじゃないですか。だけどこれが宮大工だったら替えられないわけですよ。一片ずつ解体して組み直さないといけないから。数寄屋なら組み方の取り替え可能。つまり、数寄屋大工はインテリアの表層を木造でやっている。宮大工とは本質的にちがうんじゃないかと。宗匠の好みをその場で、言うとおりにそのまま作っちゃう。こんな自在さみたいなものを数寄屋大工は最初から持っていたんじゃないか。だから同じ大工だが、技法の体系がまったくちがっている。規矩《きく》[6]を基本的に信用していない。法則を無視してフリーハンドでできる。

藤森　でもそれは正しい理解ですよ。

磯崎　そのいい加減さでぶつけているのが、藤森流のお茶室。そのディテールを見ると、まさにこれでしかないというのが分かるわけです（笑）。

藤森　ありがとうございます。

磯崎　だから大成功ですよ。その元をたどると、少なくとも銀閣寺の東求堂まではなかったと思います。その後ですよね。

藤森　そうすると外二さんは、法隆寺大工以来の歴史を誇る、軒の難しい組み物をする宮大工と組み物なしの数寄屋大工の基本的なちがいをちゃんと知ってたわけですね？　自分たちは場当たり的にやっていいんだという。

磯崎　知っている。話してるとやっぱり数寄屋大工っていうのは、どっかで宮大工の方が格が上だと思ってる。

藤森　そりゃあ宮大工は国家の大工ですから。法隆寺や東大寺[7]以来の大工ですからね。

磯崎　長押《なげし》が回るか回らないかっていうのは大きいわけですよ。もちろん、数寄屋にもみがき丸太を半割りにした長押もあります。鴨居はあるけど長押を付けない。これはすごく大きいことなんですね。長押の付いている部屋が作れるかどうか。その辺の気分っていうのがどこかにあって、要するに今の建築デザインに対する対応にも、そんな部分がいろいろとあるのではなかろうかという気がするんです。だから一番歴史的に面白いのは、官許の宮大工的な形式とシステムと、数寄屋大工の作る正統からはずれた茶室とが分離していくそのスキ間、僕はこれが一番時代的には関心があります。

藤森　小堀遠州の時代。

磯崎　そうですね。ちょうど遠州はその両方をやれた人ですね。

藤森　たしかに遠州は片方では利休、片方では将軍につながる大名で。

遠州の「隅掛け」

磯崎　遠州に僕が関心を持った理由は、そういう正統と非正統という分岐されたものの境にいて、政治的に後水尾《ごみずのお》天皇[8]と将軍との間に立って、その両方と付き合っていたところです。そういう意味でいえば完全な将軍派というわけではない。でもそうかといって、天皇にくっつくわけにもいかない。僕は遠州好みが桂離宮の至る所に入っていて、すべてが遠州好みといわれていることは、そのとおりだと思うけど、遠州はタッチしてない、できなかったんじゃないか。つまりあれは天皇家のものです。将軍の下にいる遠州は将軍の命令がないとできなかったと思います。

たとえば紫衣《しえ》事件[9]（一六二九年）があります。後水尾天皇が幕府に諮《はか》らず自分で命令して大徳寺の住職に紫衣をあげちゃったんです。幕府の介入に抗議した沢庵和尚《たくあんおしよう》[10]とかは流罪に処された。その中に江月宗玩《こうげつそうがん》[11]という、孤篷庵の前身になる龍光院密庵席を作った人がいます。遠州は彼とは親友でした。この人も大徳寺派で紫衣事件に巻き込まれた。ただ、そうかといって、大徳寺の住職を全部流すと大徳寺がつぶれるという理由で、この人は汚名をきて大徳寺に残った。彼は書が上手い人だったけれども、あいつは裏切り者だから彼の書は掛けるな、捨てちまえといわれたくらいの事件らしい。ところが遠州は八窓席を含む金地院を設計（＝好む）[12]しています。設計依頼した金地《こんち》院崇伝《いんすうでん》は「黒衣の宰相」といわれた人で、彼は遠州を大変評価した。実はこの人が紫衣事件のいわば告発者なんです。遠州という人は、自分のクライアントで一番いい仕事を任された相手とその告発された側の両方と付き合ってるわけですよ。今で言えば左翼と右翼の両方と付き合っているのと同じです。そういうことで考えているうちに、この遠州っていう人の持っている構造の中に、隅掛《すみか》けという言い方が出てくる。きちっと置かずに斜《はす》に物を置くことです。これだけのことですけど、これは織部から習ったというんですが、あっちでもこっちでもなくて両方をつないでいる。これこそが遠州じゃないかと。

藤森　いわば、磯崎さんの中にある、九州のアジア主義的右翼の血と戦後の左翼の血の混合状態に近い人なんですよね。

磯崎　よく分かんないけど、僕は天皇制は嫌いだけど（笑）。天皇個人は好きです。

藤森　戦後の右翼ではなくて、上海東亜同文書院[13]出身の父を持った自分と戦後の左翼の自分があって、そういう建築界ではあまり例のない問題について、いつ頃から自覚的に考えていました？

磯崎　これは感覚的に何はともあれ、表向き戦争中は全部右翼的言動でなきゃいけなかったわけじゃないですか。それでその親玉が、うちの郷里の一人、三浦義一《みうらぎいち》[14]なんです。この人は保田與重郎《やすだよじゅうろう》[15]のパトロンみたいな感じのことをやっていた人間ですから右翼に間違いない。もともと親父は同文書院にいってた頃は、新人会時代の林房雄《はやしふさお》[16]の影響下にあったので左翼だった。で、帰ってきたら右翼になっていた。こういう人だから、うちの親父はおそらく世をすねたんだと思います。それで戦争中何もやらなかった。戦後になって突然、右と左がごちゃごちゃになったときに真ん中に立っていなきゃいけないっていう立場になっていた。それを機にもっぱら酒を飲んでいるうちに飲みすぎて倒れたっていう人ですから。戦争中から戦後にかけてもそうですけど、そういう政治的な形に対する意見を自分から表明できない。そして伝統的な日本人の型に従って遊んだわけです。あげくに家庭崩壊。俳句をやっててもモダニズムの俳句だったので、弾圧されたようなことも聞いています。だから何となしに右も左もややこしいということは子供の頃に感覚的に分かった。そして東京に出てきたら学生紛争は左翼だけ。オール左翼できたわけじゃないですか。ところがはじめて大分の図書館[17]を手掛けたときに、右翼があらためて登場するわけです。三浦義一がパトロンとなった。捻れてるわけです。

藤森 磯崎さんのデビュー作のパトロンが戦前派右翼の頭目の三浦義一だった。

磯崎 実はこの間、保田與重郎の墓と芭蕉のお墓がある大津の芭蕉寺[18]（義仲寺）に行きました。戦後、この荒れ寺を復興したのが三浦義一です。彼は大分の業者の金を集めた。その業者が大分の図書館の工事をやった後藤組という建設会社です。こうして、芭蕉寺は復興して、自分の墓と保田與重郎の墓を並べて作った。

藤森 保田に対する戦後文化人の間での評価はひどかった。戦時中、政治的な右翼性はゼロで、むしろ軍国主義に反対の心情の人だったが、戦時下の学生の心に大きな影響を与え、死へと向かわせた。立原道造《たちはらみちぞう》[19]はじめ、丹下健三や池辺陽《きよし》[20]も強い影響を受けた。それで戦後の保田はタブー状態ですからね。

磯崎 それで保田與重郎はちゃんとそのいきさつを碑に書いたりしているんですね。だから支離滅裂な組み合わせです。芭蕉の墓もあるんですが、ただ石が転がっているだけです。いろんな俳人の墓が周りにあるからそれで話がややこしい。一応私の父も新興俳句[21]の歴史や記録の中では俳人となっているので、歌人三浦義一よりはジャンルはこの寺に近いのですけどね。
最近は岡本太郎[22]流行りです。僕はかなり影響を受けました。太郎の対極主義は正・反の二つで、合があってはいけない、正・反の緊張感漂う中でこれを表現するっていう理論であることは、あらためて太郎の著書を読んでみるとはっきり見えます。僕が影響を受けたなと思っている点は、要するに弁証法はないよっていうのを直感で分かっていた人で、それを実感しました。

藤森　丹下さんは理論も設計も弁証法の人ですから。

磯崎　そう。合がなきゃいけない。僕は正・反でよろしい。

藤森　アナーキズムですね（笑）。

磯崎　いや、アナーキーじゃないですよ（笑）。だから意外に困るのが二極対立が崩壊した後の問題です。

藤森　世界の対立も崩壊したから。

磯崎　だから九〇年以降の数年間は、僕は自分でどうしていいか分からない時代でした。いっぺん二極対立が壊れて、世界市場が生まれ、ネオリベラリズム[23]が裸のままあらわれてきた。「孵化過程」[24]以来、やっていたことはネオリベに近いようなこともあるなと思いながらきました。だけど二極対立の崩壊直後のシフトは、一番僕には思想的に読めなかった時代でした。僕はそういう時代のスキ間からお茶室のようなものが生まれてくる感じがしはじめたんです。つまり正でもない、完全な反でもない、それが均衡して統合されたらまた次のものが出てくるかもしれない。このごちゃごちゃの中に出てくるのがお茶室かもと。

プランで歴史的にお茶室が発生する状態を見たら、これは書院造のきちんとした端っこにちょこんと付いている盲腸ですよ。いらないものなんだけど、くっついているっていうのがお茶室じゃないか。そうするとその盲腸をいったいどう扱うのか。

藤森 盲腸であり、尾てい骨である（笑）。何かを伝えてはいるんですね。

磯崎 僕の盲腸はもう切られちゃったんだけど、漢方では切っちゃいけないって言いますね。あれは生体を維持する見えない役をしているんです。建築におけるお茶室の作用のメタファーは盲腸っていうのはあるような気がしますね（笑）。

藤森 どういう働きをしているのかまだ分からないけど。時々物が詰まると炎症を起こす（笑）。

磯崎 それは当たってるよね。

ヤニっぽいものはやるな

藤森 僕が茶室に興味を持った理由はいくつかあるんですが、一つは、磯崎さんの先生世代は一切茶室に触れなかったことなんです。丹下さんも前川さんもレーモンドもそうです。だいたい丹下さんや前川さんからは茶室を思い浮かべることすらできない。前川さんの茶室なんか見たくもないですし。坂倉さんが一人茶室を作っているんです。戦前に作った、等々力にある團伊能《だんいのう》[25]さんのお妾さんの家。あれは発表されたときはお妾さんの家ということは分からなかったんですが、お妾さんの家であれば茶室を作るのが戦前の社会の知る人ぞ知るルールです。戦前のお妾さんっていうのは花柳界の人たちで、貧しい家の優秀な子女は花柳界に行くしかなくて、そこでいい旦那さんにつくというのがコースでした。京都の中村昌生先生が茶室の研究をはじめるとき、妾の建物を研究するつもりかって、周りから批判された。井上章一さんに聞いたら、今でも京都では言われているって。

辰野金吾さんは茶室について何て言ってるかというと、「あんなヤニっぽいもの」やっちゃいけない。ヤニっぽいって、辰野さんの故郷の唐津の方言で、「女々しい」の意味です。だから辰野さんはやらなかったし、丹下さんもやらなかった。戦後復興という建設の時代をリードしたモダニストのレーモンド、前川、丹下はやってないんです。彼らは伝統を論ずるときに、絶対茶室に触れない。桂か伊勢、法隆寺系です。

磯崎　それなんですよ。だから丹下さんの中では、松琴亭[26]は松琴亭であったとしてもあの中に囲われたお茶席が付いています。ずいぶん昔、つくばセンタービル[27]ができたとき、藤森さんは大江宏[28]さんとこれについて対談してくれました。そのすぐ後に大江さんの国立能楽堂ができて、僕はこれを拝見にいって、今度は大江宏さんと対談することになりました。大江宏さんは丹下さんの同級生ですから、戦後モダニストとして出発した人ですが、前川・丹下のようなストレートなモダニストではない。

その対談で分かったことは、大江さんは茶室研究の第一人者であるモダニスト堀口捨己を師にして、助手までやって、伝統的な日本建築の正統を見いだし、父親である大江新太郎の仕事を継いで、日本建築の現代化を模索されていたことが分かりました。建築の正統は堂・祠・居であって、能楽堂はこれに入るけど(国がパトロンになり得るわけです)、茶室は崩れていてここには含まれない、とはっきり言われています。堀口捨己を師と言いながら、その師の茶室にかかわる全仕事を否定しているのです。伊勢神宮で、神楽殿や美術館の設計はやっているけど、同じコンプレックスにある数寄屋や茶室は手掛けていない。区切りがはっきりしています。

ついでながら、堀口捨己は茶室について「非都市的なもの」を手掛かりにしています。僕はこの語り口を学んで「反建築」(カウンター・アーキテクチュア)を言うことにしました。対極主義の影響もありましたね。そんなコンセプトが対抗していたのは何か。建築=都市=国家という等符号を付けた概念規定を近頃やっているのは、日本の近代になって、その主流がみずからを正統として位置づける枠組みを無意識に組み立ててきたためだろうと気づいたからです。この正統を正当化するやり方に茶室は入りません。

藤森　歴史家としては面白いんです。戦後のモダニストたちは伝統としても一切認めてなかった。伝統はあくまで、丹下さんの場合だと法隆寺と伊勢と桂。しかし、桂はそんなに好きではなかった。

磯崎　丹下さんが一番好きなのは何？　やっぱり伊勢？

藤森　いや、川添登[29]さんから直接聞いたんですけど、法隆寺だったそうです。びっくりします。丹下さんが、日常的に話している中で、興味があるとして言及していたのは法隆寺だけだったそうです。

丹下健三と岡本太郎

磯崎　ヨーロッパの建築で丹下さんが言及するのはゴシックの空間だけなんですよ。最初はパルテノンとか言うじゃないですか、ミケランジェロが好きだから、というのでメタファーで言ってるけど。本人が好きだとは思えないという感じですね。ゴシックですね。みんなわりとゴシック好きな人が多いんですよ。最も近代建築から遠いものをゴシックと言っている感じがする。

藤森　都庁舎がゴシック風っていうのはそういうところからきているんだ。

磯崎　もちろんあれも江戸の縦《たて》格子だから、ゴシックですよ。

藤森　丹下さんは法隆寺を好きだった。なるほどと思うのは、丹下さんは配置の軸の先に建物を置かないですよね。シンボリックなものは置くけど、軸はありながら左右非対称にしますよね。あれは法隆寺の伽藍配置[30]そのものなんです。

磯崎　まあそうね。

藤森　あと法隆寺の回廊が好きなんですよ。一つの場を作るときに回廊を使う、戦前の、保田與重郎の影響を受けてた頃の大東亜建設記念営造計画[31]からずっと戦後まで。代々木のオリンピックプール[32]の空中を走る通路も、文章で回廊って書いてある。

磯崎　それは僕も覚えてますよ。回廊って。

藤森　普通はあれを回廊と思う人はいないですけど。

磯崎　ああそうか、なるほどね。まあそうだな（笑）。いわゆる斜《はす》に構えるのとはちがうんだ。

藤森　ちがうんです。建築の設計もなんと弁証法でいくんです。

磯崎　アシンメトリー、シンメトリーっていうような感じだね。

藤森　そう。弁証法。正と反の軸の向こうに架空の合がある。だから、川添さんに法隆寺のことを聞いてびっくりしたんです。当時、川添さんが書いた中に一行だけでてくる、桂と伊勢で自分の広島ピースセンター（現・広島平和記念資料館）が説明できるというのは、イサム・ノグチ[33]に言われた。「正面のが伊勢で、右が桂だ」って、イサム・ノグチに言われて気づいたって。自分の自覚の中では全体の構成は法隆寺だった。なるほどと思いました。だから正・反・合という発展理論をそのままやってるんです。軸線が弁証法の発展の方向で、軸の左右に性格のちがう正と反の造形を置いて、その先に合がある。その合が広島の場合は、原爆ドームだったし、代々木のプールの場合は特別ないんですけど、何となくあれ西側を向いてるんですよ。西は夕陽であり富士山。

磯崎　ははあ、たしかに西だね。その先にあるのは？

藤森　戦前の大東亜の場合は横山大観[34]的な富士山です。実は世界的に見て、弁証法を建築でやろうとしていた珍しい人なんです。哲学の言葉の論理を造形で。

磯崎　まさにそのとおりです。僕は弁証法を言っている思想や方法にだけは従えない。それ以外は従えると考えていました。あの頃、日本浪曼派[35]の人たちでさえ、弁証法的思考は疑ってなかった。マルクス主義はもとより、京都学派[36]も同根だったのではないですか。

藤森　磯崎さんは、弁証法にせず、合なしの正・反だけでいく……。

磯崎　それは岡本太郎の影響からきている。太郎さんは対極主義でした。

藤森　丹下さんとちがう道。

磯崎　そう。場合によったら、丹下、太郎っていうのも対極といえるでしょう。太郎さんのコンセプトの中には、異質な相容れない他者相互が対面するときにあらわれる緊張関係をそのまま取り出せ！　自我さえ引き裂け！　といった主張があります。具体的にはコンセプトのちがう、フィギュラティフなものとノンフィギュラティフなものとか。抽象と具象というようなものを統合せずに、対立させる。こういう仕組みを太郎はずっと言い続けていました。僕は太郎のすぐ横にいる機会がわりに多かったので、そこらの影響を受けたところがあると思います。

藤森　それは磯崎さんの中に、太郎さんの影響を受ける前からすでに共鳴する質があったんですよ。なんとも御しがたい対極が。弁証法にならない対極が。太郎さんの芸術のやり方を通じて、むしろ自分の中にあるものに気づいていく、本質的な影響の受け方はそういうものだと僕は思っています。要するに子供時代を終えて、青年時代に気づいたときにすでに自分の内側にたまっているものがあって、それをどうしていくかはその人その人の人生、表現というものだろうと思っていて、磯崎さんの場合は御しがたい対極だったんだと思います。

磯崎　そういう狭間の中に放り込まれた状態に一番関心がありますね。

藤森　その中でどうする？

磯崎　どうなるか分かんないわけじゃない？　だけどその時に手さぐりでいいからなんかやってることが面白い。ブリッジできるか、カップリングできるか。それは決して統合ではない。合はしない。だからあるところまではヘーゲル[38]を面白いと思うんですが、歴史を弁証法として見るところで、ヘーゲルにはついていけない。太郎さんはやっぱり、ニーチェ[39]なんです。つまり引用をしてないけどニーチェ的な言動があるといえる。その由来はバタイユ[40]だと思います。太郎さんは「日本」の発見とか再発見とか、「縄文的なもの」を見いだしたりするけれども、それは二〇代に一九三〇年代のパリにいて、文化人類学のマルセル・モース[41]の講義に出たり、「アブストラクション・クレアシオン」という美術団体の最年少メンバーになったり、バタイユの秘密結社の会合に出席するなど、あの時代のパリの思想的地下水脈に接近していたことにかかわります。この中で同じ思想的なつながりのあったアレクサンドル・コジェーヴ[42]という人がヘーゲルをまったく新しく解釈した「精神現象学」の講義にも太郎さんは出ているわけ。よく分からなかったなんて書いているけど直観的に理解できていたと思われます。

藤森　一九三〇年代のパリ時代。

磯崎　周りの知識人たちはみんなコジェーヴのヘーゲル論を議論していたらしい。その中にバタイユがいた。だけどそんなこと言っても当時の日本では誰にも通じないから太郎は言わなかったわけです。言わないけどちょこちょこ書いていた。そういう縄文というものを持ち出す状況の背後に積み上げがあった。そして、その横に川添登さんがいるわけですよ。川添さんのたしか、『民と神の住まい』だったと思いますが、その出版記念会に行ったことを今ふっと思い出したんだけど、丹下さんもいい本ですと言って紹介するわけです。そこに岡本太郎がいた。その時太郎はこの本は、こうであるかもしれない、ああであるかもしれない、とずっと推定だけを言って論じ、その証明は何もせずに推定だけを続けていって、ゆえにこうであると結論を言う。そして、当たってるでしょうと（笑）。太郎は実に論理的に川添さんの方法を否定しているわけですよ。全然誰も否定していると思わなくて、いい本を書いたというふうにみんなが褒めているのを受けて、ずっと褒めたようにして否定しているわけです。

藤森　ジャーナリストってそうでしかあり得ないですもん。伝えるのが仕事で、主張するのが仕事じゃなく、自分の主張は、他人の言行を伝えることでやってくわけですから。でも今お話にあったように、磯崎さんの、遠州への関心というのは面白かった。遠州も両極の間に立って、なんとも困ってしまうわけですね。

磯崎　あの辺に詳しい熊倉功夫《いさお》さんに、「遠州は桂の運営にかかわってなかったはずじゃないですか」と伺ったことがありますが、氏の説明によると、「かかわってないんだけれども、遠州の配下にいた人たちはかかわっていたかもしれませんね」と言われます。八条宮《はちじょうのみや》[43]がしばしば反幕府的なミーティングを自分の家でしているときに、遠州が来た。つまり、出入りした記録があるようです。だけど台所まで来て、何か差し入れをして帰るわけですね。僕はこれはスパイしに行かされたんじゃないかと思う。反幕府的な策略をやってるらしいから、それを探れ。その背後には後水尾天皇とかがいる。それを探りに行かせるのに普通に行ったら角が立つからちょっと差し入れに来ましたとかって言って行けば、そこに誰が来ているか分かるわけですよ。どうもそうではないかと。幕府方の作事奉行なんかやると同時に茶人だったわけですから、表向きの政治的立場と、それを超える文化的立場がある。対極の関係をつなぐ(カップリングする)、こんな妙な位置にあります。「茶」が特権的になってきたのかもしれません。

　ミケランジェロでさえ、共和制フィレンツェとローマ法王との間で板ばさみになり、「サッコ・ディ・ローマ」[44]のとき、共和国の防塞のデザインをしたりして、とらえられ、あやうく打ち首になるところを助けられただけでなく、法王庁のチーフ・アーティストに任命されて腕を振るうことになります。八紘一宇《はっこういちう》[45]も戦後民主主義も、丹下健三さんはどちらも「合」として扱った。このときは「茶」ではなく、「富士山」があったためですかね。

フォリーと草庵

藤森　磯崎さんはその後、群馬近美とちがって、ちゃんとした茶室も作られるようになりますが、最初の茶室って何ですか？

磯崎　やはり、海外ではじまったのです。レオ・カステリというジャスパー・ジョーンズやロバート・ラウシェンバーグなどを売り出したニューヨークの画廊があって、たまたま何か新しい売り物を探すための企画で、今なら普通なんだけど、庭園の中のフォリー、[46]ついで住宅を建築家にデザインさせるということと、そのドローイングを設計図を含めて売る、という企画をやったんです。僕はその両方に付き合いました。住宅を設計して設計図を画廊が売る、そしてクライアントがその設計図に基づいて作るというもの。こういう展覧会が二度ありました。結局、設計注文はまったくなかったみたいですが、ドローイングそのものは市場に出たようです。その最初のとき、フォリーを日本で考えれば、要するに草庵みたいなものだと考えた。それならお茶室を作ればいいじゃないかというので、さっき言ったモンドリアン風に解体した三畳台目くらいの空間をドローイングで描いたんです（図45・46）。後にそれに藁屋根をのせて木版にして、うちに置いといたんですね。これを原美術館館長の原俊夫さんが見て、ちょうど今うちの親父の土地を森ビルが開発している。あそこにお茶室があったけど壊れかけていると。これをつぶして建て替えるんだけど、このフォリーのアイデアでいこうと言うんです。小っちゃなもんですよ、三畳台目ですから。そのあげくにできたのが〈有時庵《うじあん》〉（図47～50）です。あれは原美術館所属みたいになってるけれど、

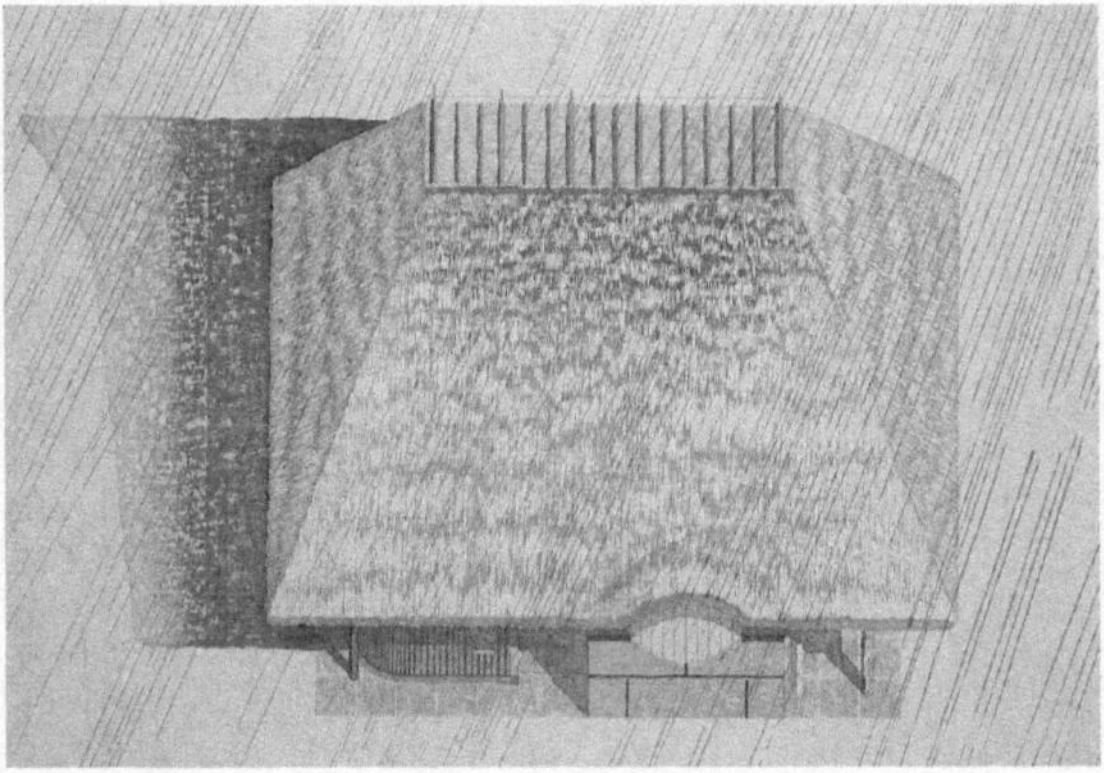

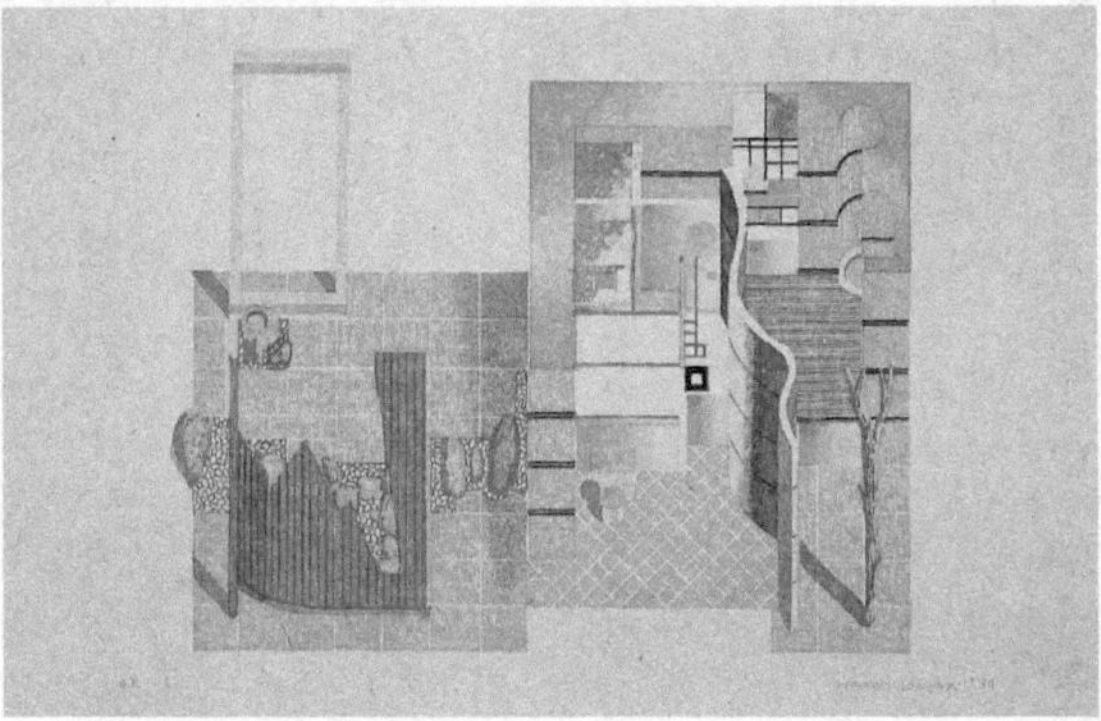

図45・46 〈Folly Ⅰ Ⅱ〉レオ・カステリ ギャラリー企画展（ニューヨーク、1984年）設計／磯崎新

所有は森ビルなんです。あの裏の広大な土地と庭園を森が買い取ってホテル、アパートを作っていたその一角にあります。

藤森　もとはニューヨークの画廊のために描いたものですか？　その画廊が建てたわけではない？

磯崎　画廊では売れないわけです。ドローイングは売れたけれど。

藤森　それを買って建てようっていう人はいなかった。

磯崎　その頃はさすがに商売にならなかった。その時のドローイングは回り回って、アメリカの美術館に収まっています。

藤森　その有時庵を実現させたのが、原美術館？

磯崎　それでそれを少し整備したんです。はじめは木で作ろうと思ってたのに、都内ですから藁屋根はできない。

藤森　法律上。

磯崎　ならば石でやってみるかというわけで、石組みで中にお茶室を作って入れた。それが有時庵の由来ですね。

藤森　独立したものとしては有時庵が第一作？

磯崎　実質的にはそうですね。その後は福岡の寿司屋「やま中」[47]。寿司屋はお茶室がいるという、さっきの妾宅のしきたりと同じですよ。「山中居《さんちゅうきょ》」と名付けたけど、ま

図47　〈有時庵〉外観（東京、1992年）設計／磯崎新　©古館克明

図48　〈有時庵〉内観　©古館克明

だ扁額《へんがく》はあがっていません。

藤森　茶室の床の間の鉛の壁にはびっくりしました。磯崎さんは覚えてないかもしれないけれど、九州の建築学会の大会で、僕と妹島和世が学会賞もらった。僕が論文、妹島さんが作品でもらった。それでお祝いだっていうので、僕らを呼んで一席設けてくれたんです。

磯崎　鈴木博之[48]、石山修武《おさむ》[49]とか五、六人で食事をした記憶はありますね。あの時は学会賞でしたか、設計はまだやっていなかったのかな。

藤森　やっていません。あのお茶室も中村外二さんでしたよね？

磯崎　亡くなってから後。中村外二っていう人は九〇歳を超えても赫灼《かくしゃく》としていました。フィリップ・ジョンソン[50]が、九〇いくつになって、最後に日本でレクチャーをするということで、来日したときのことです。東京でレクチャーしてから京都に行くという。僕はジョンソンに京都の中村外二のことを話したら、彼は外二の家まで行ったんですよ。それで握手して。感動的な場面じゃないですか。かつて、フィリップ・ジョンソンは「建築はシャルトル[51]、庭は龍安寺《りょうあんじ》[52]」と言っていました。僕がぶしつけに、なぜ龍安寺？　と質問したとき、たったひと言「涙（ティア）」と答えました。僕はこの一語で戦後のアメリカ近代建築がいっぺんに了解できたように思いました。数寄屋棟梁との老人二人の立ち姿も絵になるじゃないですか。だがジョンソンは茶室は理

図 49　〈有時庵〉待合と躙口　設計／磯崎新　©古館克明

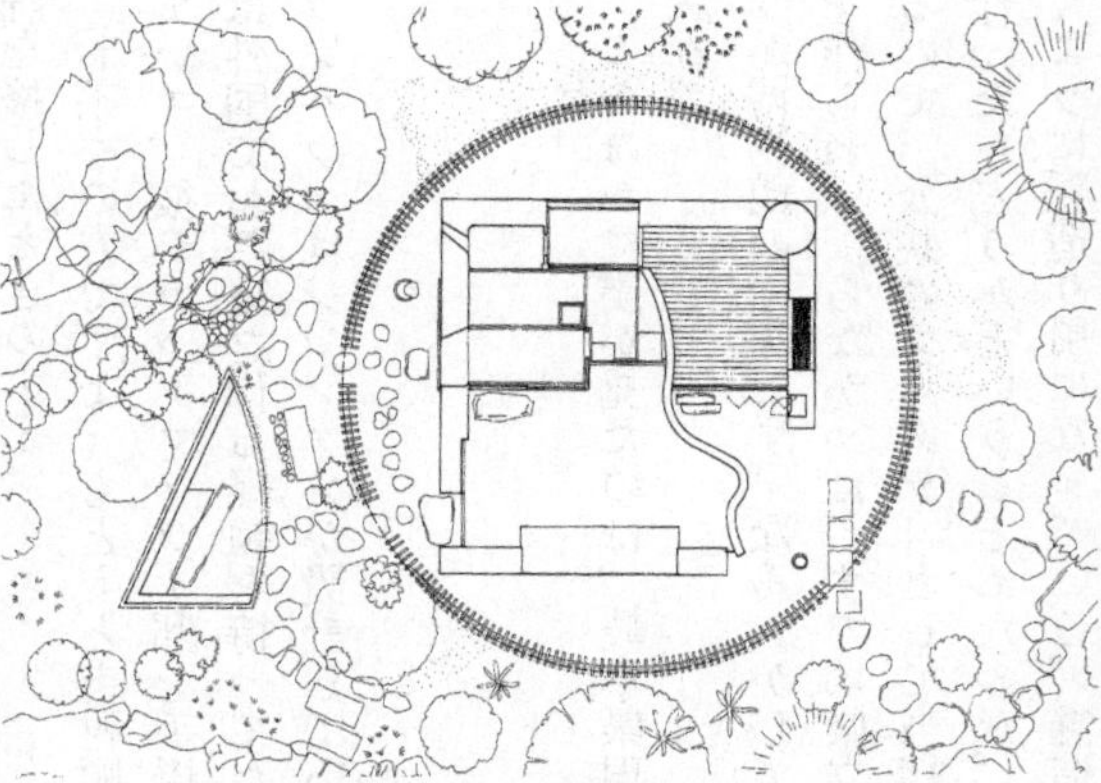

図 50　〈有時庵〉平面図

解できなかったと思います。

藤森　ただ外二さんは、戦後、MOMAが書院を移したときの……。

磯崎　あれの移築も外二がかかわっています。お茶室の方ですよ。もともと吉村順三さんが外二が出入りしている俵屋の設計をしていて、彼がロックフェラー邸を手掛けたときに彼を大工として使った。だから外二は外国でお茶室を作る経験を持ってた。その同じロックフェラーのニューヨークのタウンハウスはジョンソンが設計しています。

孤篷庵の写しを作る

藤森　磯崎さんは茶室をいくつか作っていて、このほかに僕が見たのは、岐阜県現代陶芸美術館。[53] 湖というかプールの向こう側にある。

磯崎　これも結局パブリックで、美術館というか博物館の一角です。なんとかしてあそこにああいう種類のものにするプログラムを作らねばならなかった。すでに県立の茶室は岐阜市にある県立美術館に作られているので、公共のプログラムとして当初計画には入っていなかったのですが、それでも作ったらどうかということになった。あそこはもともと本体の建物は谷（沢）をまたぐように懸造り[54]風になっている。懸造りの奥に水を張って孤篷庵もどきをやることを考えて、ほとんどその写しを作ったんです。

藤森　例の有名な障子ですか？

磯崎　障子自身はそっくりだと見えすいてしまうので意図的にはずしました。ちょっと単純かな。広間の前が通り抜けになっているというコンセプトをいただきました。観客が広縁から展開する部屋を見る。ここは美術館の展示室の一部です。だけど床の間と角の待合がある所と、少し離れて山雲床《さんうんじょう》っていう、不昧公《ふまいこう》[55]が遠州の写しを作らせた、これのまた写しを横にくっつけました。単純にそのままやるわけにいかないから、ここも鉛を使って、障子が半透明のガラスとか、いい加減なことをやってあるだけですけどね（笑）。だけど、お茶室っていうのをまったくの真っさらから作っても、しきたりもいろいろあるしね。しきたりのある部分は変えられないから、変えていいのがそれぞれの壁や天井などで、変え得る部分は変えちゃえっていう扱いですよ、僕の場合。しきたりのお点前とつながってるところが一番難しい。

藤森　平面にかかわるあたりですよね。

磯崎　平面が一番難しい。出入りとか目線をどこで押さえるかとか、ここらへんが一番大変ですね。

藤森　僕の場合、茶道は嗜まないが、茶は好きっていう人たちの茶室ばっかりだから。磯崎さんの場合は、ちゃんとやる人たちのためですね。

磯崎　やってもらいたいと思うんですよ。

藤森　実際ちゃんとした流派で習っている人たちしかお茶をしないですから。その人たちが使わないっていったら、それまでなんですよ。

磯崎　ある程度の融通が利いても、そこは難しいですね。で、お茶室っていうのはメンテナンスをしてくれないと。

藤森　茶室外のメンテまで入りますからね。

磯崎　それを公共はやってくれない。公共は、お茶室があります、能舞台がありますといっても、ただ置いてあるだけで全然使ってないのが実情ですね。博物館や美術館だったら、時たま使うこともありますが、残りは全部お稽古事ですよ。それでは面白くない。ということはやっぱりあくまで僕は、お茶室っていうのは主人がいて、その主人がお茶をやるって考えるクライアントの延長として出来上がったものしか生き延びられないだろうと思います。

藤森　実際四〇〇年間生きてきたのはそういうものですからね。

磯崎　それをずっと代々受け継いでいける。

藤森　あるいは主人が亡くなったら移築する。

磯崎　あとは好きな人が持っていけばいい。

藤森　そういう建築って世界でお茶室だけですね。まるで美術品のように転々と

（笑）。

磯崎　そうなんですよ。僕はたまたま震災の後、何かしなきゃいけないかなと思ってるうちに、たまたま少しかかわっていたスイスのルツェルン音楽祭っていう今ヨーロッパで一番人気のある音楽のフェスティバルがあるんです。ここが震災のチャリティーをしたいと言って、でもただ集めたお金をあげてもしょうがないから、そこで、今までのコンサートホールとまったく違う仕組みのコンサートホール[56]を作りたいというので、相談をしていたんです。それを今度、動くものにしようというので、今これを大急ぎで作っています。その代わり、国内というよりも世界中を回る。今考えているのは、小学校のグラウンドぐらいの敷地は空いているだろうと。グラウンドに入る大きさのコンサートホールをトレーラー何台で運べるか、ということを計画しています。秀吉がお茶室をまるごと担いで出兵基地の名護屋城や小田原などに行きました、お茶室もまたそういう具合で担いで行ったんですよ。

藤森　バラして担いで行った。

磯崎　それをコンサートホールでやっちゃおうというわけです。

衣服に一番近い建築

藤森　若い頃、利休が最初に作った小さな草庵茶室っていうのは、待庵《たいあん》で、古寺の軒先を使って作って、それで後の利休の例の茶室の天井が、平らな天井の部分と傾いた軒裏を化粧で見せる部分からなるようになった。それと、躙口とか下地窓とかを使った茶室を当時は「囲い」と言ったらしいんです。利休の茶室もそこからはじまってるんです。仮設性っていいますか、さっき言われたようにお寺の対極は茶室であり、茶室の本質はやはり仮設。ブリコラージュなんですよ。レヴィ＝ストロース風に言えば。

磯崎　今で言うとハイブリッドですね。

藤森　そうそう。ブリコラージュの建築って世界的に見ると、茶室か原住民の住居か難民のバラックぐらいしかないんです。世界の建築の中でブリコラージュに、本気でちゃんと取り組んだのは茶室しかないんです。そのブリコラージュの対極としてあるのが、ヨーロッパでいえば教会、日本でいえば社寺。

磯崎　要するにブリコラージュでも建築だから、間に合わせっていうか、そこら近所で手に入るものなら何でもいいと。それで組み立てるっていう、今でいう廃品芸術みたい。一種、ハイブリッドでいろんなものを寄せ集めてきて、それをその場で組み立てる。その組み立て方が好みみたいなね。そのマスターの影響みたいな、気分の延長みたいなことになってくると思いますけど。

藤森　それはおそらく建築っていうものの本質の一つにちがいない。

磯崎　僕は、建築というのはもう姿がなくても建築ということがあるぐらいだと思うんです。基本的にそこに作れるってことが建築なんだと。

この間、久しぶりに待庵に行ったんですよ。待庵に行って面白かったのは、土壁がボロボロになって穴が開きかけてて（笑）。もうそのレヴェルなんですよ、仕上げは。

藤森　待庵の土壁の中がどうなってるかは、おそらく中村昌生先生しか見てないと思いますけど。修理のときに見たそうですが、木舞が竹でなくヨシだったって。当時でいえば、農民や漁民の家の最も貧しい小屋の作りでしょう。

磯崎　それから発想してるっていうのは確実に言えますね。

藤森　逆に言うとそれがあの軽さを生んでるんです。狭いのに重苦しくない。仕上げを見ると、厚さが分かりますね。薄い、軽いっていうのは、木造というものを石造と比較したときの、最も木造的な特長ですね。石造はどんなに頑張っても薄さ軽さは本質的に無理です。

磯崎　今は無理してスライスしてガラスの間にはめ込んで、透かしを作ったりしますけど、これは石じゃないからね。

藤森　そういう点では、茶室は日本国内での社寺との対極であるだけじゃなくて、世界的にいうと石造の対極なんですね。

磯崎　それを建築としてどういう定義を加えるかによって、茶室を正当化して位置づけるかという、この問題は一番大きいところだと僕は思うんです。やっぱり単純な形式があるわけじゃなくて、形式ももちろん持っているけれども、いかに粗末な素材で頼りない素材でも、その中で組み立てていく構築力、構築性があるじゃないですか。人間が入り込む限界みたいな。これとの人間との身体的な関係性みたいなね。

藤森　おそらく、衣服に一番近い建築です。

磯崎　衣服の延長みたいな（笑）。

藤森　建築を着ることができるのは、茶室だけ。

磯崎　それはいい比喩ですね。表現としてね。

藤森　逆に言うと、身体性の究極は、人が作ったものでいうと服です。

磯崎　だから茶室は、この服のスキ間がちょっと大きくなったようなものだというわけね（笑）。

藤森　そう考えるとね、茶室と取り組むことは本当に面白い問題なんです。

磯崎　そのとおりです。だからそういう意味では、テントやパオ[57]のようなものの持ってる軽さと扱いやすさみたいなものもかかわってくる。

藤森　だから、最も原始的な形式なんですよね。人類にとって一番深いっていうか。

磯崎　問題はなぜそれを茶室と呼ぶかということ。

藤森　そうそう。僕自身のことで言いますと、いみじくも磯崎さんが言われたように、僕は茶室に興味があるわけじゃないんですよね。こういう形式の建築に興味があるんです。ただありがたいと思うのは、日本で住宅を作るときに、茶室を作るっていうとみんな、これから起こるであろうことをすっと理解してくれます。変なものができますよ。坪面積のわりに高くかかりますよ。これを外国で説明すると大変です。茶室は二畳、つまり一坪でちゃんとした建築なんですと説明すると、そんなものをなんで作るんだと言われる。僕は極小建築を作るたびに日本の茶室の話をしないと世界に通用しないんです。日本人は茶室が変なものだってことをよく知っている。それと、市民に集まってもらっていろいろ作ったりするとき、茶室だと市民たちでも作れるんです。さっき言ったブリコラージュで叩き大工の仕事ですから。

磯崎　一番基本的で原始的なシェルターですよね。洞窟じゃないシェルター。これも海外でのことですが、ロサンゼルスから三時間ほど、東にドライブした砂漠に住んでいる友人がいて、彼のために「砂漠の寝所」と呼んでいる建物（?）を三つ作りました。春秋、夏、冬、それぞれ、電気、水道が一切ない砂漠で寝るためのものです。コンクリートのセルフメイドです。いずれも一〇フィート角。京間の四畳半です。床はコンクリート。ここに寝袋を持っていって寝るだけですが、洞窟にこもるのとちがって、ひたすら天空の運行とさわやかな空気だけが感じられるものにしたい、それだけです。私にとって、これは茶室と同等のものです。茶室のことを「市中の山居」といいますね。歴史的に茶室が成立する以前のことでしょう。山居を呼びかえて「砂漠の寝所」。この際、主人に当たるのは砂漠の空気です。一時間のドライブの先にあるドラッグストアでペットボトルを買ってかかえていくだけなんですが。

藤森　砂漠の四畳半か。作ってみたい。海外で四畳半程度の住まいの面白さを説明しても通じないでしょうね。ところが日本なら方丈（四畳半）の庵ですって言えば、その意味を分かってもらえる。庵や茶室という概念がなかったら僕の仕事は成立しなかった。子供の遊びとしか思ってくれなかったと思う。

磯崎　誰も建築とは思わないから。

藤森　茶室というものが日本の社会に根づいてなかったら、僕が今作っている茶室みたいな極小空間は、無視されるようなものだと思いますね。

磯崎　ヨーロッパでいうお茶室にかかわるものは、中国でいうと東屋、つまり亭《ちん》ですね。

藤森　ただ、建築的見地からすると、あれは簡単過ぎて。

磯崎　中途半端。あれはただ屋根があるだけ。それでも架構の最小単位とみている。ヨーロッパでいうと、さっき言ったフォリーになっていく。一応近い形式のものはあるんだけれど、彼らはそれをそういうようなマナーにきちんと作ってなかったってことがあった。もう一つ、お茶室というのは、目を全部、点前や飾りものに集中させるじゃないですか。フォリーっていうのは外を見るだけだから、テラスの一部でしょ。

そうではなくて囲われた中に詰めていって、目線だけじゃなくて感覚を全部内に向けて外がない。そこに無理やり押し込んだ強制力みたいなものがある。

藤森　一種の壺中天ですよね。壺中天は世界の反転体ですね。

磯崎　要するに完全に自然というのじゃなくて、自然を抽象化したコンセプトが真ん中に存在する。

藤森　活けてある花が一輪で自然界を象徴してしまう。

磯崎　そうですね。

藤森　だから茶室って面白い。壺中天の中で創造力がぷつぷつぷつぷつ湧いてくる。

磯崎　そういう意味じゃやめられない（笑）。これが一番いい締めですよ。引っかかっちゃたもんだからやめられないっていう、これがお茶室です。

二〇一一年七月四日　慶心庵《けいしんあん》にて

磯崎　新

一九三一年大分市生まれ。一九五四年東京大学工学部建築学科卒業。一九六三年磯崎新アトリエを設立。以後、国際的な建築家として、群馬県立近代美術館、ロサンゼルス現代美術館、バルセロナオリンピック競技場などを設計。近年では、カタール国立コンベンションセンター、ミラノアリアンツタワー、上海シンフォニーホール、湖南省博物館、中央アジア大学、中国河南省鄭州市の都市計画などを手がける。世界各地の建築展、美術展のキュレーションや、コンペティションの審査委員、シンポジウムの議長を務める。代表的な企画・キュレーションに「間―日本の時空間」展（一九七八～八一）、ヴェネチア・ビエンナーレ国際建築展日本館コミッショナー（第六回～八回）、同展日本館展示「亀裂」で金獅子賞受賞（一九九六）、建築思想の国際会議「ANY会議」を一〇年に渡り企画（一九九一～二〇〇〇）。著書に『建築における「日本的なもの」』（新潮社／MITプレス）、過去五〇年間に渡り書いてきた文章を編集した『磯崎新建築論集』（全八巻、岩波書店）など多数。建築のみならず、思想、美術、デザイン、文化論、批評など多岐にわたる領域で活躍。二〇一九年「プリツカー賞」受賞。

1 **群馬県立近代美術館**／一九七四年に開館した、群馬県高崎市の県立公園・群馬の森にある美術館。国内外の近現代美術のほか、群馬県出身の芸術家の作品、また、日本と中国の古美術を中心とした「戸方庵井上コレクション」などがある。磯崎新による設計で、〈北九州市立美術館〉などとともに彼の代表作としても知られる。九八年には、同じく磯崎の設計で、現代美術棟が増築された。

2 **井上房一郎**／（一八九八～一九九三）群馬県高崎市生まれの実業家。早稲田大学中退後、パリに留学し絵画や彫刻を学ぶ。一九三〇年、帰国後、井上工業に入社。三四年にブルーノ・タウトと交流。三八年、井上工業社長に就任。社長業の傍ら、高崎市民オーケストラ（現・群馬交響楽団）、群馬県立近代美術館の設立など、文化活動にも尽力する。

3 **中村外二**／（一九〇六～九七）京都の数寄屋大工棟梁。富山県生まれ。裏千家茶道会館、ロックフェラー邸茶室、京都・俵屋、伊勢神宮茶室など、数々の建物を手掛けた。

4 **松屋会記**／現存する最古の茶会記。一五三三年、安土桃山時代の茶人、松屋久政（一五二一～九八）によって起筆され、久好、久重の三代にわたり、一六五〇年まで書き継がれた。利休をはじめ、当時の茶の名人の茶会が記録された貴重な史料となっている。

5 **庭玉軒**／大徳寺真珠庵にある、宗和流の祖、金森宗和好みと伝わる二畳台目の茶室。通僊院に付属した作りで、内露地の一部を庇屋根で覆うことで屋内化されている。この茶室の来歴については諸説あり、定かではない。

6 **規矩**／寸法や形のこと。

7 **東大寺**／奈良にある華厳宗大本山の寺。七四三年、聖武天皇が「奈良の大仏」として知られる盧舎那仏の建立の勅願を発令し、その大仏を安置する寺として建立された。一九九八年、古都奈良の文化財の一部として、世界文化遺産に登録された。

8 **後水尾天皇**／（一五九六～一六八〇）江戸時代初期の第一〇八代天皇。在位は一六一一～二九年。紫衣事件などの幕府への不満から、一六二九年に譲位し、以後、四代の天皇にわたって院政を執った。茶道、和歌、書にも長じた。

9 **紫衣事件**／江戸時代初期の、幕府と朝廷との対立事件。幕府が朝廷の勢力を抑えるために、朝廷から大徳寺などの住職に任命され、紫衣を着けるものは幕府の許可が必要とされたにもかかわらず、後水尾天皇は従来どおり、幕府に無断で十数人の僧侶に紫衣着用の勅許を与えた。一六二七年、幕府は事前に勅許の相談がなかったことで多くの勅許状を無効とした。それに抗議した沢庵などの高僧は二九年、流罪となった。

10 **沢庵和尚**／（一五七三～一六四六）法名は澤庵宗彭。安土桃山時代～江戸時代前期の臨済宗の僧。

大徳寺住持。紫衣事件で出羽国に流罪となり、その後、赦免されて、徳川家光建立の東海寺を開いた。茶道や書画、詩文にも通じ、多くの墨跡を残している。

11 **江月宗玩**／(一五七四～一六四三) 江戸時代初期の臨済宗の僧。茶人。父は津田宗及。京都大徳寺、博多崇福寺などの住持となり、大徳寺内に孤篷庵などを開く。父や小堀遠州に茶を学び、書や詩文にも秀で、千宗旦と親交し千家の復興に協力した。紫衣事件にもかかわっていたが、一人だけ赦された。

12 **好む**／「好む」の初出 (歴史的文献) が崇伝の文章 (手紙もしくは記録) にある。このときは設計させるを「好ませる」と記している。昔は「設計」という言葉がなかったため、「design」という意味を表すために、好む、好ませるという言葉を使っていた。「～好み」は後世の用法であると思われる。(磯崎・注)

13 **上海東亜同文書院**／一九〇一年、東亜同文会によって上海に設立された日本人のための高等教育機関。三九年に東亜同文書院大学となったが、四五年、日本の敗戦に伴い、閉学となった。磯崎新の父、磯崎操次は一九二二年の卒業。

14 **三浦義一**／(一八九八～一九七一) 国家主義者。大分県生まれ。早稲田大学を中退後、九州水力電気 (現・九州電力) に入社。その後、再上京して、国家主義運動に参加するようになる。虎屋事件をはじめ、数々の事件を起こす。一九三二年、大亜義盟を創立。三五年、国策社を設立。戦後は政財界の黒幕として活動。日本橋室町の三井ビルに事務所を構えたことから室町将軍と呼ばれた。

15 **保田與重郎**／(一九一〇～八一) 文芸評論家。奈良県生まれ。東京帝国大学卒業。『日本浪曼派』を創刊し、その中心として活躍。一九三六年、処女作『日本の橋』で第一回池谷信三郎賞を受賞、批評家としての地位を確立した。以後、伝統主義、アジア主義の色調を強め、日本浪曼派の中心的批評家として、太平洋戦争とともに時代を生きた。戦後は公職追放され、文壇からも冷遇された。

16 **林房雄**／（一九〇三〜七五）小説家、文芸評論家。大分県生まれ。東京帝国大学中退。東大を中心とした学生運動団体、新人会の活動家となる。一九三三年、小林秀雄、川端康成らと『文学界』を創刊。プロレタリア文学の作家として出発したが、後に超国家主義者に転向した。

17 **大分の図書館**／大分県立中央図書館。一九六六年に開館。磯崎新の代表作で、同年、日本建築学会賞を受賞した。現在はアートプラザに改装され、市民ギャラリーとして利用され、三階には磯崎新建築展示室がある。なお、九五年にオープンした、現在の大分県立図書館も磯崎による設計。

18 **芭蕉寺**／義仲寺。滋賀県大津市にある天台宗系の寺院。平安時代末期の武将源義仲（木曾義仲）の死後、愛妾であった巴御前が草庵を結び、供養したことにはじまると伝えられる。また、境内の草庵をたびたび訪れた松尾芭蕉が、自身の遺言によりこの寺に墓を立てたことから芭蕉寺とも呼ばれる。

19 **立原道造**／（一九一四〜三九）詩人。東京生まれ。東京帝国大学工学部建築学科在学中に、辰野賞を三年連続受賞するなど、建築家としても足跡を残す。一九三九年、第一回中原中也賞受賞。同年、結核のため二四歳で急逝した。詩集に『萱草に寄す』『曉と夕の詩』など。

20 **池辺陽**／（一九二〇〜七九）建築家。釜山生まれ。一九四二年、東京帝国大学工学部建築学科卒業後、同大学大学院に進学する。四四年、坂倉建築研究所に入所。戦後、「立体最小限住宅」などの実験小住宅を手掛け、都市住宅における機能主義的な合理化に取り組んだ。六五年、東京大学生産技術研究所教授に就任。

21 **新興俳句**／一九三一年、反ホトトギス、反伝統を掲げて興った俳句運動。水原秋桜子や山口誓子らを先頭に、表現や形式において新しい発想や感覚による俳句を主張し、俳句の近代化を目指した。四〇年代初頭に弾圧され、終焉した。

22 **岡本太郎**／（一九一一〜九六）芸術家。神奈川県生まれ。父は漫画家の岡本一平、母は小説家の岡本かの子。一九二九〜四〇年までフランスで過ごし、パリ大学で哲学、民俗学などを学び、抽象美術やシュールレアリスムの芸術家たちとも交流した。第二次世界大戦後、現代芸術の旗手として絵画や立体作品を発表。また、縄文時代や沖縄、東北などのプリミティブな文化を再発見し、文筆活動も精力的に行った。代表作に「明日の神話」「太陽の塔」など。

23 **ネオリベラリズム**／新自由主義。国家による規制を緩和し、市場での自由競争により、富が増大し、社会全体に利益をもたらすという市場経済重視の思想。

24 **孵化過程**／「孵化過程＝ジョイント・コア・システム」（一九六二年）。磯崎は、自身の「東京計画1960」における「空中都市―新宿計画」に手を加え、ギリシャ神殿の廃墟に未来都市構想としての「ジョイント・コア・システム」をコラージュした作品を制作し、「孵化過程」と題した詩文とともに発表した。

25 **團伊能**／（一八九二〜一九七三）実業家、政治家、美術史学者。福岡県生まれ。坂倉準三の初期の代表作である〈飯箸邸〉（一九四一年）は、伊能の都内別邸として建てられた。

26 **松琴亭**／桂離宮の庭園内にある、茅葺き入母作りの茶室。躙口の内側は三畳台目で、遠州好みの八つ窓の囲いになっている。

27 **つくばセンタービル**／一九八三年に作られた、磯崎新によるポストモダン建築の代表作。茨城県つくば市の筑波研究学園都市にある、ホテル、コンサートホール、商店街、広場などからなる複合施設。

28 **大江宏**／（一九一三〜八九）建築家。秋田県生まれ。一九三八年、東京帝国大学工学部建築学科卒業。五〇年、法政大学工学部教授に就任。五四年、丹下健三、吉阪隆正らと「例の会」を結成。代表作に〈乃木神社〉（一九六二年）、〈国立能楽堂〉（一九八三年）など。父は日光東照宮の修理や明治神宮の造営などを手掛けた建築家大江新太郎。

29 **川添登**／（一九二六〜二〇一五）建築評論家。東京都生まれ。早稲田大学理工学部建築学科卒業。

五三〜五七年まで月刊誌『新建築』の編集長を務める。以後、建築、都市評論から民俗学に至る分野で活躍。六〇年、菊竹清訓、黒川紀章らとともにメタボリズムを結成。同年、『民と神の住まい』で毎日出版文化賞、九七年、南方熊楠賞。著書に『建築の滅亡』『今和次郎』など。

30 **伽藍配置**／寺院における金堂や回廊などの建物の配置形式。その配置は、時代や宗派によって異なり、法隆寺式、東大寺式、薬師寺式などのさまざまなパターンがある。

31 **大東亜建設記念営造計画**／一九四二年、日本建築学会が主催したコンペにおいて一等となった、丹下健三による、皇居と富士山を一直線に結ぶ大東亜道路を都市軸として、首都と戦没者のための神殿を作るという壮大なプラン。横山大観を思わせる富士山が描かれている。

32 **代々木のオリンピックプール**／一九六四年に東京オリンピックのために建てられた、東京・渋谷にある国立代々木競技場第一体育館。世界でも珍しい吊り屋根構造で、丹下健三の代表作となった。現在は、プールは使用されておらずアリーナとなっている。

33 **イサム・ノグチ**／（一九〇四〜八八）彫刻家、インテリアデザイナー。ロサンゼルス生まれ。詩人で英文学者の野口米次郎とアメリカの作家のレオニー・ギルモアの間に生まれ、少年期を日本で過ごした後、渡米。彫刻作品のほか、モニュメント、庭や公園などの環境設計、「ＡＫＡＲＩ」シリーズなどの照明インテリア、舞台美術など、幅広く活動を行った。

34 **横山大観**／（一八六八〜一九五八）日本画家。水戸出身。一八八九年、東京美術学校（現・東京藝術大学）の第一期生として入学、岡倉天心、橋本雅邦らに学ぶ。一八九八年、日本美術院創設に参加。朦朧体と呼ばれる線描を抑えた独特の画風を確立し、近代日本絵画に大きな足跡を残す。一九三七年、第一回文化勲章受章。代表作に『屈原』『生々流転』など。

35 **日本浪曼派**／一九三五年、保田與重郎、亀井勝一郎らを中心に、反近代を掲げ、自然主義文学を批判し、日本の伝統や古典回帰を提唱した文学思想。また、同名の機関誌が三五〜三八年まで刊行された。その思想は、当時の多くの青年の心をとらえた。

36 **京都学派**／哲学者の西田幾多郎（一八七〇～一九四五）と田邊元（一八八五～一九六二）と彼らに師事した哲学者たちで形成された学派。はじめは、西洋哲学と東洋思想の融合を目指していたが、次第に東洋中心主義的な方向へと傾き、第二次世界大戦における大東亜思想へと近づいていった。

37 **フィギュラティフ**／具象的な絵画。

38 **G・W・F・ヘーゲル**／（一七七〇～一八三一）ドイツの哲学者。フィヒテ、シェリングと並ぶ、ドイツ観念論を代表する思想家。ヘーゲルの弁証法は後世に大きな影響を与えた。著書に『精神現象学』『大論理学』など。

39 **フリードリヒ・ニーチェ**／（一八四四～一九〇〇）ドイツの哲学者。近代文明やキリスト教を批判し、ルサンチマン、ニヒリズム、超人、永劫回帰といった独自の概念で生み出した思想は、現代の思想や文学に多大な影響を及ぼした。著書に『悲劇の誕生』『善悪の彼岸』など。

40 **ジョルジュ・バタイユ**／（一八九七～一九六二）フランスの思想家、作家。ニーチェの影響を受け、無神論の立場から人間を追究し、死とエロスをテーマに現代社会を根元的に批判した。経済学、人類学、文学、芸術、宗教など、幅広いジャンルにわたって執筆活動を行った。著書に『眼球譚』『エロティシズム』など。

41 **マルセル・モース**／（一八七二～一九五〇）フランスの社会学者、文化人類学者。著書『贈与論』では、ポトラッチなどの交換体系の分析をし、「贈与」に経済活動を超えた別の原理があることを打ち出し、レヴィ＝ストロースの構造人類学にも大きな影響を与えた。

42 **アレクサンドル・コジェーヴ**／（一九〇二～六八）ロシア生まれの哲学者。一九三三～三九年、パリ高等研究院で行われた、ヘーゲルの『精神現象学』についての講義は、ヘーゲル読解に大きな衝撃を与えた。後にこの講義は『ヘーゲル読解入門』として出版された。

43 **八条宮**／四世襲親王家の一つである桂宮家の宮号。安土桃山時代の正親町天皇の第一皇子、誠仁親王の第六皇子智仁親王を祖とする。主な所領が桂周辺にあり、智仁親王が創建した別邸桂離宮が八条通にあったことから八条宮と称されたが、明治時代に断絶した。

44 **サッコ・ディ・ローマ**／一五二七年五月、神聖ローマ皇帝にしてスペイン王カール五世の軍が教皇領のローマに侵攻し、殺戮、破壊、強奪などを行った事件。ローマ略奪、ローマ劫掠ともいう。

45 **八紘一宇**／世界を一つの家とすること。第二次世界大戦中、日本の海外進出を正当化する標語として用いられた。日本書紀の「八紘をおほひて宇にせむ」に由来する言葉。

46 **フォリー**／西洋の庭園や公園などにある装飾用の建物。

47 **やま中**／一九九七年、磯崎によって設計された、福岡市にある寿司割烹やま中本店。

48 **鈴木博之**／（一九四五〜二〇一四）建築史家。東京都生まれ。六八年、東京大学工学部建築学科卒業。東京大学教授、ハーバード大学客員教授などを歴任し、青山学院大学総合文化政策学部教授。九〇年、『東京の地霊（ゲニウス・ロキ）』でサントリー学芸賞を受賞。

49 **石山修武**／建築家。一九四四年生まれ。六六年、早稲田大学理工学部建築学科卒業。八八年より早稲田大学理工学部教授。九五年、日本建築学会賞、九六年、ヴェネツィア・ビエンナーレ建築展金獅子賞などを受賞。

50 **フィリップ・ジョンソン**／（一九〇六〜二〇〇五）アメリカのモダニズムを代表する建築家。代表作に〈自邸・ガラスの家〉（一九四九年）、〈ロックフェラー・ゲストハウス〉（一九五〇年）、〈AT&Tビル（現・ソニービル）〉（一九八四年）など。

51 **シャルトル**／シャルトル大聖堂。フランス北部の都市シャルトルにあり、高い二つの尖塔と華麗なステンドグラスが特徴的なゴシック建築の傑作。一二世紀半ば頃から建築され、修復や再建を繰り返し、一三世紀中頃に完成したとされる。一九七九年、ユネスコの世界遺産に登録。

52 **龍安寺**／京都にある臨済宗妙心寺派の寺院。一四五〇年、細川勝元によって創建された。室町時代末期に作られた、砂と石だけで構成される枯山水の方丈庭園は「虎の子渡しの庭」と呼ばれる。

一九九四年、古都京都の文化財として世界遺産に登録された。

53 **岐阜県現代陶芸美術館**／岐阜にある、近現代の陶芸作品を収蔵する県立美術館。二〇〇二年、磯崎の設計により、陶磁器をテーマとした産業と文化の複合施設としてオープンした、セラミックパークMINOの中にある。多治見市東部の丘陵にあり、谷や尾根などの自然の地形に美しく調和している。

54 **懸造り**／山や崖に持たせかけたり、谷や川の上に張り出したりして建てること。また、その建物。崖造りともいう。

55 **不昧公**／(一七五一～一八一八) 松平治郷。江戸時代後期の出雲松江藩第七代藩主。茶人。号は不昧。藩主になる以前に石州流の茶を学び、石州流不昧派を興した。また、名器とされる油屋肩衝をはじめ、多くの茶器を収集し、治郷が愛した茶器や銘菓は「不昧公好み」として現在に伝わる。

56 **コンサートホール**／スイスのルツェルン音楽祭とKAJIMOTOによる、東北の文化的復興支援プロジェクト「ARK NOVA」。ARK NOVAとは、新しい方舟という意味の移動式コンサートホールで、空気膜構造の外皮を膨らませるホールの中に、舞台や照明などの装置を置き、膜は折りたたみ、装置は分解してトラックで運ぶ。毎年、春と秋に東北各地を巡回し、そこで世界中の芸術家たちによる公演が行われる。一回目のツアーは岩手県遠野市、釜石市を予定している。

57 **パオ**／モンゴル高原などで見られる遊牧民の移動式住居。骨組みを木で作り、その上をフェルトで覆う組み立て式の家屋。中国語でパオ、モンゴル語でゲルという。

あとがき

原稿を書き終えてからすぐ、待庵を訪れ、さらに近くの天王山の麓の宝積寺（宝寺）やその周辺に足を伸ばしてきた。待庵は宝積寺（宝積寺ではなくすぐ近くの西観音寺が正しい）の〝囲い〟と堀内宗心先生は六年前に記され、その説に導かれて私の待庵論は成り立っている。先生は当然ながら具体的なあれこれについては触れておられない。天王山の戦当時の建築群の記録は残っていないからだ。

私が、境内にあったにちがいない小さな阿弥陀堂の前面を利休が茶室用に囲ったと推測したのは、今の待庵の躙口が南面し、開戦に先立ち茶を喫むのにふさわしく、幸先のいい朝の光が東の窓から入るように配置されているからだ。正面を東に向ける仏教建築のタイプとしては、正方形平面に宝形屋根を特徴とする阿弥陀堂がよく知られている。阿弥陀様は西方浄土を背にしてましますからだ。そして、阿弥陀信仰は広く根ざし、小さなお堂が幾つも作られていた。

次の天下分け目の関ヶ原の戦の後、勝った徳川による待庵の扱いはいたく悪くなったにちがいない。自分が滅ぼした豊臣家の〝聖蹟〟だったからだ。

そんな中で、利休を慕う人たちが、豊臣家の聖蹟としてではなく、利休最大の〝聖遺物〟として、秘かに守ったのが現在の待庵ではなかったか。

現在の待庵の建築のどこまでが当初のものか知りたく思い、あれこれ眺めたが、茶室建築の経年変化について知らない私にはよく分からなかった。ただ、平面と土壁は当時のままだろうと感じられたし、使われている柱なども、後に取り替えられたとしても、当時の姿形を忠実に伝えていると思われた。プロポーションといい材質といい、なんとも変えようもないほど良くできているからだ。西側の一尺ほどの謎の余分も、床の外周りのよく分からない納まりも、おそらく、既存建築を囲ったことと、後に阿弥陀堂本体を壊したり、待庵の位置を移したりしたため生じた現象だろうと思われる。

建築史家といっても、私の専門は近代である。にもかかわらず自由に筆を運ぶことができたのは、中村昌生、熊倉功夫の両先生の書かれたものがあり、親しく学ぶことができたればこその自由であった。また二年前、私の東京大学退職にあたり、熊倉先生を迎えて対談をした。その時、「茶室は茶道具の一つ」と明言されたが、私は返す言葉もなかった。でも、本書を書く中で、利休の大ジャンプは待庵でこそ踏み切られ、黒楽茶碗などの利休ならではの諸道具はそれ以後であることを知った。「茶室は茶道具の母」なのである。

振り返れば、本書のきっかけになったのは講談社インターナショナルが出した『The

Contemporary Tea House』（二〇〇七年）で、その時の編集者が只井信子さんだった。その後、彼女は六耀社に移り、日本語の本の依頼となった。一度書いた現代の茶室中心ではやる気が出ないので、利休の茶室について本気で書くことにして、この本が生まれた。

建築史という細道に入ったとき、日本の近代建築の通史を書くことだけが目標であったが、目標を果たした後も、さまざまな本を出すことになったのは編集者の誘いのおかげというしかない。ありがとう。

二〇一二年三月

藤森　照信

文庫版あとがき

茶と茶室の長い歴史について、本書の中で、南北朝時代の〝闘茶〟、室町時代の〝殿中の茶〟、安土桃山時代に入ってからの〝市中の山居〟、そして〝囲い〟について述べた。利休はこうした茶と茶室の伝統を目撃し、いわば取捨選択して自分の世界を打ち立てることになるが、利休以前の茶と茶室についてもう少し踏み込んで述べておきたい。

奈良時代に茶が進んだ大陸文化の一つとして日本に持ち込まれた時、これを貴族と仏教寺院の二つが受け入れ、引き続く平安時代を通して享受しつづける。次の鎌倉時代、栄西が禅宗と茶を中国から持ち帰ったとされるが、禅宗はともかく茶については初めて持ち帰ったわけではない。すでに貴族と古代寺院に根ざしていたからだ。後の世から見て栄西と茶が強く結びついたのは、『喫茶養生記』を著して、将軍源実朝《みなもとのさねとも》と鎌倉武士たちに茶の効用を説いた功績による。

ただし、『喫茶養生記』を読むと、前半はたしかに茶についてだが、後半は桑の葉の効用を茶以上に力を込めているのに驚かされる。それも、禅宗ではなく、道教の仙人思想を背景に不老長寿の仙薬として茶と桑を薦めている。今でも桑の葉は漢方薬の一つとして処方されているが、その歴史は古い。

『喫茶養生記』によって茶は（きっと桑も）、貴族の権門と古代の仏門を出て、武門と武士の信仰する禅宗寺院へと広がり、その延長で南北朝時代の婆娑羅大名たちが〝闘茶〟を大いに楽しみ、室町時代に入ると闘茶の落花狼藉も落ちついて大名たちの〝殿中の茶〟へと続く。

室町時代が応仁の乱により終わり、戦国時代に突入すると、戦国武将たちは戦場の〝囲い〟で茶を喫《の》むようになる。

この頃になると富裕な町人の間にも茶は広がり、中世の庵に想を得て京や堺の市中に〝市中の山居〟を建て、茶を楽しむようになる。

さらに、富裕な町人にとどまらず、ふつうの町人や農民も社寺の門前で喫むことができた。

貴族と古代寺院にはじまり武士と禅宗寺院さらに戦国大名、ついには町人へと茶が広がった時点で利休は登場する。

とすると、すでにいろんな階層がいろんな茶の楽しみ方をしていたわけで、それを数えあげてみよう。

①寺院の場合。古代寺院での具体的なことは分からないが、禅宗寺院では現在の〝四頭《よつがしら》茶礼《ちゃれい》〟と同じように、食堂《じきどう》の板の間の上で、喫む僧は正座して茶碗をかかげ、喫ませる僧は、抹茶を入れ、湯を注ぎ、茶筅で点てる。

②貴族の場合。美しい庭に面した開放的で田舎ふうを加味した〝茶屋〟で使用人が点てて運んできた茶を、楽しむ。

③〝殿中の茶〟。大名屋敷の庭に面した床の間付の御座敷で、別室で茶坊主が点てて運んできたのを客と喫む。この時、茶棚や床の間に飾られた唐物の茶道具を鑑賞し、自慢した。

④〝囲い〟。戦国大名は、戦に出ると、戦陣の一画に竹や土などありあわせの材で仮設の茶室を作り、一服の茶によってはやる心を鎮めてから出陣した。勝てば、祝勝の茶会も開かれただろう。

⑤〝市中の山居〟。堺の富裕な商人の場合。櫛比《しっぴ》する町家の正面の端部の塀に開く潜り戸から身をかがめて入り、路地を通り、家の裏庭に作られた茅葺きの侘びた庵に入り、使用人が点てて運んだ茶を喫む。

⑥〝野点《のだて》〟。富裕な町人や武家は、春や秋の行楽シーズンに、弁当などと共に風炉と茶道具を使用人に持たせて運び、緋毛氈の上で野点をしている。そうした用意の出来ないふつうの人々も、茶売りが点てて売る茶を楽しむことができた。

⑦京の有名社寺門前の茶。茶売りが、門前の市《いち》の一画に掛けた小屋に炉を据え、茶を点て、参拝客は床几に腰かけ、あるいは立ったままで喫む。

富裕な堺の町人にして大徳寺で禅の修業も積み、大名とも武器商人として付き合った利休は、以上の①〜⑦それぞれの茶と、喫む場の意味を知っていた。町人や農民が小屋掛けした中で茶を楽しむ様から、茶頭として参加した織田信長による安土城での豪華絢爛な茶会まで知っていた。

そうしたすでにある茶と茶室のあり方のどれかに心を寄せることができたら、利休はその道を進めばよかったが、いずれにも不満があった。あれもダメこれもダメ。そで、どうしたか。七つのなかからまず自分の気持ちにかないそうなのを選んだ。それは、④の〝囲い〟と⑤の〝市中の山居〟の二つだった。この二つから〈待庵〉が創出される事情こそ本書の肝所であった。

利休の茶室の自閉性についても触れておきたい。本書の中で、〝利休は建築というものの基本単位を求めた〟とか〝利休の茶は上座部の茶〟とか、極小に向かう事情に触れた。さらに、近代に飛んで堀口捨己に言及するなかで、「利休の茶室と数寄屋造は親子の関係にあるから一緒くたにしやすいが、〝狭さ〟に加え〝閉鎖〟がポイントで、閉鎖は茶室、開放は数寄屋造となる」と書き、堀口の茶室は閉鎖していないとした。

利休の茶室の特異さは、極小であるばかりか自閉している点にある。待庵に入ると分かるが、明り採り用の障子は目の高さを巧みに避け、開けても外は見えない。

利休の茶室の自閉性は、近代以後の建築家にとっては狭いが深い溝に似て、目を閉じて跨ぎたくなる。たとえば藤井厚二の〝閑室《かんしつ》〟は、煎茶席の要素を取り込んで開放性を強化してるし、堀口捨己はついに利休流の自閉的茶室は作らず、いつも竹簀子により内外を連続させている。利休の茶室を論ずる時もその自閉性には触れない。

私の手がける茶室も自閉性がうっとうしいので、窓を大きくとり、茶会の時でも外を眺められるようにしている。〈高過庵〉の下に二〇一七年に〈低過庵〉という竪穴式の茶室を作ったが、そのままでは気が滅入るから、しばし地中の空間を味わった後、屋根をスライドして空が見えるように工夫した。

利休はなぜ、極小の空間をさらに自閉させたのか。それも小さな穴から入って自閉するような類のない作りに挑んだのか。

やはり禅が深いところでからんでいるのではないかと、昨年、インドの仏跡を巡りながら考えた。

紀元前5世紀、インドの地で、バラモン教（今のヒンズー教の原型）の新教派として釈迦が仏教を開いた時、仏の教えは広く社会や国を救うためではなく、厳しい修業によって悟りをひらき、自分を救済することを目的としていた。これを上座部仏教といい、釈迦は「犀の角のようにただ独り歩め」と教えた。しかし、その後、悟りを得た者はその教えを世に伝え、社会や国を導くべきだとする考えが生まれ、大乗仏教となる。

仏教は早い時期の上座部仏教と後続の大乗仏教の二つに分かれ、その後、大乗仏教は北に伝わり砂漠を東に進んで中国にいたり、さらに日本の仏教となる。一方、上座部仏教は南と西に進み、スリランカ、タイ、ビルマは上座部仏教地帯となる。たとえばタイでは今も、国王を含め男子はみな一年間、頭をそって修業僧として勤め、自分で自分を救う方向へと踏み出す。スリランカの僧は、常日頃は深い森の中で暮し、時々、村に現われ、村人の喜捨を受ける。村人は喜捨を通して仏の救いにつながることができる。

私が訪れたインド南西部の〈アジャンターの石窟寺院〉は、仏跡としては最大規模と保存状態のよさで知られるが、立地はいちじるしく不便で、乾燥地帯の渓谷の奥の崖に穴を掘り、小さな洞窟では仏舎利を祭り（仏像がまだ作られていない）、広めの洞窟は僧坊に使い、暗い洞窟の中に座して祈り、厳しい修業の日々を送っていた。〝いくら上座部仏教の僧房とはいえこんなに天井も低く薄暗いなかで〟とあきれながら眺めていると、タイからの僧の一群が現われ、一人が、壁に彫られた浅い凹部にヒョコッと入り、手を合わせた。私ら大乗仏教の日本人とちがい上座部仏教のタイの仏教徒にとって、暗い空間に籠ることはごく普通だし、壁に彫られた窪みを見ればそれが修業の場だとすぐ理解できたのだ。

壁の窪みにヒョコッと入り込む光景の自然さを目撃して、私は達磨《だるま》と利休のことを想った。

禅宗の開祖の達磨は、インドの僧であり、インドでの厳しい修業により悟りを得てから中国に渡り、その悟りを禅宗として広めた。達磨のインドでの事績は伝わっていないが、きっとアジャンターのような石窟の中で、悟りをひらくべく〝面壁九年〟の修業をしたにちがいない。

鎌倉時代に中国から伝えられた禅宗は、それまでの国や社会や民衆救済の宗教と違い、座禅による内省を重視するという、大乗仏教らしからぬ上座部性を特徴とする。新しい禅の教えを外部空間として造形化すべくつとめ、禅の石庭を創出した夢窓疎石の作庭第一号として知られる鎌倉の瑞泉寺の庭を訪れると、そこにあるのは庭というより池の附随する大きな岩壁で、中央には洞窟が掘られ、達磨の面壁九年の故事に基づくことが分かる。

利休の茶と禅は、一休の直系（一休→珠光→紹鷗→利休）で〝茶禅一味〟の悟りに基づくと伝えられる。とするなら、利休→一休→疎石とたどると達磨に行きつくし、さ

らにさかのぼると、インドの上座部仏教の石窟へといたる。

薄暗い閉じた空間の中での修業――この想いが、待庵の閉鎖的空間をもたらした。待庵は、床の間の壁から天井まで土を塗って洞窟化した〝室床《むろどこ》〟というヘンな作りで知られるが、「犀の角のようにただ独り歩」んでやがて死ぬこととなる利休の、石窟での悟りへの想いかもしれない。

二〇一九年十月

藤森　照信

取材協力――松隈章／慶心庵
編集協力――丸山雅子／小渡尚恵
川崎里美／大竹雅美

本書は、二〇一二年四月に六耀社より刊行された
『藤森照信の茶室学――日本の極小空間の謎』を
改題、加筆修正のうえ、文庫化したものです。

茶室学講義《ちゃしつがくこうぎ》

日本《にほん》の極小空間《きょくしょうくうかん》の謎《なぞ》

藤森照信《ふじもりてるのぶ》

令和元年 11月25日　初版発行
令和 6 年 10月25日　5 版発行

発行者●山下直久

発行●株式会社KADOKAWA
〒102-8177　東京都千代田区富士見2-13-3
電話　0570-002-301(ナビダイヤル)

角川文庫 21924

印刷所●株式会社KADOKAWA
製本所●株式会社KADOKAWA

表紙画●和田三造

●お問い合わせ
https://www.kadokawa.co.jp/（「お問い合わせ」へお進みください）
※内容によっては、お答えできない場合があります。
※サポートは日本国内のみとさせていただきます。
※Japanese text only

ISBN 978-4-04-400519-1　C0152

角川文庫発刊に際して

角川源義

第二次世界大戦の敗北は、軍事力の敗北であった以上に、私たちの若い文化力の敗退であった。私たちの文化が戦争に対して如何に無力であり、単なるあだ花に過ぎなかったかを、私たちは身を以て体験し痛感した。西洋近代文化の摂取にとって、明治以後八十年の歳月は決して短かすぎたとは言えない。にもかかわらず、近代文化の伝統を確立し、自由な批判と柔軟な良識に富む文化層として自らを形成することに私たちは失敗して来た。そしてこれは、各層への文化の普及滲透を任務とする出版人の責任でもあった。

一九四五年以来、私たちは再び振出しに戻り、第一歩から踏み出すことを余儀なくされた。これは大きな不幸ではあるが、反面、これまでの混沌・未熟・歪曲の中にあった我が国の文化に秩序と確たる基礎を齎らすためには絶好の機会でもある。角川書店は、このような祖国の文化的危機にあたり、微力をも顧みず再建の礎石たるべき抱負と決意とをもって出発したが、ここに創立以来の念願を果すべく角川文庫を発刊する。これまで刊行されたあらゆる全集叢書文庫類の長所と短所とを検討し、古今東西の不朽の典籍を、良心的編集のもとに、廉価に、そして書架にふさわしい美本として、多くのひとびとに提供しようとする。しかし私たちは徒らに百科全書的な知識のジレッタントを作ることを目的とせず、あくまで祖国の文化に秩序と再建への道を示し、この文庫を角川書店の栄ある事業として、今後永久に継続発展せしめ、学芸と教養との殿堂として大成せんことを期したい。多くの読書子の愛情ある忠言と支持とによって、この希望と抱負とを完遂せしめられんことを願う。

一九四九年五月三日